集人文社科之思　刊专业学术之声

集 刊 名：中国文化论衡
主　　编：张　伟
副主编：车振华　郑　艳
主办单位：山东社会科学院

CHINESE CULTURE RESEARCH (NO.13)

编辑部

联系电话：0531-82704723

电子邮箱：sdskyzgwhlh@shandong.cn

通信地址：山东省济南市舜耕路 56 号山东社会科学院综合楼 1005 室
　　　　　《中国文化论衡》编辑部

总第13期

集刊序列号：PIJ-2016-170

中国集刊网：www.jikan.com.cn/ 中国文化论衡

集刊投约稿平台：www.iedol.cn

山东社会科学院　主办　　·2016 年创刊·

中国文化论衡

主编　张伟

副主编　车振华　郑艳

CHINESE CULTURE RESEARCH

总第 13 期

社会科学文献出版社
SOCIAL SCIENCES ACADEMIC PRESS (CHINA)

目　录
（总第13期）

先秦儒家思想研究

思想家个体研究

中华优秀传统文化 "两创" 研究

书评

Contents
(No. 13)

Research on Ancient Literature

Research on Modern and Contemporary Literature

Research on Historiography

Research on Confucianism in the Pre Qin Dynasty

Research on Individual Thinkers

Research on the "Two Innovations" of Excellent Traditional Chinese Culture

Book Review

《诗经》器乐：一种富有意境的表达[*]

王建成　徐　宁^{**}

摘　要　《诗经》详细记载了大量的中国古乐器，种类繁多，功能齐全，中国音乐文化的高度发达可从《诗经》得到佐证。《诗经》与音乐成功结合，成为"礼乐"文化的有效载体，孕育着中华美学精神。《诗经》的语言富于音乐神韵，给《诗经》器乐意境的形成打下了坚实的基础，进而对形成中国传统器乐意境风格做出了贡献。《诗经》器乐具有表现"中和之音"、"自然之美"与"心灵美"的特征，展现中国风格，讲述中国故事，彰显文化自信，有利于人们不断提高自身审美素质，学会从中国传统器乐意境中感受音乐美，在音乐领域增强文化自信。

关键词　《诗经》　音乐性　器乐意境

　　《诗经》远不止于诗歌，还是一部词曲配乐之集，是一把用以探究古代音乐文化的钥匙，给我们探索中国器乐的魅力打开了便利之门。我

＊　基金项目：本文系山东省社会科学规划研究项目"百年变迁视角下红色音乐文化的审美经验及弘扬路径研究"（项目编号：ZZCYJ02）、山东省 2022 年度艺术教育专项课题"红色音乐文化价值的历史嬗变及彰显对策研究"（课题编号：ZZYZ10040002）的阶段性成果。

＊＊　作者简介：王建成，文学博士，济南大学音乐学院副教授。主要研究领域：文艺理论。徐宁，聊城大学东昌学院音乐系党总支副书记、副教授。主要研究领域：声乐艺术。

们对《诗经》的音乐学研究是远远不够的，尤其是从器乐角度研究《诗经》。《诗经》作为礼乐制度的载体，再现了中国传统乐器与器乐的发达盛况，对理解中国的器乐意境是大有裨益的。

一　浓缩的音乐：《诗经》中的器乐与乐器

中国音乐文化源远流长，成就斐然，然而璀璨的中国音乐文化却在传播技术日益发达的今天逐渐式微，尤其是青少年对传统音乐文化知之甚少。究其原因，便是我们忘记了传统音乐文化之根，缺乏对传统音乐文化魅力的感受力，缺乏音乐文化自信。当前，音乐知识体系基本上是以西方音乐体系为中心的，演艺团体也基本上是以西方模式为主进行表演，甚至用西方音乐理论去阐释中国传统音乐，而传统音乐在形式和内容上被人误解、误读，其无穷的艺术魅力被遮蔽，实在令人痛心与惋惜。

音乐中流淌着文化，文化是浓缩了的音乐，我们必须增强文化自信，绝不能在文化冲突、碰撞、融合中迷失自我，这是坚持中国音乐文化自信的基本底线。实际上，中国音乐的高度发达可以从乐器上得到证明。中华民族的祖先早在远古时期就踏上了寻觅音乐艺术之路，乐器远比西方发达，为世界文明的发展做出了突出贡献。考古发掘证明，早在夏、商、周三代以前的新石器时代，原始先民就已有了诸如骨笛、骨哨、陶埙、石磬等乐器，相应地发展了器乐。"击石拊石，百兽率舞"（《尚书·舜典》）的文句可以令人想象出原始先民的歌舞盛景。1986 年到 1987 年，河南舞阳县出土了贾湖骨笛，这些骨笛诞生于 9000 多年前的原始社会，是中国目前出土的最古老的乐器，也是世界上最早的可吹奏乐器，远早于在美索不达米亚的乌尔古墓出土的笛子，也比古埃及出现的笛子早 2000 多年，被誉为世界笛子的鼻祖。尤其令人自豪的是，这些贾湖骨笛为七孔笛，已经可以发出跟今天相似的七声音阶，特别是有一支全长 23.1 厘米的贾湖骨笛，上钻七个圆形音孔，能够发出完备的六声音阶和不完备的七声音阶。长期以来人们认为中国传统音乐是五声音阶，而七声音阶是西方的，可七孔贾湖骨笛证明了中国原始七声音阶系统的确立远早于西方。同样的例子还有曾侯乙墓编钟，它的出土同样引起轰动，中国先秦乐钟的"一钟双音"终于被举世公认。古老的钟磬乐器依然

"未老"，详细地记载着先秦时期的乐律学知识，且能够演奏出当代完备的旋律，如 1984 年国庆期间，湖北省博物馆编钟乐团为共和国生日献上了首场大型民族交响乐；1997 年香港回归时刻，大型交响曲《一九九七：天地人》就是通过曾侯乙编钟的演奏传遍全球；2008 年北京奥运会的颁奖礼乐里，有曾侯乙编钟的原声和玉磬的声音。"一钟双音"及"十二律"的发现，反映了中华先民的无穷音乐智慧。

作为文字佐证，《诗经》记载了中国传统乐器的发达盛况。随着社会的变迁与发展，中国种类繁多的古代乐器日益减少，很多乐器今天已经难觅踪迹，但是《诗经》里却详细记载了大量的中国古乐器，种类繁多，功能齐全，这些乐器能够在各种场合演奏，制作精良，甚至能够组建颇具规模的大型民族乐队。相传《乐经》是《诗经》的乐谱，孔子还曾将之重新整理编定为教材，而乐器是器乐的物质基础和载体，器乐的发展与乐器的制作和种类密不可分。对于《诗经》中所记载的乐器的名称、数量、形制等，历代学者均有研究。《诗经》中出现的乐器种类繁多，可谓古乐器的百科全书。"从历史上看，声乐的发展，曾既是器乐发展的先导，又是器乐发展的基础。历史上有无数器乐作品是从先有的声音作品上加工改编而来，有不少器乐种类曾通过为声乐服务的漫长过程而后逐渐脱离了声乐，形成其独立的器乐体系。"[1] 乐器是声乐和器乐演奏的物质条件，乐器在《诗经》中的频繁出现，不仅反映了诗、乐、舞的密不可分，而且说明了当时的器乐演奏已经非常普遍，同样是演奏者运用演奏技巧再现音乐、表达情感的过程。

《诗经》再现了器乐的发达。《诗经》基本上是传统乐器的档案，里面有详细的名录，可谓是传统乐器的"家"。"《大雅·灵台》《商颂·那》《周颂·有瞽》《小雅·鼓钟》描述的器乐大合奏，代表了当时器乐发展的最高水平，可以说早在西周至春秋中叶我国就已经出现了颇具规模的大型民族乐队。"[2]《诗经》在当时本来是入乐的，也是后代声乐表演和器乐演奏的主要依据和内容，《乐经》曾是《诗经》的曲谱，是典型的"诗乐舞"三位一体。夏商时期，音乐舞蹈的作用有了更大的发挥

① 杨荫浏：《语言音乐学初探》，人民音乐出版社，1983，第 90 页。
② 李婷婷：《〈诗经〉之器乐研究》，中国社会科学出版社，2019，第 154 页。

舞台，特别是在歌颂征服自然方面，出现了很多歌颂大禹治水的音乐作品。商代出现了以音乐为职业的巫师，他们在祭祀活动中表演舞蹈与歌曲。《诗经》主要分为"风""雅""颂"三个部分，说明《诗经》主要是用来进行歌唱的，首先是"歌诗"作品集，也就是能入乐的"诗"或歌词，后来随着乐谱的流失及歌词与乐谱的分离，才成为我国首部诗歌总集。

《诗经》可由乐器伴奏、合奏或独奏。在原始时代的早期部落中，不同劳动总是配备不同的歌谣，歌谣的歌词通常以劳动内容为主，音乐节拍则通常非常精准地根据该劳动所需要的劳动节奏进行匹配。比如说在非洲的原始部族中，黑人在划动船桨时会以船桨的运动节奏为节拍进行歌唱；挑夫挑着货物行走时，会以货物晃动的节奏为节拍进行歌唱；主妇早上舂米时，会以舂米的节奏为节拍进行歌唱。①《诗经·伐木》中的"坎坎鼓我，蹲蹲舞我"就能说明古人歌舞并存，以器乐抒发感情。

近代以来，中国传统音乐的发展面临着西方知识体系的严峻挑战。"学堂乐歌"的兴起导致国人跟传统音乐体系渐行渐远。1949 年以前，西方音乐教育体系就已经在中国盛行；1949 年以后，苏联音乐教育体系又步入中国，以致今天的学生都已经疏离了中国传统音乐。反观印度音乐教育，一直很好地秉承着传统，西方音乐的地位远不如本土音乐，这就需要我们进行深思。《诗经》记载着传统乐器的盛况，因此发掘《诗经》的器乐意境价值，是十分有利于培养音乐文化自信的。

二　诗乐和美：《诗经》器乐意境的基础

"兴于《诗》，立于礼，成于乐。"中国传统音乐文化讲究淡泊、含蓄，着重营造意境，通过意境引发人的想象、升华人的情感。"意境"一般是用来描绘艺术作品审美的术语，同样适合《诗经》。中国早期诗歌之所以以四言诗为主，恰恰体现了汉语诗歌音乐形式的特点，反映在艺术上的最高成就是《诗经》。《诗经》展现出诗歌与音乐词曲相谐、律韵共振、诗乐和美的崇高艺术境界，彰显了意境美，而中国传统音乐以

---

① 李首明：《音乐与文学的关系絮谈——对一个传统命题的再探讨》，《电影评价》2006 年第 18 期，第 75—76 页。

含蓄、空灵为上品，所追求的最高境界就是意境。

《诗经》的语言丰富、生动、传神，富于音乐神韵，给《诗经》中的器乐奠定了良好基础。

（一）对偶整齐，富有旋律

《诗经》四言体给后世文化发展带来了深刻影响，汉赋基本上是四言，曹操等人也写了很多四言诗，今天的成语大部分也是四言。

汉字是一种方块字，轮廓以方形为主，外观上规整，在视觉上具有"对称美""建筑美""整齐美"，再加上四言为主的排列，极易在视觉上形成字形美与一种节奏，跟音乐的节奏类似。《诗经》讲究句法章法，一字一方，有规律地排列组合，像是几何图形，也非常有运动感，大大增强了诗歌的节奏感，可见先民已经有了较强的节奏意识，当然那时尚处于自然节拍时代，乐拍和词拍基本是统一的。"四言诗将两个对称音组连接在一起，进一步强化了诗歌的节奏感。因而，由两个对称音组相连而成的四言诗，也就成为中国古代很早就形成并且也是最重要的一种诗体。"[1] 早先的音乐以打击乐器为主，先民们用敲击石器或木器的方式来庆祝丰收、表达情感，节奏、旋律较为简单，却已经初步具备了音乐的功用。"流传至今的《诗经》305篇，原本不仅有供歌唱的固定的曲谱，而且歌唱时必有器乐相和。因而，不管《诗经》诸乐章的产生是先有曲谱然后填写歌词，还是先有歌词然后谱曲，其曲谱与歌词之间必然存在着某种程度的对应关系，即《诗经》诸乐章的词语的运用、声韵的选择、句式的安排、篇章的结构等，与歌唱、器乐的节奏和旋律等都应尽量契合而同步，'故可因诗以观乐'。"[2] 这就充分说明了《诗经》的语言是多么具有音乐性，对推动器乐的发展起到了促进作用。

（二）贴近生活，生动自然

十五国风主要是从黄河流域各诸侯国民歌中精选而成的，最富生活气息，是编入古籍的民间音乐的代表。故有人说，"世俗音乐之所以能在

---

① 赵敏俐：《中国早期诗歌体式的生成原理》，《文学评论》2017年第6期，第27—37页。
② 李婷婷：《〈诗经〉之器乐研究》，第86页。

统治阶层中得以流行，还有其艺术方面的原因，即它比起雅乐来要新颖生动得多"。① 《小雅·无羊》也非常贴近生活，对牛羊的描写也是惟妙惟肖、自然流畅，牛羊、人物的神态都跃然纸上，极为生动形象："或降于阿，或饮于池，或寝或讹。尔牧来思，何蓑何笠，或负其糇。"前三句写牛羊的活动情景，有的从山坡上跑下来，有的跑到池旁饮水，有的悠闲地睡觉，有的在蹦蹦跳跳；后三句转而描写人物，牧人放牧归来，头上戴着斗笠，身上披着蓑衣，有的身上还背着干粮。简单的六句诗，把放牧归来的生活情景描绘得栩栩如生，跟听一首牧羊曲或欣赏一幅牧归图并无二致。

有些诗歌根据表达的需要，在四言基础上也适当穿插了二言、三言、五言、六言甚至七言、八言，句式的参差变化使语言更接近口语，语气素朴自然，更加贴近生活。《王风·扬之水》中，"扬之水，不流束薪。彼其之子，不与我戍申。怀哉怀哉，曷月予还归哉？"这首诗描写的是边关战士表达对妻子的思念之情，直抒胸臆，犹如当面陈述，三言、四言、五言、六言并用，富有生活气息，强烈的感情冲破了句式的束缚，口语化的表述将心里的情感表露出来，非常贴近生活实际。

（三）音韵和美，音乐性强

今天我们接触更多的是视觉文化，无处不在的图像充斥着我们的眼球，但是在《诗经》时代，与频繁使用视觉的现代人相比，那时的人们应该更多享受着听觉带来的快乐。口头传播是农耕时代的特征，也就难怪《诗经》对声音情有独钟，对声音的描绘充满了韵味与情趣，带给我们音韵和美的感受，有着密集的字音押韵，从而使得《诗经》音乐性强。

《诗经》中的语言富有音乐神韵，特别善于运用押韵及双声字来加强音乐性。比如《桃夭》："桃之夭夭，灼灼其华。之子于归，宜其室家。"《秦风·蒹葭》中"蒹葭苍苍，白露为霜。所谓伊人，在水一方"。重言叠字如依依、涟涟、霏霏、赳赳、萧萧、悠悠、凄凄、关关、坎坎、喓喓、忡忡等也能达到音乐效果；叠韵如窈窕、沃若、逍遥、辗转等乐感强，利于情感表达。"《诗经》如此广泛普遍地运用重章叠唱的复沓形式，是因为这一形式可使语言节奏突出、韵味十足，给人以深刻的印象；

---

① 李纯一：《先秦音乐史》，人民音乐出版社，2005，第 106 页。

可使篇章结构紧凑而又匀称；可反复强调所要表达的情感、事物，渲染气氛，强化主题；可将诗意一层层地表现出来，扩展、深化意境。"①《诗经》的用韵有利于表现音乐美，有利于营造深远的意境。

《诗经》用韵方法深深影响了后世，民歌等就深受影响。比如《诗经》的虚字韵脚就被民歌广泛采用。虚字韵脚具有语气助词及口语化特征，具有补充句子完整、延续声音的功能，有助于演唱时的声音调整，从而更加自由地表达情感，更适合演唱，因而民间音乐中押虚字韵脚非常普遍，比如江西地方民歌《请茶歌》："同志哥，请喝一杯茶呀，请喝一杯茶。井冈山的茶叶，甜又香啊，甜又香啊。"

（四）手法多样，情景交融

《诗经》中的常用表现手法为赋、比、兴三种，基本上是为意境美服务的。如《小雅·采薇》的卒章："昔我往矣，杨柳依依；今我来思，雨雪霏霏。行道迟迟，载渴载饥。我心伤悲，莫知我哀。"诗中陈述的景有杨柳依依、雨雪霏霏、行道等，情有伤悲、思念、担忧等，作者借景表情，可谓一切景语皆情语，情与景水乳交融，由景及情，因景生情，激发了人们的想象，引起了大家的共鸣，深刻地表现了主人公的忧思。《卫风·硕人》通过比喻手法描写女性美的时候，也是通过意境的营造达到最佳效果的："手如柔荑，肤如凝脂，领如蝤蛴，齿如瓠犀，螓首蛾眉，巧笑倩兮，美目盼兮。"这首诗首先具体描绘了典型的女性美：手如荑草般柔软细嫩，肌肤如凝脂般光滑细腻，脖颈如蝤蛴般洁白细长，牙齿如瓠犀般洁白整齐，额头如螓一般饱满，眉毛如蚕蛾般又细又长。这是具体的描绘，惟妙惟肖，但这只是具体的美、有限的美、可见的美，最重要的是描绘出美女的神韵、神采："巧笑倩兮，美目盼兮。"而这种"倩兮""盼兮"是没有固定标准的，没有颜色限定的，只能靠个人的想象来完形、完善。作者的高明之处在于没有用条框来束缚美女的神韵之美，相反要靠意境的营造来对美女的神韵进行完形，靠欣赏者的想象来塑造心中的美女形象。《秦风·蒹葭》这首诗用芦苇、白露、霜起兴，先是描写与佳人无关的自然景物，但是这些秋景跟春天的景色带给人们

---

① 李婷婷：《〈诗经〉之器乐研究》，第120页。

的感觉是不一样的，充满了凄凉，"在水一方""在水之湄""在水之涘"的景色只是铺垫，目的在于营造意境，表达男子缠绵悱恻的感情，并为这种感情蒙上了一层面纱，营造了激发无限想象的意境。正是因为善于营造意境，《诗经》能够展现器乐美，带来意犹未尽、形神兼备的审美体验，表现了诗歌的音韵美、意境美，奠定了中国器乐发展的基础。

三 《诗经》器乐意境的形成

乐器演奏加入到歌舞行列中来，配合歌舞动作来传情达意，促使器乐逐步走向独立。"礼没有乐伴随便不能施行"，夏朝的祭祀活动繁多，追求"以巨为美，以众为观"的豪华奢侈乐舞场面，商朝更是"巫文化"发达的时期，崇尚乐舞，以音乐与神鬼对话，因此夏商的钟鼓之乐大为盛行；及至西周，统治者开始利用音乐来笼络人心，加强统治，宣扬等级合理性；到春秋战国时期，器乐演奏逐步把精神上的信仰变成活生生的现实，进入人们的想象和情感世界，把认可等级、服从统治、遵守礼仪变成多数人的自觉行为，而演奏者则要展示这一情感并塑造音乐形象，从而使器乐跟声乐、舞蹈具有同样的文化功能，往往带有某种寓意并营造意境。

《诗经》305 篇皆可弦歌之，"所谓弦，从中华民族乐器发展史看，在西周和春秋时期特指弹弦乐器琴和瑟而言"。① 周代的乐器见于记载的约有 70 种，"钟鼓喤喤，磬筦将将"正是对这些乐器演奏的生动描绘，《诗经》中的"我有嘉宾，鼓瑟吹笙""天之牖民，如埙如篪""猗与那与！置我鞉鼓"等即对器乐演奏高度发达的记述。在先秦以来的很长一段时期，《诗经》是乐器演奏的主体，大大促进了器乐的发展。"除歌唱305 篇必伴以琴瑟、六笙诗专供演奏以外，《诗经》还是先秦各种器乐演奏的主体……足以证实周代各种情况的器乐演奏，几乎都是以《诗经》篇目为主体的。尤其是当时盛行的各种典礼仪式上演奏的正歌、无算乐以及房中之乐、乡乐等，简直全是演奏《诗经》了。"② 随着《诗经》歌诗成为乐器演奏的内容与主题，《诗经》器乐所天然具备的意境属性

① 李婷婷：《〈诗经〉之器乐研究》，第 181 页。
② 李婷婷：《〈诗经〉之器乐研究》，第 195—203 页。

开始显现，也是由《诗经》中歌诗所决定的。

在情景交融的基础上所形成的一种艺术境界，着重以虚涵实、虚实相生，以意蕴、情趣取胜，能够激发欣赏者的想象、联想，从而引发思想的共鸣与心灵的颤动。一般而言，乐器演奏中的"境"是客观存在的现实景物或社会生活；而"意"是演奏者主观意识的再创造，属于主观范畴，而意与境的结合在乐器演奏中表现为虚实相生、韵味十足，激发了欣赏者的想象，可形成器乐意境。中国传统艺术讲究简朴含蓄，追求意境，音乐同样如此。中国的琴曲之所以追求"静""清""远"，即在追求一种意境，达到一种物我两忘、超然世外、天人合一的理想效果，带给人无限的想象，欣赏者恰恰是被调动了想象而沉浸到意境之中去。弹琴者以心弹琴，赏琴者以心品味。书画艺术讲究"意在笔先"，音乐艺术则讲究"意先乎音"，正可谓"心之道也，琴之器也"。琴之韵不在琴，不在指，而在心，这就是音乐美，也可谓音乐意境。因此以心统指，以指运琴，以琴出声调，以声调传风味。音调为琴家所弹，但琴之美不能止于音调，而那难以言传却可以心领神会的意境，才是琴家追求的审美理想。唯有以意运琴，方能得琴外之韵、调外之境、弦外之音，方能激发无限遐想，引发心灵上的净化与思想上的升华。

《诗经》器乐意境的形成也是水到渠成的。"《诗》者，乐之章也。故必学乐而后诵诗。所谓乐者，盖琴瑟埙篪。乐之一物，以渐习之，而节夫诗之音律者也。"[1] 为了达到物我合一、情景交融的效果，演奏者将自己对作品的理解通过乐器表现出来，将乐曲表达的感情内化于心，指随心动，境由心生，全身心地投入到演奏之中，随着情感体验、旋律线条与节奏的跌宕起伏来营造意境，激发欣赏者与作品内涵产生共鸣。在这个过程中，演奏者不仅要深谙"乐以象德""乐通伦理"之道，准确地传达出《诗经》305篇的主旨和神韵，而且要充满激情地去演奏，才能进入物我不分、情音合一的最佳状态，才会具有强烈的感染力、表现力，营造出器乐意境。

《诗经》对后世诗词影响也极其深远。李白的诗歌大量吸收《诗经》字词、句式、意境、手法、题材等因子。李白的《惜余春赋》"披卫情于淇水"就借鉴了《卫风·竹竿》，其中有"淇水在右，泉源在左。巧笑之

---

① 李婷婷：《〈诗经〉之器乐研究》，第179页。

瑶，佩玉之傩"的意境。李白的《长相思》"孤灯不明思欲绝，卷帷望月
空长叹"意境深远，与《陈风·月出》"月出皎兮，佼人僚兮。舒窈纠兮，
劳心悄兮。月出皓兮，佼人懰兮。舒忧受兮，劳心慅兮"中的意境非常相
似。《卫风·木瓜》："投我以木桃，报之以琼瑶。匪报也，永以为好也。"
这里的"琼瑶"意象是作为回赠之物的，后世遂沿袭了这一用法。如贾
岛《投张太祝》："欲买双琼瑶，惭无一木瓜。"司空曙《酬张芬有赦后
见赠》："劳君故有诗相赠，欲报琼瑶恨不如。"《豳风·东山》是一首抒
写征人还乡的诗，诗人以蒙太奇的手法将一幅幅思念家人的场景变换成
镜头语言，再将镜头组合成意境。"娟娟者蠋，烝在桑野。……果臝之
实，亦施于宇。伊威在室，蟏蛸在户。町畽鹿场，熠耀宵行。……洒扫
穹室，我征聿至。有敦瓜苦，烝在栗薪。"这一幅幅画面构成了意蕴深远
的意境，让人对征人的困苦与忧思感同身受。温庭筠《商山早行》就很
好地传承了这一蒙太奇式的意象模式，"鸡声""茅店""月""人迹"
"板桥""霜"几种意象巧妙串联，营造了"鸡声茅店月，人迹板桥霜"
的意境，给人以无限的想象空间，道出了归乡路漫漫、愁思绵绵不断的
艰辛，而这种意境正是达到了"状难写之景如在目前，含不尽之意见于
言外"的良好效果，继承了《诗经》艺术表现及情感表达方法，为中国
传统器乐意境的形成助力，中国器乐的传统风格得以逐渐形成。

四　《诗经》器乐意境的美育价值

《诗经》器乐不仅对传统器乐意境风格的形成功不可没，促进了中
国美学精神的形成，更是具有重要的当代美育价值。

（一）《诗经》器乐表现了"中和之音"

《诗经》中的许多内容表现了"中和之美"，《诗经》器乐表现了
"中和之音"。

"中和"首先是有天地之中和之意，反映了天地阴阳二气交感，"大
乐与天地同和，大礼与天地同节"。① "中和"同样讲究人与自然之和，

---

① 《十三经注疏》整理委员会整理《礼记正义》，北京大学出版社，2000，第 1267 页。

有着丰富的"人天同构""天人合一"的观念。道家提出"道法自然"并孕育了山水文化，而山水文化的意蕴非常丰富且深深影响到音乐，其所蕴含的爱国情怀、山水之美、返璞归真也同样是"中和之美"着力表现的主题。"中和之美"在人与人之间的关系上的体现是人与人要和谐相处，人际交往要遵守"礼"，切记"有礼则安，无礼则危"。个人也要做到心态平和，保持心理平衡，做到知行合一，面对外界事物的变化不能怨天尤人，不能大喜大悲。"中和之美"在音乐上集中体现为"历律和谐"。历法与音律本来是相通的，中国古代音乐思想强调"以和御争"与"八音之和"，"中和之音"遂成为中国传统音乐的主流，具有了礼乐文化与道德伦理的浓重色彩。

（二）《诗经》器乐着力表现自然之美

中国传统音乐除了表达人的喜怒哀乐之外，也表达人与自然的交流，把自然万物看作有生命的个体，着力表现自然美，《诗经》中就有大量关于人与自然交流的篇章。早先时候人与自然是对立的，随着人对大自然的认识渐趋理性化，人与大自然的关系逐渐亲近起来。"春日载阳，有鸣仓庚。女执懿筐，遵彼微行"（《豳风·七月》）就是一幅人与自然和谐相处的画卷。"物我一体、天人合一"的观念由来已久，反映在器乐上就是表现自然之美。道家提倡自然之道，崇尚自然，亲近山水，主张人与自然密不可分，人应该顺应自然、爱护自然，与自然和谐相处，反映在器乐上就要显示人与自然万物相统一的意趣与生机。儒家同样重视自然，通过"与天地合其德""我善养吾浩然之气"达到与自然的和谐统一。历代诗词和器乐都表现了文人寄情山水、热爱自然、崇尚田园、追求逍遥自在的情感。"'智者乐水，仁者乐山''浴乎沂，风乎舞雩，咏而归'向我们揭示一个极为重要的事实，那就是在孔子的眼中，人所欣赏的自然，并不是同人无关的自然，而是同人的精神生活，人的内在的情感紧密联系在一起的，这充分反映了孔子对自然美可以陶冶情操、完善人格、开阔胸襟的美育功能的认识。"[1] 在诗歌传统中，鸿雁往往和悲欢离合联系在一起，钱起的《归雁》诗中就有描述："潇湘何事等闲

---

① 钟仕伦、李天道主编《中国美育思想简史》，中国社会科学出版社，2008，第91—92页。

回，水碧沙明两岸苔。二十五弦弹夜月，不胜清怨却飞来。"刘勰曾在
《文心雕龙》里这样总结："'灼灼'状桃花之鲜，'依依'尽杨柳之貌；
'杲杲'为出日之容，'瀌瀌'拟雨雪之状；'喈喈'逐黄鸟之声，'喓喓'
学草虫之韵；'皎日''嘒星'，一言穷理；'参差''沃若'，两字穷形：
并以少总多，情貌无遗矣。"（《文心雕龙·物色》第四十六）《诗经》对自
然美的表现已经达到炉火纯青的地步，深深影响到器乐演奏，通过将自
然人格化来确证人与自然相统一，同时也于音外表现了自然美。

（三）《诗经》器乐的心灵美

《诗经》对亲情、友情、爱情等人间真情进行了生动的描绘，也对
人与动物、人与自然和谐相处的情感进行了赞美，丰富了人生体验，歌
颂了心灵美。《诗经》是可以配乐舞的"歌词"，脱离歌词的器乐并未失
去使命，照样通过演奏表达心灵美。

夏商时期的祭祀文化开始向礼乐文化转型，听觉享受更多的是跟人
的心灵世界联系起来。《诗经》的动人之处在于抒发性情，具有丰富人
的心灵世界、提升人生境界的审美功效。《诗经》展现人间真情的基础
是亲情，对爱情的歌颂也是《诗经》中的器乐演奏主题，其在应用于祭
祀之礼的同时，也会对爱情进行描绘，比如，"参差荇菜，左右采之。窈
窕淑女，琴瑟友之""彼采萧兮，一日不见，如三秋兮！"犹如一首火辣
辣的情歌，尽情展现了热恋男女的相思之情。在《邶风·静女》里，
"静女其姝，俟我于城隅。爱而不见，搔首踟蹰"既有盼望见到恋人的
动作描写，又有细微的心理描写，富含象征意味，也刻画了活泼调皮的
青年男女的本性。"琴瑟在御，莫不静好"描写了夫妇之间的志同道合，
在古代社会能够表达夫妻之间的和谐与真爱是多么难能可贵，也给男尊
女卑的古代社会带来了一道尊重女性的曙光。"并不是展示琴瑟技巧，而
是士大夫阶层的一对夫妻通过琴瑟之声交流情义，安享生活的娴静和
美。"① 而"琴瑟和鸣""琴瑟合欢"用来赞美夫妻同心、婚姻美满就出
自《诗经》。

《诗经》器乐同样展现了友情。《小雅·鹿鸣》"我有嘉宾，鼓瑟鼓

---

① 李婷婷：《〈诗经〉之器乐研究》，第 145 页。

琴。鼓瑟鼓琴，和乐且湛"本是国君娱乐群臣的，同样能够延伸到赞美友情方面。不管是"琴瑟友之"还是"嘤其鸣矣，求其友声"，都是对"有朋自远方来，不亦乐乎"的歌唱。唐宋时期人们往往用音乐招待客人，也跟这个传统有关。古典诗词中朋友之间的应答，"西出阳关无故人"的惆怅，"海内存知己，天涯若比邻"的自我安慰，"断肠人在天涯"的孤独，莫不在人的心灵深处引起波澜。

《诗经》中的器乐对草木鸟兽之美也进行了赞美。"桃之夭夭，灼灼其华""关关雎鸠，在河之洲""七月在野，八月在宇，九月在户，十月蟋蟀入我床下"等都是对动植物的刻画，诗句写出了它们的生动、灵气、清澈、质朴、可爱，器乐演奏同样要完成这个使命，并且通过对花草鸟兽的深情，完美再现了心灵之美。

结　语

《诗经》与音乐的成功联姻，成为"礼乐"文化的载体，孕育着中华民族精神，彰显着文化艺术的中国气派、中国风格，具有无与伦比的美育价值。音乐基本上是中国早期艺术的母体，一个人的成长进步就是"兴于诗、立于礼、成于乐"的历程，凡是使人感到愉悦的东西都可以被称为"乐"，说明中国古代的美育一方面蕴含着社会理性和道德伦理，另一方面又具有情感性与趣味性。

中国特色社会主义进入新时代以来，我们大力加强文化强国建设，大力发展美育。当前我们正在沿着中国式道路阔步前进，中国正在以崭新的面貌走向世界舞台的中央，富有创造力与艺术气息的中国人，也应该以崭新的面貌出现在全世界面前。而这种崭新，不仅仅是物质与外表上的新，更应该是精神与心灵上的新。这种精神上的新必须深深植根于文化自信，植根于中国式的美育资源，从传统文化艺术中汲取美育的营养，从《诗经》中感受汉语的魅力，从中国传统器乐意境中感受音乐美，从而不断提高自身审美素质。

巫与上古神话的口头传播[*]

——以楚辞巫风作品为考察对象

叶庆兵[**]

摘　要　口头传播是上古神话早期传播的一种重要方式，但由于口头传播转瞬即逝的特点，今天要窥探其具体情形并非易事。巫作为沟通人神的使者，又是祭祀活动的主导者，自然成为上古神话的保有者与传播者。通过对《楚辞》中受巫风影响较著的《离骚》《九歌》《招魂》等作品的考察，可以窥见神巫在娱神、招魂等巫术活动中，以口头传唱、歌舞表演等形式对上古神话进行传播与演绎的情形，可以感受到巫在上古神话口头传播中的重要作用。

关键词　巫　上古神话　楚辞

巫是一种特殊而且重要的职业，他们是沟通人、神的使者，在神话中他们可以自由地往来于神界与人间。如《山海经·大荒西经》载：

> 大荒之中，有山名曰丰沮玉门，日月所入。有灵山，巫咸、巫

---

* 基金项目：本文系安徽师范大学博士科研启动金项目（项目编号：903/762264）阶段性研究成果。

** 作者简介：叶庆兵，安徽师范大学文学院讲师，文学博士。主要研究领域：先秦两汉文学与文化。

即、巫朌、巫彭、巫姑、巫真、巫礼、巫抵、巫谢、巫罗十巫，从此升降，百药爰在。①

在现实中，巫掌管祭祀，被认为能够以舞降神，并与神交流。《国语·楚语下》载：

> 古者民神不杂。民之精爽不携贰者，而又能齐肃衷正，其智能上下比义，其圣能光远宣朗，其明能光照之，其聪能听彻之，如是则明神降之，在男曰觋，在女曰巫。②

由于巫能够沟通人神、传达神的旨意，因此自然具有旁人无可比拟之威信，故最早的巫往往由最高统治者兼任。《山海经·大荒西经》载：“西南海之外，赤水之南，流沙之西，有人珥两青蛇，乘两龙，名曰夏后开。开上三嫔于天，得《九辩》与《九歌》以下。此天穆之野，高二千仞，开焉得始歌《九招》。”③ 夏后开，即夏后启。《归藏》载此事云“昔者夏后启卜乘飞龙以登于天而□□☑［于皋陶。陶曰：吉］”，④ 其中明确说到“夏后启卜”，可见这实际上是一场巫术活动，主持这场巫术活动的正是夏后启。殷卜辞中，存在着大量“王卜”“王贞”“王占”的记载，表明殷王也常常亲自主持占卜事宜。到了周代，周公还曾“自以为功”，向祖先祷告以求武王之健康。这些均可表明巫术之事，曾由统治阶级的王或者权臣把持。陈梦家先生在《商代的神话与巫术》一文中就曾指出，“王者自己虽为政治领袖，同时仍为群巫之长”。⑤ 这种情况后来似乎有所转变，《礼记·礼运》载：

> 孔子曰：“呜呼，哀哉！我观周道，幽厉伤之。吾舍鲁，何适矣？鲁之郊禘，非礼也，周公其衰矣。杞之郊也，禹也；宋之郊也，

---

① 袁珂校注《山海经校注》卷十六《大荒西经》，上海古籍出版社，1980，第396页。
② 徐元诰：《国语集解》（修订本）卷十八《楚语下》，王树民、沈长云点校，中华书局，2002，第512—513页。
③ 袁珂校注《山海经校注》卷十六《大荒西经》，第414页。
④ 王辉：《王家台秦简〈归藏〉校释（28则）》，《江汉考古》2003年第1期。
⑤ 陈梦家：《商代的神话与巫术》，《燕京学报》第20期，1936年。

契也；是天子之事守也。故天子祭天地，诸侯祭社稷。祝嘏莫敢易
其常古，是谓大假。祝嘏辞说，藏于宗、祝、巫、史，非礼也，是
谓幽国。"①

"祝嘏辞说，藏于宗、祝、巫、史"，而不在天子，故孔子斥其为非礼，
这表明王者参与巫术活动的程度有所降低。从另一个角度来说，巫则成
为一种专门的职业，更具有独立性。《周礼》中已有司巫、男巫、女巫
等官职，也表明其职业化。

作为沟通人神的使者以及祭祀活动的主持者，巫对各种神灵必然相
当熟悉，而先秦祭祀的神灵，很多正是上古神话中的人物。《国语·鲁语
上》记载：

有虞氏禘黄帝而祖颛顼，郊尧而宗舜。夏后氏禘黄帝而祖颛顼，
郊鲧而宗禹。商人禘舜而祖契，郊冥而宗汤。周人禘喾而郊稷，祖
文王而宗武王。幕，能帅颛顼者也，有虞氏报焉。杼，能帅禹者也，
夏后氏报焉。上甲微，能帅契者也，商人报焉。高圉、大王，能帅
稷者也，周人报焉。凡禘、郊、祖、宗、报，此五者，国之典
祀也。②

黄帝、颛顼、尧、舜、禹、契、后稷等神话人物均在所祭祀的鬼神之列。
因此，巫对神话人物也必然是熟知的，应该说，他们是上古神话的保有
者和传承者。这可以从文献中找到依据。《晏子春秋》载：

楚巫微道裔款以见景公，侍坐三日，景公说之。楚巫曰："公，
神明之主，帝王之君也。公即位十有七年矣，事未大济者，神明未
至也。请致五帝，以明君德。"③

① （唐）孔颖达疏《礼记注疏》卷二十一《礼运》，载（清）阮元校勘《十三经注疏》，艺
文印书馆，2001，第 420—421 页。
② 徐元诰：《国语集解》（修订本）卷四《鲁语上》，第 159—161 页。
③ 张纯一：《晏子春秋校注》卷一《内篇谏上》，梁运华点校，中华书局，2014，第 35—
36 页。

所谓"请致五帝"当即请五帝降神于巫。关于五帝，虽有不同说法，但其为神话中人物则无疑。楚巫能够请致五帝，显然是知道五帝神话的，至少知道其存在。

作为上古神话的保有者与传承人，巫又会在一定的场合将上古神话传播出去，而其传播的重要方式便是口头传播。考察巫术活动可以促进对上古神话口头传播的深入理解。可惜的是，先秦文献关于巫术活动的具体情形并没有直接而详尽的记载。但在先秦两汉的文学作品中，楚辞受巫风影响程度最深，① 其中就有不少以巫之口吻创作的作品。因此，本文以楚辞中的巫风作品作为具体的考察对象，尝试探讨先秦时期巫在上古神话口头传播中的作用。

一

《说文解字》云："巫，巫祝也，女能事无形以舞降神者也。"② 先秦时期有祝有巫，如《周礼》所载既有大祝、小祝等祝官，又有司巫、男巫、女巫等巫职，且巫与祝常常并称，显然有别，故段玉裁认为这里的"祝"是觋之误。据《说文解字》，祝是"祭主赞词者"，祝之字形，"从示，从儿口"，故段玉裁谓"以人口交神也"。③ 巫与祝，一以舞降神，一以口交神，似乎各有分工，然而实际上，他们都是沟通人神的使者，在职事上多有重合。陈梦家先生指出，"卜辞祝从示从兄，兄象人跽地张口而呼，或于一手画舞饰，故知祝者即舞者，舞即巫也"；④ 而据《周礼》"女巫掌岁时祓除衅浴，旱暵则舞雩，若王后吊则与祝前，凡邦之大灾歌哭而请"。⑤ 可见，祝与巫在职事上实际是不分的，祝官与巫官的划分，当是职业细化之后的结果，而《说文解字》以祝释巫，则揭示了

---

① 日本学者藤野岩友所著《巫系文学论——以〈楚辞〉为中心》（韩基国译，重庆出版社，2005）对此有深入探讨。

② （汉）许慎撰，（清）段玉裁注《说文解字注》第五篇上，许惟贤整理，凤凰出版社，2007，第357页。

③ （汉）许慎撰，（清）段玉裁注《说文解字注》第一篇上，第10页。

④ 陈梦家：《商代的神话与巫术》，《燕京学报》第20期，1936年。

⑤ （唐）贾公彦疏《周礼注疏》卷二十六《女巫》，载（清）阮元校勘《十三经注疏》，第400页。

二者同源，祝实际上源于巫，而二者通神的方式都包括口头歌唱与舞蹈，可以说是载歌载舞。

《离骚》为屈原最重要的作品，也是《楚辞》中最重要的作品。由于其中有自述身世的部分，故不少学者以《离骚》来考察屈原生平，这自然是以《离骚》中的主人公为屈原本人。但以《离骚》之主人公为屈原或其他任何现实中人物，都与《离骚》内容不符合，甚至在人物的性别上都难以说通。实际上，《离骚》的主人公并非屈原，也非其他凡俗之士，而是神巫。其中的证据，前人多有指出，今择其要，概述如下。

第一，《离骚》主人公自言其出生云"帝高阳之苗裔兮，朕皇考曰伯庸。摄提贞于孟陬兮，惟庚寅吾以降"，[①] 使用了"降"一词。"降"在先秦典籍中多指神灵，如《诗经·商颂·玄鸟》"天命玄鸟，降而生商"；《国语·周语》"有神降于莘"；《九歌·湘夫人》"帝子降兮北渚"。可见，"降"为神灵下世。《离骚》主人公自言其祖为颛顼，而颛顼为神话中五帝之一，又言其出生为"降"，已非凡俗之士。

第二，主人公自言其字号云"名余曰正则兮，字余曰灵均"，《说文解字》云"灵巫以玉事神，灵或从巫"，亦可见其非俗。

第三，主人公以香花美草为饰，与巫的装扮一致。

第四，主人公能够上天入地，与神相交，此为巫的职责。

基于这些证据，廖群教授认为"《离骚》中的抒情主人公应该是一位能上下于天地的神巫形象"；[②] 陈桐生教授更认为"《离骚》是一次长时间的巫术过程的记述"。[③] 总之，《离骚》或者是假托巫口之作，或者直接就是巫术活动的纪实。因《离骚》全文为主人公的自白，故其中内容正可视为巫的"歌哭"，而这位巫在歌哭中所讲述的内容，就包含了不少上古神话。如"鲧婞直以亡身兮，终然殀乎羽之野"。《山海经·海内经》载："洪水滔天。鲧窃帝之息壤以堙洪水，不待帝命。帝令祝融杀鲧于羽郊。"[④]《尚书·舜典》亦有"殛鲧于羽山"的记载。此句所述

---

① （宋）洪兴祖：《楚辞补注》卷一《离骚》，白化文、许德楠、李如鸾、方进点校，中华书局，1983，第 3 页。
② 廖群：《楚地巫风与屈辞"寓言体"考论》，《中南民族大学学报》（人文社会科学版）2014 年第 2 期。
③ 陈桐生：《〈离骚〉系巫术过程之纪事》，《东方丛刊》1996 年第 2 辑。
④ 袁珂校注《山海经校注》卷十《海内经》，第 472 页。

正为此神话。

"启《九辩》与《九歌》兮。"《山海经·大荒西经》载:"西南海之外,赤水之南,流沙之西,有人珥两青蛇,乘两龙,名曰夏后开。开上三嫔于天,得《九辩》与《九歌》以下。此天穆之野,高二千仞,开焉得始歌《九招》。"① 夏后开,即夏后启。《归藏》亦云"昔者夏后启卜乘飞龙以登于天"。② 此句所述正为此神话。

"吾令羲和弭节兮,望崦嵫而勿迫。路曼曼其修远兮,吾将上下而求索。饮余马于咸池兮,总余辔乎扶桑。折若木以拂日兮,聊逍遥以相羊。""羲和"为神话中的日母,《山海经·大荒南经》载:"东南海之外,甘水之间,有羲和之国。有女子名曰羲和,方日浴于甘渊。羲和者,帝俊之妻,生十日。"③ 崦嵫、咸池、扶桑均为神话中与太阳有关的地点。扶桑、若木为日之所出处,《山海经·海外东经》云:"汤谷上有扶桑,十日所浴。在黑齿北,居水中。有大木,九日居下枝,一日居上枝。"④《淮南子·地形训》又云:"若木在建木西,末有十日,其华照下地。"⑤ 咸池为日所经之地,《淮南子·天文训》云:"日出于旸谷,浴于咸池,拂于扶桑,是谓晨明。"⑥ 崦嵫则为日入之所,王逸注引《淮南子》逸文云:"日入崦嵫,经细柳,入虞渊之汜。"⑦ 因此,这数句实际上包含着一段太阳运行的神话。

"望瑶台之偃蹇兮,见有娀之佚女。吾令鸩为媒兮,鸩告余以不好。雄鸠之鸣逝兮,余犹恶其佻巧。心犹豫而狐疑兮,欲自适而不可。凤皇既受诒兮,恐高辛之先我。"这一段以神巫口吻,讲述其欲追求有娀之佚女的一段心路历程,其中亦包括了一段神话。《吕氏春秋·音初》载:

> 有娀氏有二佚女,为之九成之台,饮食必以鼓。帝令燕往视之,鸣若谥隘。二女爱而争搏之,覆以玉筐,少选,发而视之,燕遗二

① 袁珂校注《山海经校注》卷十六《大荒西经》,第 414 页。
② 王辉:《王家台秦简〈归藏〉校释(28 则)》,《江汉考古》2003 年第 1 期。
③ 袁珂校注《山海经校注》卷十五《大荒南经》,第 381 页。
④ 袁珂校注《山海经校注》卷九《海外东经》,第 260 页。
⑤ 何宁:《淮南子集释》卷四《地形训》,中华书局,1998,第 329 页。
⑥ 何宁:《淮南子集释》卷三《天文训》,第 233—234 页。
⑦ (宋)洪兴祖:《楚辞补注》卷一《离骚》,第 27 页。

卵，北飞，遂不反，二女作歌一终，曰："燕燕往飞。"①

其中一女即简狄，为帝喾高辛氏次妃。《史记·殷本纪》云：

> 殷契母曰简狄，有娀氏之女，为帝喾次妃。三人行浴，见玄鸟
> 堕其卵，简狄取吞之，因孕生契。②

因此，《离骚》主人公欲求简狄而有"恐高辛之先我"的忧虑，这一段实际上暗含简狄、帝喾、殷契的神话故事。

除这些神话故事外，《离骚》还提到了大量神话人物，如高阳（"帝高阳之苗裔兮"），尧、舜（"彼尧、舜之耿介兮""就重华而陈词"），禹（"汤、禹俨而祗敬兮"），望舒、飞廉、鸾皇、雷师（"前望舒使先驱兮，后飞廉使奔属。鸾皇为余先戒兮，雷师告余以未具"），丰隆、宓妃（"吾令丰隆乘云兮，求宓妃之所在"）等，虽未具体提到其神话情节，但至少表明，主人公熟知这些神话人物。

这些神话故事及相关神话人物经由神巫灵均之口一一道出，正是上古神话的口头传播情景。

二

楚辞《九歌》也属巫风作品。在神话中，《九歌》为天乐，如前引《山海经》载"开上三嫔于天，得《九辩》与《九歌》以下"，这说的是夏后启从天上得来了《九辩》与《九歌》。在现实中，《九歌》则为祭神的巫歌。夏后启祭天时当曾演奏此乐，故而神化为得于上天。

楚辞中的《九歌》亦为巫歌，王逸注云：

> 昔楚国南郢之邑，沅、湘之间，其俗信鬼而好祠。其祠，必作歌乐鼓舞以乐诸神。屈原放逐，窜伏其域，怀忧苦毒，愁思沸郁。

---

① 许维遹：《吕氏春秋集释》卷六《季夏纪》，梁运华整理，中华书局，2009，第141—142 页。
② 《史记》卷三《殷本纪》，中华书局，1982，第91 页。

出见俗人祭祀之礼，歌舞之乐，其词鄙陋。因为作《九歌》之曲，上陈事神之敬，下见己之冤结，托之以风谏。故其文意不同，章句杂错，而广异义焉。①

王逸认为，《九歌》是屈原为民间祭神而作。此种说法曾引起学者怀疑，最主要的问题在于其中所涉及的神灵，尤其是东皇太一，地位极高，而在先秦时期，祭祀权是有等级的，民间祭祀当无祭祀东皇太一的权利。此外，《九歌》中又有《国殇》一篇，祭祀对象为战死的战士，也非民间所应祭祀的对象。因此，《九歌》并非为民间祭祀而作，而是国家祀典。但已有学者指出，楚地祭祀并无严格的等级制度，而《国殇》安排在全部祭祀的最后，也符合楚人祭祀先天地神祇而后人鬼的一般规律，民间祭祀那些战死于异地他乡的战士是符合礼制规定的平常活动。② 无论其为民间祭歌，还是国家祀典，从《九歌》内容来看，受巫风影响都很明显。

《九歌》之为巫歌，在《东皇太一》中体现得很清楚。《东皇太一》云：

> 吉日兮辰良，穆将愉兮上皇；抚长剑兮玉珥，璆锵鸣兮琳琅；瑶席兮玉瑱，盍将把兮琼芳；蕙肴蒸兮兰藉，奠桂酒兮椒浆；扬枹兮拊鼓，疏缓节兮安歌；陈竽瑟兮浩倡；灵偃蹇兮姣服，芳菲菲兮满堂；五音纷兮繁会，君欣欣兮乐康。③

首先，这组诗的目的是"愉上皇"。上皇即东皇太一，是楚国的至上神。开篇交代，《九歌》就是"愉上皇"的娱神之作，而娱神本为巫职。

其次，从现场布置来看，鲜花美草，琼浆玉露，并有歌舞伴奏，也为巫术活动的装饰特点。

再次，活动者"抚长剑兮玉珥，璆锵鸣兮琳琅"，佩长剑，盛装饰，亦为巫的装扮，且后文明确云"灵偃蹇兮姣服"，灵即巫，更直接道明

---

① （宋）洪兴祖：《楚辞补注》卷二《九歌》，第 55 页。
② 王泽强：《从战国楚墓祭祀竹简看〈九歌〉的属性》，《淮阴师范学院学报》2003 年第 6 期。
③ （宋）洪兴祖：《楚辞补注》卷二《九歌》，第 55—57 页。

了是群巫在活动。

《东皇太一》为《九歌》组诗的首篇，它直接表明了《九歌》组诗的巫歌性质。《九歌》不仅是巫歌，还带有戏剧表演的性质。闻一多先生在《〈九歌〉的结构》一文中结合汉《郊祀歌》指出，《九歌》首末两章为迎神、送神之曲，迎送的都是主神东皇太一，其他九章则为"娱神的节目，或侑神的乐章。……代表东皇太一的灵保（神尸）庄严而玄默的坐在……紫坛上，……坛下簇拥着扮演各种神灵及其从属的童男童女，多则三百人，少亦七十人，分为九班，他们依次的走到坛前，或在各自被指定的班位上，舞着唱着，表演着种种程度不同的哀情的以及悲壮的小故事，以'合好效欢虞太一'"。① 由此，则《九歌》所呈现的是舞蹈、歌唱与表演相结合的综合艺术。在《〈九歌〉古歌舞剧悬解》一文中，闻一多先生进一步认为《九歌》就是一部歌舞剧，并为部分歌词分配了角色。闻一多先生的见解非常深刻，《九歌》中确实存在不同的人物口吻，显然存在不同的演唱者。而据《周礼》，"司巫，掌群巫之政令。若国大旱，则帅巫而舞雩；国有大灾，则帅巫而造巫恒"，② 可见，巫术活动常有群巫协作之事。

《九歌》中群巫所歌唱、表演的对象，多为神话中人物。《九歌》分十一章，前十章均以神鬼命名，分别是《东皇太一》《云中君》《湘君》《湘夫人》《大司命》《少司命》《东君》《河伯》《山鬼》《国殇》，末章为《礼魂》。前十章中，除山鬼、国殇外，其他均为神话人物。值得注意的是，巫师扮演这些神灵，在歌唱中并未涉及他们的故事，这是由于这场巫术活动目的是降神娱神，巫师表演的是神灵降临的场景，这些神灵的故事非其所关注的对象。不过，这场巫术活动仍然起到了神话传播的作用，至少是将这些神灵的形象表演出来了，使得这些神灵为更多人所熟知。

此外，在巫师的表演中，或多或少也传达了一些神话信息。如《湘君》《湘夫人》两诗都描写了情人相约的故事情节，表明其神话故事当与爱情有关。又如《大司命》云"纷总总兮九州，何寿夭兮在予"，透

① 《〈九歌〉的结构》，载《闻一多全集·楚辞编》，湖北人民出版社，1993，第358页。
② （唐）贾公彦疏《周礼注疏》卷二十六《司巫》，载（清）阮元校勘《十三经注疏》，第399页。

露出大司命的神力在于掌管九州人民的生死。《东君》传递的神话信息更多，而且其整体应该就是对东君神话的演绎。《东君》云：

> 暾将出兮东方，照吾槛兮扶桑。抚余马兮安驱，夜皎皎兮既明。驾龙辀兮乘雷，载云旗兮委蛇。长太息兮将上，心低徊兮顾怀。羌声色兮娱人，观者憺兮忘归。縆瑟兮交鼓，箫钟兮瑶虡，鸣篪兮吹竽，思灵保兮贤姱。翾飞兮翠曾，展诗兮会舞。应律兮合节，灵之来兮蔽日。青云衣兮白霓裳，举长矢兮射天狼。操余弧兮反沦降，援北斗兮酌桂浆。撰余辔兮高驼翔，杳冥冥兮以东行。①

扶桑为神话中太阳所出之地，《山海经·海外东经》载："汤谷上有扶桑，十日所浴。在黑齿北，居水中。有大木，九日居下枝，一日居上枝。"② 神话中，十日轮流出现于天空，均由马车所载。《淮南子·天文训》言太阳运行神话，其中有云"日……至于悲泉，爰止其女，爰息其马，是谓县（悬）车"。③ 东君实际上就是楚人崇拜的太阳神，而《东君》所表演的就是一段太阳神乘车出行的神话。从"暾将出兮东方"至"心低徊兮顾怀"是描写日神驾车出行的场景；从"羌声色兮娱人"至"援北斗兮酌桂浆"是描写日神被这场娱神巫术的盛大场景所吸引，表现的是降神、娱神活动的成功；末二句又回到日神神话本身，谓其揽辔高翔，继续东行。整篇作品将巫术活动与太阳神话紧密融合在一起。

《九歌》以歌舞剧的方式传播上古神话，并将神话故事的内容与巫术现场深度融合，从而给观众更加深刻的印象，达到更好的传播效果。

三

《招魂》亦为楚辞中受巫风影响较大的作品。关于《招魂》的内容，有屈原招怀王魂、宋玉招屈原魂等多种说法，无论其为谁人所作，为谁招魂，可以确定的是，作品中的招魂者并非作者本人，而是一个大

---

① （宋）洪兴祖：《楚辞补注》卷二《九歌》，第74—76页。
② 袁珂校注《山海经校注》卷九《海外东经》，第260页。
③ 何宁：《淮南子集释》卷三《天文训》，第236页。

巫——巫阳。巫阳铺叙天地四方的险恶环境以劝导魂归，而在描述中多涉及神话。

如描述东方之险恶云"长人千仞，惟魂是索些。十日代出，流金铄石些"，索魂的千仞长人当属神话中人物，《山海经》有大人国，与之类似。"十日代出"则是更为广泛流传的神话故事，《山海经·海外东经》载："汤谷上有扶桑，十日所浴。在黑齿北，居水中。有大木，九日居下枝，一日居上枝。"① 《大荒东经》又云"大荒之中，有山名曰孽摇頵羝。上有扶木，柱三百里，其叶如芥。有谷，曰温源谷。汤谷上有扶木，一日方至，一日方出，皆载于乌"。② 所谓"一日方至，一日方出"，正"代出"之意。

又如描述南方险恶云"雕题、黑齿，得人肉以祀，以其骨为醢些。蝮蛇蓁蓁，封狐千里些。雄虺九首，往来倏忽，吞人以益其心些"，③ 雕题、黑齿均为《山海经》中的异国，蝮蛇、封狐为神话中的异兽。雄虺又见于《天问》，虺即蛇，"雄虺九首"就是九头蛇身的怪兽，这种形象在上古神话中也很普遍。如《山海经·海外北经》载共工之臣相柳"九首人面，蛇身而青"，④ 就与雄虺形象一致。

此外，描述天上险象有"一夫九首，拔木九千"之神人，描述幽都险象有"参目虎首，其身若牛"的怪兽，一为一身多首，一为虎首牛身。类似的变异形象，在神话中非常普遍，是构成神灵形象的常见方式。如《山海经·中山经》"有神焉，其状如人而二首"，⑤ 《海外西经》又有三身国，其人"一首而三身"；⑥ 又如《南山经》"凡南次二经之首……其神状皆龙身而鸟首"，⑦ 《中山经》又载"凡岷山之首，……其神状皆马身而龙首"。⑧ 因此，这里描写的这些怪异形象，也属神话中物。

由此可见，巫阳招魂，所用以"恐吓"亡魂的正是地域神话。巫阳

① 袁珂校注《山海经校注》卷九《海外东经》，第 260 页。
② 袁珂校注《山海经校注》卷十四《大荒东经》，第 354 页。
③ （宋）洪兴祖：《楚辞补注》，第 199 页。
④ 袁珂校注《山海经校注》卷八《海外北经》，第 233 页。
⑤ 袁珂校注《山海经校注》卷五《中山经》，第 136 页。
⑥ 袁珂校注《山海经校注》卷七《海外西经》，第 211 页。
⑦ 袁珂校注《山海经校注》卷一《南山经》，第 15 页。
⑧ 袁珂校注《山海经校注》卷五《中山经》，第 160 页。

招魂的过程，实际上也是这些神话传播的过程。

四

《离骚》《九歌》《招魂》均与巫有关，而三者中的巫均曾讲唱或者表演神话，体现了巫作为上古神话的保存者与传播者在上古神话口头传播过程中所起到的重要作用。但是，《离骚》《九歌》《招魂》均属于文人创作的作品，其中肯定有虚构内容。如《离骚》，虽有学者认为《离骚》是巫术活动的纪实之作，但这恐怕不符合实情。因为其中许多抒情话语与巫术活动及巫师身份并不符合。闻一多先生曾讲述其阅读《离骚》的感觉云：

> 我每逢读到这篇奇文，总仿佛看见一个粉墨登场的神采奕奕，潇洒出尘的美男子，扮演着一个什么名正则，字灵均的"神仙中人"说话，（毋宁是唱歌。）但说着说着，优伶丢掉了他剧中人的身分，说出自己的心事来。①

闻一多先生的感觉是很准确的，《离骚》中确实存在这种"出离"的现象。如果它只是一场巫术活动的实录，这种现象恐难发生，唯其为假托巫口之作才会同时兼有巫的行事，而又包含屈原的个人情感。

《招魂》描述巫阳开始招魂之前还有一段其与上帝的对话："帝告巫阳曰：'有人在下，我欲辅之。魂魄离散，汝筮予之！'巫阳对曰：'掌瞉。上帝其难从。若必筮予之，恐后之谢，不能复用巫阳焉。'"② 这显然为虚构。

那么，《离骚》《九歌》《招魂》所描述的这些情景是否可信呢？现实巫术中是否也存在讲唱神话的情况呢？这就需要联系楚地的巫俗来考察。

风俗习惯因为有广泛的受众与绵延不绝的传承而具有相当的顽固性，

---

① 《屈原问题——敬质孙次舟先生》，载《闻一多全集·楚辞编》，第25页。
② （宋）洪兴祖：《楚辞补注》卷九《招魂》，第178—179页。

因此历代风俗志，乃至今天楚地的巫术活动仍可在一定程度上反映先秦时期楚地的巫俗。据湖湘方志记载，楚地巫术活动中确实有讲唱神话的传统。如《衡州府志》载：

> 湘楚之俗尚鬼，自古为然。《书·吕刑》著三苗昏乱，相与听于神。至舜命重黎绝地天通，而其俗始正。下逮屈原，已千有余年。原为叙正巫者事神之辞，以寓其忠爱之意，其说见于《离骚》。以今观之，则原时所祀尚在。……衡人赛盘瓠，病及仇怨重事设祈许。盘古赛之日，巫者以木为鼓，圆径，手一握，中小而两头大，如今之杖鼓。四尺者谓之长鼓，二尺者谓之短鼓。巫有练，帛长二三丈，画自盘古而下三皇五帝，三王及诸神靡所不有，是曰以帛□悬之长竿，鸣锣、击鼓、吹角，巫一人以长鼓绕身而舞，两人复以短鼓相向而舞，讨昔所许若干会为所舞之节，随口而唱，无复本据。①

虽谓舞者是"随口而唱，无复本据"，但其所持练上却画着盘古以及三皇五帝诸神，这表明巫术活动当与这些神灵有关，他们应该也会出现在巫者的唱词中。由此来看，《离骚》中主人公遍告诸多神灵应非偶然，而是巫术中的实情。

湖湘风俗志所载巫术活动中还有不少扮演神灵形象的情况，如《常德府志》载：

> 岁将尽数日，乡村多用巫师，朱裳鬼面，锣鼓喧舞竟夜，名曰还傩。②

巫师"朱裳鬼面"，可见要穿上华丽的服饰，还要带上神像面具，而这么做的目的就是扮演相应的神灵，以表示降神，并代神说话。类似的记载还见于《慈利县志》：

---

① 嘉靖《衡州府志》卷四，明嘉靖刻本，第 22 叶。
② 嘉靖《常德府志》卷一，明嘉靖刻本，第 29 叶 b。

又有一惯习陋俗曰还傩愿，无论红会、白会，群嗜演之。其法，异木雕半像，累累若阵，斩之级环陈案上。巫者仗剑踽步，击鼓跳歌。礼神毕，则又杂陈百戏，袍笏登场，诨白乱弹，唧唧杂作，厥状若鬼，而堂上堂下观者乃至入神如木鸡。①

《九歌·东皇太一》说到巫者"抚长剑兮玉珥，璆锵鸣兮琳琅"，恰与这里"仗剑踽步"的巫者形象一致。县志中又提到巫者跳歌礼神后，杂陈百戏，而戏中演员"厥状若鬼"，显然也带有表演的性质。

另据学者介绍，在湖湘巫术活动"庆娘娘"中有"陪梅山"一节：

在"陪梅山"时，主坛巫师常装扮成中岳土地神端坐在法坛的正中间，其它几位陪侍（俗称"打下手"）的巫师扮演四方土地在东西南北4个方位上陪坐，在法坛的正中摆上一大盆煮熟的猪肉。巫师装扮的五方神灵一边插科打诨、嬉闹玩笑，一边急切地用筷子夹肉吃。中岳土地因为要把气氛搞热烈，便反复地逗引、回应陪座的其它神灵唱歌，没时间吃肉，到最后看到盆中的肉所剩无多，便顾不上其它，丢下筷子直接用双手抓肉吃，逗得在场诸人（神）哄堂大笑。②

这与《九歌》由不同巫者扮演神灵的情形完全一致，虽然《九歌》经屈原加工，内容上更加雅致，但它仍然可以反映这种巫俗的真实存在。

从楚地巫俗来看，楚辞中的这些巫风作品，较真实地反映了当地巫术活动的情况，因此，我们通过这些作品来考察先秦时期楚巫在上古口头传播中的作用应是可靠的。

除此之外，出土文献也可为楚辞作品所反映的情形提供佐证。出土楚简中发现了不少占卜、祭祀的简牍，其中记载了楚人祭祀、祝祷的对象。如包山2号楚墓竹简中的一则卜筮祭祷记录：

---

① 民国《慈利县志》卷十七，1923 年铅印本，第 4 叶。
② 刘铁峰：《论屈原楚辞创作中的巫觋色彩——以当今湖湘巫术信仰民俗为参证》，《湖南人文科技学院学报》2015 年第 4 期。

移故箙，赛祷大，备（佩）玉一环；侯（后）土、司命、司褶，各一少环；大水，备（佩）玉一环；二天子，各一少环……①

祭祀的神灵包括大、侯土、司命、司褶、大水、二天子等。刘信芳先生认为，包山楚简中的这些神灵即《九歌》中的诸神：大即太，即东皇太一；侯土（刘文作后土）即云中君；司命即大司命；司褶（刘文作司骨）即少司命；大水即河伯；二天子即湘君、湘夫人；楚简中的列祖列宗即《国殇》所祀殇鬼。② 如此一一对应恐有附会之嫌，但二者有若干联系则是可以肯定的。如"大"与太一，司命与大司命、少司命，当有关系。

又一则云：

与祷楚先老僮、祝融、毓（鬻）酓（熊），各一牂。③

祝融不仅是楚先祖，同时也是上古神话人物。《山海经·海外南经》云"南方祝融，兽身人面，乘两龙"。④

类似的记录也见于望山 1 号墓、葛陵 1 号墓的卜筮祭祷简，所祷告的神灵与之相同。这也说明，楚人在占卜、祭祀等活动中，祭祷的对象确实包含了上古神话人物。

由此看来，巫术活动中也会涉及这些神话人物，《离骚》《九歌》《招魂》等楚辞作品中所描述的巫术活动情景与现实巫术活动是相符合的。也就是说，在娱神、招魂等巫术活动中，神巫讲唱、表演神话内容是可信的，巫在上古神话口头传播的过程中确实起到了重要的作用。

---

① 《包山 2 号墓简册》，载陈伟等《楚地出土战国简册（十四种）》，经济科学出版社，2009，第 93 页。
② 刘信芳：《包山楚简神名与〈九歌〉神祇》，《文学遗产》1993 年第 5 期。
③ 《包山 2 号墓简册》，载陈伟等《楚地出土战国简册（十四种）》，第 93 页。
④ 袁珂校注《山海经校注》卷十《海外南经》，第 206 页。

《毛诗序》的"诗史"景观*

陈斯怀**

摘　要　《毛诗序》以具体的历史人物与史事解《诗》，将《诗经》编织到商周历史之中，主要以西周兴起、西周衰亡、东周重建为焦点建构《诗经》的历史框架。邶、鄘、卫、郑、齐、唐、秦、陈、曹等九国风诗序呈现的是春秋前期诸国史的框架。《毛诗序》注重王朝或方国历史上的关键时期，表现出聚焦历史治乱、兴衰、转折的观念。它在《周南》《召南》《豳风》《大雅》《周颂》部分主要揭示以周王室为中心的"有序"政治秩序与男女伦理，《小雅》和"二南"、《豳风》之外的十二国风重在揭示周王室和春秋列国"失序"的政治秩序与男女伦理。《毛诗序》把《诗经》建构成政教文本，所谓"诗史"就是一部政教史。

关键词　《毛诗序》《诗经》　诗史　政教　伦理

　　《毛诗序》（下文简称《毛序》）是解读《诗经》（亦称《诗》）的经典之作，它在汉唐时期逐渐成为解《诗》的主流，宋代以来虽然尊

---

　　* 基金项目：本文系河北省社会科学基金一般项目"《毛诗传笺》的诗学观念研究"（项目编号：HB20ZW011）阶段性研究成果。

　** 作者简介：陈斯怀，文学博士，河北师范大学文学院教授、硕士研究生导师。主要研究领域：先秦两汉文化与文学、汉魏六朝宗教与文学。

序、疑序、废序等观念纷沓相争，但《毛序》依然是解《诗》的主要参照。有关《毛序》的研究是《诗经》学、中国古代文学批评史的重要议题，它在解《诗》时将《诗经》本事化、历史化的做法引起学界的讨论，大体表现为两种取径。第一种是探讨《毛序》本事化、历史化解《诗》的文献依据，追索其历史渊源。王洲明"通过对《毛序》（集中在《国风》）联系史实论《诗》内容的考察，发现有一部分《毛序》所联系的史实，不见于《史记》而仅见于《左传》；另一部分《毛序》所联系的史实，既见于《左传》，也见于《史记》"，指出《毛序》此类内容根据的是《左传》记述的历史。① 徐建委考察《左传》与《风诗序》的叙事关联性、《国语》与《风诗序》的不相关性、《诗》在春秋战国的流传等，认为："《诗·国风》部分的某些'本事'或'背景'历史，应是《左传》春秋早期历史，尤其是卫、郑历史的史源之一。"② 第二种是阐释《毛序》本事化、历史化解《诗》的目的和政治功能。王长华、易卫华的《〈毛诗〉与中国文化精神》认为《毛序》将《诗经》文本与古史对应，比附历史事件和人物，不是为了"知人论世"，而是要宣扬成败兴衰之道，让《诗经》在现实政治中派上实在的用场。③ 王承略将《诗序》划分为一部序、二部序、三部序，特别强调"二部序"采用历史式立场，"力图借助引史释诗的方法，揭示和反映《诗经》编次者在排布诗篇时所蕴含的历史脉络与褒贬意识"。④

虽然学界对《毛序》本事化、历史化解《诗》的问题已有一些讨论，但是对这种阐释提供的究竟是怎样的历史没有给予充分的关注。郑玄的《毛诗笺》和《诗谱》在继承、补充、订正《毛序》的基础上为《诗经》确立了更加清晰、系统的历史背景和时间线索，⑤ 尽管这是以宗

---

① 王洲明：《从〈左传〉与〈史记〉称〈诗〉引〈诗〉的对比研究看〈毛序〉的作期》，《河北师范大学学报》（哲学社会科学版）2005 年第 5 期。
② 徐建委：《〈左传〉早期史料来源与〈风诗序〉之关系》，《文学遗产》2012 年第 2 期。此类研究还有王志《〈毛诗序〉溯源》，《古籍整理研究学刊》2006 年第 5 期；孙美娟《〈左传〉〈毛诗序〉与〈诗〉的诗、史互动研究》，硕士学位论文，山东大学，2019。
③ 王长华、易卫华：《〈毛诗〉与中国文化精神》，人民出版社，2014，第 25 页。
④ 王承略：《〈诗序〉写作历程考论》，《文学遗产》2022 年第 2 期。
⑤ 详参王洲明《论郑玄〈诗谱〉的贡献》，人民文学出版社古典文学编辑室编《中国古典文学论丛》第 4 辑，人民文学出版社，1986；吴寒《郑玄〈诗谱〉构建历史谱系的方法与理路》，《文学遗产》2022 年第 2 期。

毛为主所做的笺注和阐述，但不能因此将他对《诗经》各篇背景和时代的揭示混同于《毛序》的表述与认知。本文拟摆脱《毛序》所述本事和历史是否符合《诗经》本意和历史事实的问题，不再追索它的文献来源和史料依据，而是换成另一种思路，直接探讨《毛序》呈现出来的"诗史"景观。所谓"诗史"景观就是《毛序》以史解《诗》给《诗经》提供的历史框架，它为《诗经》的风、雅、颂建构起的历史场景与观念。

一 《毛序》以周史三个时期为基本历史框架解《诗》

《毛序》解《诗》经常指明某诗与某人或事件有关，这些信息大多无法直接从《诗经》文本中得出。宋代程子即云："《诗》前序必是当时人所传，国史明乎得失之迹者是也。不得此，则何缘知得此篇是甚意思？"① 此话旨在揭示《毛序》是当时像"国史"这类身份的人所作，否则难以洞悉诗篇之意，这等于承认《诗经》的内容与《毛序》的解释之间缺乏确凿的联系。《毛序》所说未必符合《诗》意，也就难怪说《诗》者各行其道，如清代赵翼所言："《毛诗·小序》汉时虽已盛传，然未立学官，故诸儒说《诗》，各出意见，多有与《小序》异者。"② 不管《毛序》所说是否属实，事实上它已将《诗经》置于具体的历史框架之中进行解释，《诗经》一共 311 篇，大约有 201 篇被《毛序》关联以具体人物或事件，分别是《国风》93 篇、《小雅》58 篇、《大雅》28 篇、《颂》22 篇。梳理此类信息，可以看到《毛序》解《诗》时把眼光投向哪些历史时期，它重视的是什么样的节点，以《诗》为史建构的是怎样的历史框架。

如果以周王世系为参照，《毛序》揭出的 201 篇与具体人事关联的作品分布的历史时期十分集中，有 168 篇可以归入周史的三个时期。简况如表 1 所示。

---

① （宋）程颢、程颐：《二程集》第 1 册，王孝鱼点校，中华书局，1981，第 40 页。
② （清）赵翼：《陔余丛考》第 1 册，中华书局，1963，第 28 页。

表1 《毛序》所涉人物对应的周王及《诗经》篇目分布情况

时期	周王	风	雅	颂	篇数	备注
西周兴起	文王	7篇：《周南》（《汉广》《汝坟》）、《召南》（《羔羊》《摽有梅》《江有汜》《野有死麕》《驺虞》）	13篇：《小雅》（《采薇》《出车》《杕杜》《鱼丽》）、《大雅》（《文王》《大明》《绵》《棫朴》《思齐》《皇矣》《灵台》《下武》《文王有声》）	4篇：《周颂》（《清庙》）《维天之命》《我将》《商颂·那》	24	重复篇目只算一次（跨越两大时期的篇目各算一次），西周兴起（46）、西周衰亡（76）、东周重建（47）
	武王		4篇：《小雅·鱼丽》、《大雅》（《大明》《下武》《文王有声》）	3篇：《周颂》（《执竞》《载见》）、《商颂·那》	7	
	成王	9篇：《召南》（《甘棠》《行露》）、《豳风》（《七月》《鸱鸮》《东山》《破斧》《九罭》《狼跋》）	5篇：《小雅·常棣》、《大雅》（《公刘》《假乐》《泂酌》《卷阿》）	7篇：《周颂》（《有客》《闵予小子》《访落》《敬之》《小毖》）、《商颂·那》	21	
	厉王	4篇：《邶风》（《柏舟》）、《陈风》（《宛丘》《东门之枌》）	5篇：《大雅》（《民劳》《板》《荡》《抑》《桑柔》）		9	
西周衰亡	宣王	4篇：《鄘风·柏舟》《唐风·蟋蟀》《秦风·车邻》《陈风·衡门》	21篇：《小雅》（《六月》《采芑》《车攻》《吉日》《鸿雁》《庭燎》《沔水》《鹤鸣》《祈父》《白驹》《黄鸟》《我行其野》《斯干》《无羊》《小宛》）、《大雅》（《云汉》《崧高》《烝民》《韩奕》《江汉》《常武》）	1篇：《商颂·那》	26	
	幽王	4篇：《秦风》（《驷驖》《小戎》《蒹葭》《终南》）	38篇：《小雅》（《节南山》《正月》《十月之交》《雨无正》《小旻》《小弁》《巧言》《巷伯》《谷风》《蓼莪》《四月》《北山》《鼓钟》《楚茨》《信南山》《甫田》《大田》《瞻彼洛矣》《裳裳者华》《鱼藻》《采菽》《角弓》《菀柳》《青蝇》《宾之初筵》《黍苗》《隰桑》《白华》《绵蛮》《渐渐之石》《苕之华》《何草不黄》）、《大雅》（《瞻卬》《召旻》）		42	

续表

时期	周王	风	雅	颂	篇数	备注
东周重建	平王	20篇：《邶风·绿衣》、《卫风》(《淇奥》《考槃》)、《王风》(《君子于役》《扬之水》、《葛藟》)、《郑风》(《缁衣》《将仲子》《叔于田》《遵大路》)、《唐风》(《山有枢》《扬之水》《椒聊》《鸨羽》)、《秦风》(《驷驖》《小戎》《蒹葭》《终南》)			20	
	桓王	31篇：《邶风》(《燕燕》《日月》《终风》《击鼓》《雄雉》《匏有苦叶》《新台》《二子乘舟》)、《鄘风》(《墙有茨》)、《卫风》(《氓》《芄兰》)、《王风》(《兔爰》)、郑风》(《将仲子》《叔于田》《大叔于田》《遵大路》《有女同车》《山有扶苏》《萚兮》《狡童》《扬之水》)、《齐风》(《卢令》《敝笱》《南山》《甫田》《猗嗟》)、《唐风》(《无衣》《载驱》)、《陈风》(《有杕之杜》《陈风·墓门》)			31	

《毛序》解《诗》涉及的周王包括后稷、大王、王季、文王、武王、成王、懿王、孝王、夷王、厉王、宣王、幽王、平王、桓王、庄王、釐王、惠王、襄王、顷王、匡王、定王、景王，跨度是从周族始祖到东周前半期，时间漫长，人数不少。但是，如表 1 所示，绝大部分明确揭出人物、事件的诗篇对应的周王世系集中在周文王/武王/成王、周厉王/宣王/幽王、周平王/桓王，即处于西周兴起、西周衰亡、东周重建三个时期。不是说《毛序》判断这些诗篇主要创作于这三个时期，而是它认为这些诗歌关涉到的人、事主要归于这三个时期。第一时期属于西周开国史，文王是西周的奠基者，武王和成王是西周最早两任王，这是周朝征服四方和建立王朝各项制度的强盛时期。与此期相应的诗有 46 篇，分布在风、雅、颂各个部分。第二时期属于西周衰亡史，厉王、宣王、幽王是西周最后三任周王，如李峰所言："刚进入西周晚期，也就是周厉王时期，西周国家便遭遇到了全面的危机。所谓'全面的危机'，也就是说问题已经扩散到了西周社会的各个方面，并且已经严重到连王朝的生存也成问题的地步。"[1] 此时期一度出现周宣王中兴的气象，但是"宣王的后二十年间，王室力量再次衰微，此后再也无力回天"。[2] 与此期相应的诗有 76 篇，主要在雅诗部分，有 64 篇之多。第三时期是周朝的重建史，平王、桓王是东周最早两任周王，周王室东迁重建天下秩序，王室控制力减弱，各诸侯国势力增强，争霸局面逐渐形成，历史出现重大转折。与此期相应的诗有 47 篇，全都集中在国风部分。

《毛序》将《诗经》编织到以兴起、衰亡、转折为焦点的周王朝历史框架中，彰显的是复杂而漫长的历史进程中特殊、典型的关键时期。它体现的是一种聚焦历史的治乱、兴衰，关注历史的变易转折的观念。

二 《毛序》以春秋前期诸国史为主要框架解释九国风诗

《毛序》解释邶、鄘、卫、郑、齐、唐、秦、陈、曹等九国风诗，

---

[1] 李峰：《西周的灭亡：中国早期国家的地理和政治危机》，徐峰译，汤惠生校，上海古籍出版社，2007，第 119 页。

[2] 李峰：《西周的灭亡：中国早期国家的地理和政治危机》，第 161 页。

有72篇直接写明具体人物，足以显示它关注的历史时期。如果以周朝王者世系为坐标，《毛序》揭出的时间涵盖了从西周后期到东周前期的时段，这正是从西周衰亡到东周重建的转折期。如表2所示，与平王、桓王、庄王、釐王、惠王、襄王在位时间对应的有61篇作品，这是东周前六位周王，即在《毛序》看来，与邶、鄘、卫等九国风诗相涉的历史时段集中在东周早期。这正是礼崩乐坏、诸国崛起与纷争的时代，《毛序》建构的其实是周朝失序、诸国纷争的春秋前期史。

表2　《毛序》所示邶、鄘、卫等九国诗篇关联人物情况

国风	篇名	关联人物（圆括号中为执政者）	在位周王
《邶风》	《柏舟》	卫顷公［卫顷侯］	厉王
	《绿衣》	卫庄姜（卫庄公）	平王
	《燕燕》《日月》《终风》《击鼓》	卫庄姜（卫州吁）、卫州吁	桓王
	《雄雉》《匏有苦叶》《新台》《二子乘舟》	卫宣公、公子伋和寿（卫宣公）	桓王
《鄘风》	《柏舟》	共姜（卫武公）	宣王
	《墙有茨》《鹑之奔奔》	公子顽/卫宣姜（卫惠公）	桓王/庄王
	《定之方中》《蝃蝀》《相鼠》《干旄》	卫文公	惠王/襄王
	《载驰》	许穆夫人（卫懿公）	惠王
《卫风》	《淇奥》	卫武公	平王
	《考槃》《硕人》	卫庄公、庄姜（卫庄公）	平王
	《氓》	卫宣公	桓王
	《芄兰》	卫惠公	桓王
	《河广》《木瓜》	宋襄公母/齐桓公（卫文公）	惠王/襄王
《郑风》	《缁衣》	郑武公	平王
	《将仲子》《叔于田》《大叔于田》《遵大路》	郑庄公	平王/桓王
	《清人》	郑文公	惠王
	《有女同车》《山有扶苏》《萚兮》《狡童》《扬之水》	忽（郑昭公）	桓王/庄王
《齐风》	《鸡鸣》《还》	齐哀公	懿王/孝王/夷王
	《南山》《甫田》《卢令》《敝笱》《载驱》《猗嗟》	齐襄公、文姜/鲁庄公（齐襄公）	桓王/庄王

续表

国风	篇名	关联人物（圆括号中为执政者）	在位周王
《唐风》	《蟋蟀》	晋僖公［晋僖侯］	厉王/宣王
	《山有枢》《扬之水》《椒聊》《鸨羽》	晋昭公［晋昭侯］	平王
	《无衣》《有杕之杜》	晋武公	桓王/庄王/釐王
	《葛生》《采苓》	晋献公	惠王
《秦风》	《车邻》	秦仲	宣王
	《驷驖》《小戎》《蒹葭》《终南》	秦襄公	幽王/平王
	《黄鸟》	三良（秦穆公）	襄王
	《晨风》《渭阳》《权舆》	秦康公	襄王/顷王/匡王
《陈风》	《宛丘》《东门之枌》	陈幽公	厉王
	《衡门》	陈僖公	宣王
	《墓门》	陈佗	桓王
	《防有鹊巢》	陈宣公	庄王/釐王/惠王/襄王
	《株林》《泽陂》	陈灵公	定王
《曹风》	《蜉蝣》	曹昭公	惠王
	《候人》《下泉》	曹共公	襄王

具体而言，《毛序》将《邶风》《鄘风》《卫风》放在卫的框架下解释，时间跨度从卫顷公（侯）到卫文公，相当于西周后期到春秋前期。西周后期的节点在卫顷公、卫武公主政时期，他们是西周时期卫国有特殊事迹的封君。卫顷侯贿赂周夷王，使卫国获得特别的政治权益。[①] 卫武公以武力夺取君主之位，辅佐周王室平定犬戎之乱和平王东迁。《毛序》更关注的是春秋前期，聚焦于卫庄公父子、卫文公主政时期。卫庄公娶庄姜而无子，宠姜生下州吁，死后，三个儿子（桓公、州吁、宣公）相继争斗，内政混乱。同时，卫宣公夺太子伋妻（宣姜），宣姜后来又嫁给卫宣公之子公子顽，卫国公室伦常失序，这也导致后来卫宣公

---

① 《卫康叔世家》："顷侯厚赂周夷王，夷王命卫为侯。"《史记》，中华书局，2013，第 1913 页。董珊：《清华简〈系年〉所见的"卫叔封"》，载江林昌、孙进主编《清华简与儒家经典》，上海古籍出版社，2017，第 201—204 页。

诸子的争斗。可以说,卫庄公父子主政时期是卫国内政和伦常陷入混乱的典型时期。卫文公与此相反,他在位时励精图治,重整国政,《左传》闵公二年和《史记·卫康叔世家》记载的他都是这种形象。《毛序》以卫为框架解释《邶风》《鄘风》《卫风》,呈现的是卫国历史上从周朝获得特别权益、内乱、中兴的几个重要阶段。

《毛序》解释《郑风》涉及郑武公、郑庄公、郑昭公、郑文公,时段是春秋前期,集中在庄公、昭公主政阶段。郑庄公在位时是郑国最强盛的时期,他的弟弟叔段起兵作乱是郑国历史上的大事件。《春秋》开篇隐公元年就记载"郑伯克段于鄢",《左传》对整个过程有详细的叙述。① 郑庄公之后,太子忽(昭公)继位,兄弟相争,郑国陷入变乱,昭公时期成为郑国实力衰落的起点。《毛序》给《郑风》提供的历史框架是郑国强盛和渐入变乱的阶段。

《齐风》部分,《毛序》揭示的人、事在齐哀公、齐襄公主政时期,这两位是齐国历史上留下浓重一笔的君主。齐哀公因为纪侯的谮言而被周夷王烹杀,《古本竹书纪年》记此事:"三年,王致诸侯,烹齐哀公于鼎。"② 齐襄公与异母妹文姜私通,杀害文姜的丈夫鲁桓公,《左传》桓公十八年载有此事,同年还记载齐襄公诱杀郑君子亹。《左传》庄公八年有"襄公立,无常"③ 之说,"无常"是齐襄公给时人的鲜明印象。他在位时,齐国实力大增,为之后齐桓公称霸打下重要基础。正如顾德融、朱顺龙《春秋史》所言:"齐襄公灭纪、郕,服鲁,又帮助卫惠公复了位,这使齐国一时几乎成了中原的霸主。"④

《毛序》解释《唐风》涉及的君主是晋僖公(侯)、晋昭公(侯)、晋武公、晋献公。晋僖公(侯)事迹不显,重点在其他三位。晋昭公(侯)出现次数最多,他把叔父成师分封到曲沃,导致晋国陷入以翼和曲沃为对立阵营的分裂斗争之中。晋武公代表的是曲沃势力,结束了67年的内斗,重新统一晋国。晋献公在位期间消除原先晋室诸公子的势力,攻灭耿、霍、魏、虞、虢各诸侯国,晋国地位明显提高,但由于他宠幸

① 杨伯峻编著《春秋左传注》(修订本),中华书局,1990,第7—15 页。
② 方诗铭、王修龄:《古本竹书纪年辑证》,上海古籍出版社,1981,第53 页。
③ 杨伯峻编著《春秋左传注》(修订本),第176 页。
④ 顾德融、朱顺龙:《春秋史》,上海人民出版社,2019,第58 页。

骊姬，引发诸子之争，晋国又陷入混乱。《毛序》提供的历史时期是晋国发展史上的重要节点，是分裂、统一、变乱的关键阶段。

《毛序》在《秦风》部分揭出的人、事在秦仲、秦襄公、秦穆公、秦康公时期，以襄公、康公为重点。秦仲被周宣王任命为大夫，攻打西戎，这是秦发展史的一个节点，秦穆公是春秋五霸之一，两者都有值得关注之处。秦襄公助周平王东迁，被正式立为诸侯，在秦国历史上具有划时代意义。秦康公没有太大作为，在位时与晋国多次发生战争，他主政时期正是秦穆公称霸之后转向衰落的开始。《毛序》关注的是秦国具有转折意义的阶段。

《陈风》部分，《毛序》揭出的人、事在陈幽公、陈僖公、陈佗、陈宣公、陈灵公主政阶段。前两个阶段属于西周时期，先秦文献对幽公、僖公的事迹少有记载。后三个阶段属于春秋时期，陈佗杀死陈桓公太子而自立，陈宣公杀死太子御寇，迫使公子完逃亡齐国（其后世篡夺齐国政权），这都是陈国公室内部纷争的大事。陈灵公与大臣和夏姬淫乐，是典型的溺于酒色的形象，《左传》对此有浓墨重彩的记载。《毛序》拈出的陈国历史框架主要处于公室内斗和君主荒淫的阶段。

《曹风》部分，《毛序》关注的是曹昭公、曹共公父子主政阶段。曹国势力弱小，历代君主似乎都没有显赫的功绩，这两位曹君在位对应的是齐桓晋文之世，曹国此期主要是追随齐、楚、晋等国加入当时的诸侯竞争，曹昭公、曹共公执政时期算是曹国在列国间较有作为的时期。此外，曹共公趁流亡中的晋公子重耳洗澡而想看其"骈肋"，这事在历史上留下了鲜明的印迹。

以上可见，《毛序》基本是将邶、鄘、卫、郑、齐、唐、秦、陈、曹等九国风诗置于西周后期到东周前期的历史中进行阐释，时间集中在春秋前期，它建构的主要是春秋前期诸国史的框架。诸国崛起与纷争的情况各自不同，但有一个共同倾向，《毛序》揭示的往往是方国发展史上较为突出的阶段，聚焦于带有开拓性的节点、强盛的时期、由治而乱的转折期。它为诸国风诗提供的是大事记的、变动的历史景观，表现出对历史转折期的"变"的特别兴趣。

三　几组特别的诗歌

《毛序》对《诗经》中几组诗的解释有些特别，需要单独拿出来略做分析，大体可以表示为《魏风》《桧风》/《周南》《召南》《王风》《豳风》/《鲁颂》《商颂》。

《魏风》7篇，《桧风》4篇，《毛序》都没有写明历史人物或时期，它给《魏风》《桧风》提供的历史背景是模糊的。魏是西周方国之一，先秦文献罕有相关记载，少数的信息见于《左传》。《左传》桓公三年、四年记芮伯万被其母芮姜驱逐到魏，周、秦的军队围魏抓了芮伯万。闵公元年记晋灭魏，将魏地赐给毕万。襄公二十九年记女叔侯谈及魏是姬姓，被晋吞并。① 桧也是西周方国之一，春秋前期被郑国攻灭。早期有关桧的信息见于《国语》的《周语》《郑语》、《左传》僖公三十三年、《公羊传》桓公十一年、《逸周书·史记解》、《庄子·齐物论》、《韩非子·内储说下》，记载极简略，内容以与郑国的关系为主。可能正是先秦文献关于魏、桧的记录很少，或者《毛序》的作者认为魏、桧没有特别重要的人物和节点，它在解释《魏风》《桧风》时没有给出明确的历史背景。

《周南》《召南》《王风》《豳风》四个部分，《毛序》是围绕周王室给出的解释，《周南》《召南》主要与周文王的教化相关，《王风》与东周前三位周王相连，《豳风》全部与周公相涉。这和它们的性质有关，王应麟《诗地理考》引吴氏曰："《风》有周、召、王、豳，地则皆周地，诗则皆周诗，如邶、鄘、卫之为三，魏、唐之为二，其诗所从得之地不同，其发于声者不一，故本其地而系之也。"② 《周南》《召南》《王风》《豳风》的诗歌来源地皆为周王室的领地，《毛序》的解释正是建立在此基础之上，它关注的人物对应的时间节点很鲜明，就是西周肇基、东周初期这两个阶段，重视的是周王朝的兴起和转折时期。

《鲁颂》4篇，《毛序》认为全部与鲁僖公有关。《鲁颂》各诗没有直接提到鲁僖公，只在《泮水》中有"鲁侯"出现。从伯禽到僖公，鲁

① 杨伯峻编著《春秋左传注》（修订本），第99—102、258—260、1160页。
② （宋）王应麟：《诗地理考》卷二，《景印文渊阁四库全书》第75册，台湾商务印书馆，1986，第668页 d。

国一共经历 19 位国君，僖公之后又有其他君主，鲁侯未必是鲁僖公。《毛序》却将《鲁颂》置于确切的历史时刻，——指陈它们颂美的对象，认为《有驷》"颂僖公君臣之有道"，《泮水》"颂僖公能修泮宫"，《閟宫》"颂僖公能复周公之宇"，《駉》"颂僖公也。僖公能遵伯禽之法，俭以足用，宽以爱民，务农重谷，牧于坰野。鲁人尊之，于是季孙行父请命于周，而史克作是颂"。①《駉·序》尤为具体，不仅揭示诗歌对僖公政教的颂美，而且写到季孙行父请命，史克作颂。按《毛序》所示，鲁僖公是能兴复周公、伯禽之道的君主，政教上有诸多让人称颂的表现。这意味着《毛序》呈现的是鲁国发展史上的重要阶段，郑玄《诗谱·鲁颂谱》就认为自伯禽之后，鲁国国事多废，19 世至鲁僖公而有复兴之势，这是以《毛序》为基础而有所发挥。

《商颂》5 篇，《毛序》揭出的历史跨度从商汤到宋戴公（周宣王）阶段，涉及商汤、中宗太戊、高宗武丁、微子启、宋戴公各位君王。郑玄《诗谱·商颂谱》指出商汤、太戊、武丁"此三王有受命中兴之功，时有作诗颂之者"，微子在商周易代之际被封为宋公，是宋国的开国之君。② 商汤任用伊尹，放逐夏桀，建立商朝；武丁举傅说，修德政，诸侯归附；微子启谏商纣而逃亡，因有仁德被封为宋公。这类事迹早已散见于先秦典籍，《史记·殷本纪·宋微子世家》对此也不乏记载，他们要么是开朝、开国者，要么是王朝的中兴者，都是历史发展过程中举足轻重的人物，代表的是重要的历史时期。

除了《魏风》《桧风》所涉历史时期一片空白之外，《毛序》在其他几个部分关注的都是王朝和方国兴起、转折的重要阶段。

四　政治秩序与男女伦理

《毛序》解《诗》既有对主要时间节点和历史阶段的揭示和建构，也有对相关事件的呈现和阐释，它在兴起、衰亡、转折的历史框架中注入具体的人事情状，为《诗经》提供了较为丰富明晰的历史景观。《毛

---

① （汉）毛亨传，（汉）郑玄笺，（唐）陆德明音义《毛诗传笺》，孔祥军点校，中华书局，2018，第 481、482、485、479 页。

② （汉）毛亨传，（汉）郑玄笺，（唐）陆德明音义《毛诗传笺》，第 513 页。

序》有一段总论《诗经》的纲领性文字，有两句与本事化、历史化解《诗》建构起来的历史互相呼应。其一曰："先王以是经夫妇，成孝敬，厚人伦，美教化，移风俗。"其二曰："国史明乎得失之迹，伤人伦之废，哀刑政之苛，吟咏情性，以风其上，达于事变，而怀其旧俗者也。"① 夫妇、孝敬、人伦、教化、风俗、刑政等成为它所揭示的《诗经》关联的重要内容，核心线索是其间的"得"与"失"，追求的是和谐美好的理想社会。通观《毛序》所示《诗经》涉及的种种历史景观，重点可以归为两方面：一是政治秩序，二是男女伦理。政治秩序有治有乱，男女伦理有合礼有违礼。《毛序》提出："王道衰，礼义废，政教失，国异政，家殊俗，而变风、变雅作矣。"② 有"变"意味着有"正"，虽然《毛序》没有明确表述，也没有直接点出哪些是"正"哪些是"变"，但从中还是可以梳理出正反两个世界。后来郑玄《毛诗笺》和《诗谱》的"正变"《诗》学理论即深受此影响。③

《毛序》在《周南》《召南》《豳风》《大雅》《周颂》部分主要从正面角度揭示以周王室为中心的"有序"的政治秩序与男女伦理，呈现的是仁德、天命、尊祖、妇德等内容。

政治秩序是《毛序》自始至终关注的问题，《召南》的《甘棠》《行露》《羔羊》《殷其雷》《驺虞》被视为勤于政事的诗篇，《豳风》全部被看成赞美周公辅佐成王、勤劳王事的作品。《大雅》诸序主要从赞颂的角度揭示仁德、天命、尊祖三方面的内容。歌颂和反映周王的仁德是《毛序》在《大雅》部分特别强调的，《思齐》《皇矣》《灵台》《下武》《行苇》《既醉》《云汉》等都被放在这种视野下阐释。《棫朴》《卷阿》《烝民》被认为是任官求贤的诗篇，《嵩高》《韩奕》被视为亲近诸侯之作，两者都可归入表现周王仁德的范畴。天命是商周易代之际的重

---

① （汉）毛亨传，（汉）郑玄笺，（唐）陆德明音义《毛诗传笺》，第1—2页。

② （汉）毛亨传，（汉）郑玄笺，（唐）陆德明音义《毛诗传笺》，第2页。

③ 以"正变"说《诗》是郑玄对《毛序》的重要继承与发展。王洲明《论郑玄〈诗谱〉的贡献》对郑玄的"正变"论有精练的分析，他认为："郑玄在《诗谱》中所做的工作，可笼统地概括为：明时代、定地理、说正变。"（载《中国古典文学论丛》第4辑）相关的重要论文还有：刘书刚《郑玄〈诗经〉正变说考论》，《中国典籍与文化》2014年第2期；黄若舜《"德化"与"礼制"——郑玄〈诗〉学对于〈诗序〉"正变"论的因革》，《学术研究》2017年第6期。

大问题，《大雅》的《文王》《大明》《皇矣》《灵台》《下武》《泂酌》即被置于这样的背景中阐释。《大明·序》云："文王有明德，故天复命武王也。"《皇矣·序》云："美周也。天监代殷莫若周，周世世修德莫若文王。"① 典型地体现了天命与周王之德的关系。对祖先的追述和尊奉也是《毛序》在《大雅》部分关注的问题，《绵》《旱麓》《生民》《凫鹥》《公刘》等被视为这方面的内容。《毛序》主要将《周颂》视为祭祀祖先与天地、神灵的诗歌。祭祖诗有《清庙》《维天之命》《烈文》《天作》《我将》《执竞》《思文》《丰年》《有瞽》《潜》《雍》《酌》。祭祀天地和神灵的有《昊天有成命》《时迈》《噫嘻》《载芟》《良耜》《丝衣》《桓》《般》。还有反映诸侯来朝与助祭的《臣工》《振鹭》《载见》《有客》，写周成王继位理政的《闵予小子》《访落》《敬之》《小毖》，写封赐有功之臣的《赉》。《毛序》揭示的《周颂》是一个以祭祖为主导的祭祀神灵的世界，所谓"《颂》者，美盛德之形容，以其成功，告于神明者也"。② 盛德、成功等即祖先的辉煌政绩。相比之下，对"二南"、《豳风》之外诸国风诗，《毛序》只在极个别诗篇揭出它们与"有序"的政治秩序相关，《小雅》归入此类的是除去《常棣》之外被郑玄《诗谱·小大雅谱》称为"正经"的 15 篇。③

男女伦理方面主要是对妇德的赞美。《毛序》认为《周南》的《关雎》至《芣苢》8 首诗都是体现后妃的美德，包括能够处理夫妇关系、擅长女功、不嫉妒、对婚姻起示范作用等。如《桃夭·序》曰："后妃之所致也。不妒忌，则男女以正，昏姻以时，国无鳏民也。"④《汉广》《汝坟》被视为表现文王教化下女性守礼的风气。《召南》的《鹊巢》《采蘩》《草虫》《采蘋》《摽有梅》《小星》《江有汜》《何彼襛矣》与赞美女德、男女之情相应。如《草虫·序》曰："大夫妻能以礼自防也。"《摽有梅·序》曰："男女及时也。召南之国，被文王之化，男女

---

① （汉）毛亨传，（汉）郑玄笺，（唐）陆德明音义《毛诗传笺》，第 356、368 页。

② （汉）毛亨传，（汉）郑玄笺，（唐）陆德明音义《毛诗传笺》，第 2 页。

③ 《邶风》（《定之方中》《干旄》）、《卫风》（《淇奥》《木瓜》）、《郑风·缁衣》、《秦风》（《车邻》《驷驖》《小戎》《终南》）。郑玄《小大雅谱》以"《鹿鸣》至于《鱼丽》"和"《南有嘉鱼》下及《菁菁者莪》"共 16 篇为《小雅》"正经"，其中《常棣》被《毛序》视为"闵管、蔡之失道"。

④ （汉）毛亨传，（汉）郑玄笺，（唐）陆德明音义《毛诗传笺》，第 10 页。

得以及时也。"① "二南"之外，《毛序》认为《国风》其他部分还有少数从正面赞美妇德的内容。《鄘风·柏舟》是共姜自誓不愿再嫁，《鄘风·载驰》是许穆夫人伤悼宗国覆灭而于义不能归唁，两篇都体现女子守义的节操。《卫风》的《竹竿》《河广》写女性思归不得而能守礼。

《毛序》在《小雅》和"二南"、《豳风》之外的十二国风部分主要从反面角度揭示周王室和春秋列国"失序"的政治秩序与男女伦理，呈现的是君主失道、公室纷争、君臣不谐、征役繁重、思古刺今、男女淫乱等内容。

以周王室为中心的政治秩序问题是《毛序》在《小雅》部分的关切所在，具体涉及政治秩序的多个方面，有三项内容较为突出。其一是对君臣问题的关注，像《常棣》《颊弁》《角弓》等被认为表现周王与亲族的矛盾，《桑扈》《黍苗》等是表现君臣不和谐的关系，《四月》《瞻彼洛矣》《采菽》《菀柳》等是表现周王与诸侯的冲突。王室的亲族之间、王畿的君臣之间、周王与诸侯之间，由近及远的三层君臣关系被视为《小雅》表现的重要内容之一。其二是对征役的反映，《毛序》认为《小雅》有不少诗篇反映的是出使、征战、行役等内容，如《大东》《北山》《采菽》《渐渐之石》《苕之华》《何草不黄》等都是表现这类苦难的诗篇。其三是"思古"的观念，如《楚茨》《信南山》《甫田》《瞻彼洛矣》《裳裳者华》《鸳鸯》《鱼藻》《都人士》《瓠叶》等皆是。对古昔的追思大多伴随对当下政治失序的批评。此外还有各种情形，如沉湎于酒（《宾之初筵》）、批评谗言（《巧言》《何人斯》《巷伯》）、抨击小人（《无将大车》《隰桑》）、劳苦伤孝（《蓼莪》）、大臣失责（《绵蛮》）、政令多而不当（《雨无正》）、悔仕乱世（《小明》）、矜寡不能自存（《大田》）等。"失序"的政治秩序是《毛序》解释《小雅》呈现的主要历史景观。与此形成鲜明对比的是《毛序》在《大雅》部分以"有序"的政治秩序阐述为主，只有 7 首诗被认为表达的是批评态度，《民劳》《板》《荡》《抑》《桑柔》《瞻卬》《召旻》即对周厉王和周幽王衰乱之道的反映。

政治秩序混乱是《毛序》在"二南"、《豳风》之外的十二国风揭示

---

① （汉）毛亨传，（汉）郑玄笺，（唐）陆德明音义《毛诗传笺》，第18、26 页。

的两条主要线索之一。《毛序》指出《邶风》的《柏舟》《日月》《终风》《击鼓》《简兮》《北门》《北风》表现的是卫君无道、国事混乱、政事举措不当等情况。《鄘风·相鼠》是批评臣子无礼。《卫风》的《考槃》《芄兰》《伯兮》批评君主为政有失。《王风》基本被视为悯惜周朝衰落、政事废弛的作品。《郑风》多篇作品被看成表现郑国政事的纷乱。如《将仲子》《叔于田》《大叔于田》《遵大路》批评郑庄公失道，叔段势力扩张，君子离弃；《有女同车》《山有扶苏》《萚兮》《狡童》《扬之水》批评忽不能择臣任贤，终致败亡；《清人》反映郑文公与高克的矛盾，军队溃散；《羔裘》《女曰鸡鸣》《褰裳》《风雨》《子衿》批评在朝者的失德，乱世而思治。《毛序》认为《魏风》《桧风》呈现的是两个小国势力单弱、君主失德（俭啬、贪鄙、放纵）、国人忧怨的情景。《唐风》的《山有枢》《扬之水》《椒聊》《杕杜》被认为批评晋君治国无方，国家分裂，危机四伏；《有杕之杜》《葛生》《采苓》写君主德能有失；《绸缪》《羔裘》《鸨羽》写在位者不体恤国民，婚姻失时，父母不得其养。《毛序》论《秦风》各诗所指十分具体，《晨风》《权舆》批评秦康公忘记先人之业，抛弃贤臣，《黄鸟》批评秦穆公以人殉葬，《无衣》批评秦君好攻战。《陈风》的《衡门》《墓门》《防有鹊巢》被视为写君主的愿而无立志、信谗、不义等。《曹风》有诗 4 首，《毛序》认为它们反映了在位者亲小人而远君子，为政失道。

另一条主要线索是男女伦理"失序"，集中在《毛序》对邶、鄘、卫、郑、齐、陈诸国风诗的解释。《邶风》的《凯风》《雄雉》《匏有苦叶》《谷风》《新台》与男女淫乱之风有关，尤其是卫宣公夫妇的淫乱行为。《谷风·序》曰："刺夫妇失道也。卫人化其上，淫于新昏，而弃其旧室，夫妇离绝，国俗伤败焉。"[1] 体现了男女伦理失序的严重形势。《鄘风》的《墙有茨》《君子偕老》《桑中》《鹑之奔奔》《蝃蝀》被视为对公室淫乱和卫地淫风的批评。如《桑中·序》曰："刺奔也。卫之公室淫乱，男女相奔，至于世族在位，相窃妻妾，期于幽远，政散民流，而不可止。"[2]《卫风》的《氓》《有狐》关乎男女婚恋，前者是男女无

---

① （汉）毛亨传，（汉）郑玄笺，（唐）陆德明音义《毛诗传笺》，第 49—50 页。
② （汉）毛亨传，（汉）郑玄笺，（唐）陆德明音义《毛诗传笺》，第 69 页。

别，相奔诱相背弃，后者是男女失时。《毛序》认为《郑风》多是表现男女关系失序的作品，《丰》《东门之墠》《出其东门》《野有蔓草》《溱洧》等皆是。如《丰·序》曰："刺乱也。昏姻之道缺，阳倡而阴不和，男行而女不随。"① 《齐风》多篇作品被认为与齐国公室荒淫有关，特别是批评齐襄公与妹妹文姜淫乱，《鸡鸣》《著》《东方之日》《南山》《敝笱》《载驱》《猗嗟》即被归入此类。《南山·序》曰："刺襄公也。鸟兽之行，淫乎其妹，大夫遇是恶，作诗而去之。"《敝笱·序》曰："刺文姜也。齐人恶鲁桓公微弱，不能防闲文姜，使至淫乱，为二国患焉。"② 《左传》对此事有不少记载。《陈风》一共10首，《宛丘》《东门之枌》《东门之池》《东门之杨》《月出》《株林》《泽陂》7首诗与荒淫行为或男女关系有关。

男女伦理"失序"是《毛序》在《国风》部分揭示的重点，此外只有《小雅》的《车舝》《采绿》《白华》有所涉及，有两首与褒姒相关。《车舝·序》曰："大夫刺幽王也。褒姒嫉妒，无道并进，谗巧败国，德泽不加于民，周人思得贤女以配君子，故作是诗也。"③ 批评幽王纳褒姒，褒姒嫉妒乱政，导致国家的衰败。《白华·序》曰："周人刺幽后也。幽王取申女以为后，又得褒姒而黜申后，故下国化之，以妾为妻，以孽代宗，而王弗能治，周人为之作是诗也。"④ 写褒姒得宠，申后被黜退，造成妻妾地位混乱的风气。褒姒与西周灭亡的关系，从《诗经》开始即已提出，《小雅·正月》有"赫赫宗周，褒姒灭之"⑤ 的说法，《国语》的《晋语》《郑语》分别记史苏、史伯之言，都涉及褒姒乱政的问题。此后《吕氏春秋·慎行论》写周幽王欲取悦褒姒而数击鼓，《史记·周本纪》写周幽王为褒姒数举烽火，周幽王宠幸褒姒而致亡国的论调像滚雪球一样越来越多。《毛序》对《车舝》《白华》所做解释是这种论调发展过程的一环，它揭示了褒姒嫉妒乱政和妻妾失序两项因素，不像《国风》部分论及男女伦理那样重视淫乱的现象与风气。

---

① （汉）毛亨传，（汉）郑玄笺，（唐）陆德明音义《毛诗传笺》，第118页。
② （汉）毛亨传，（汉）郑玄笺，（唐）陆德明音义《毛诗传笺》，第132、135页。
③ （汉）毛亨传，（汉）郑玄笺，（唐）陆德明音义《毛诗传笺》，第324页。
④ （汉）毛亨传，（汉）郑玄笺，（唐）陆德明音义《毛诗传笺》，第343—344页。
⑤ （汉）毛亨传，（汉）郑玄笺，（唐）陆德明音义《毛诗传笺》，第267页。

结　语

《诗经》文本自身大多没有显明的历史时间或具体历史事件的信息，但《毛序》经常对此加以揭示，它将《诗经》置于商周的历史背景下进行阐释，主要以西周兴起、西周衰亡、东周重建为焦点建构《诗经》的历史框架。东周秩序重建最重要的转变是王室势力减弱，诸侯势力增强，列国渐入纷争阶段，与此对应，《毛序》在邶、鄘、卫、郑、齐、唐、秦、陈、曹等九国风诗基础上建构起春秋前期诸国史的框架。从《毛序》揭示的历史时期看，它关注的是王朝或诸侯国发展过程中特殊、典型的关键时期，以治与乱为焦点，形成正反两极相对照的历史景观，同时，对治与乱的转变期给予高度重视。《毛序》表现的是一种聚焦历史的治乱、兴衰，关注历史的变易转折的观念。

《毛序》对《诗经》所涉人事的揭示大致可以归到两方面：政治秩序、男女伦理。《周南》《召南》《豳风》《大雅》《周颂》主要从正面揭示以周王室为中心的“有序”的政治秩序与男女伦理，呈现的是仁德、天命、尊祖、妇德等内容。《小雅》和“二南”、《豳风》之外的十二国风主要从反面揭示周王室和春秋列国“失序”的政治秩序与男女伦理，呈现的是君主失道、公室纷争、君臣不谐、征役繁重、思古刺今、男女淫乱等内容。政治秩序是无所不在的历史景观，贯穿于风、雅、颂各部诸序，男女伦理集中体现在《国风》诸序，孔颖达说的“阴阳为重，所以《诗》之为体，多序男女之事”① 基本是在《国风》部分。

《毛序》把《诗经》当成历史正反典型的载体，将《诗经》编入有序与失序两极对照又互相变易的历史景观中，呈现的是以君主德行为中心，以政治秩序、男女伦理为两翼的世界。《毛序》以史解《诗》，把《诗经》建构为政教文本，而所谓“诗史”就是一部政教史。

---

① （汉）毛亨传，（汉）郑玄笺，（唐）孔颖达疏《毛诗正义》，北京大学出版社，2000，第 5 页。

唐诗中的西施形象

张文君*

摘　要　自古至今，西施都以其美丽的外貌与曲折的人生经历得到世人的关注，随着时代的变迁和创作主体的变化，唐代出现了大量以西施为吟咏对象的诗篇，其中的西施呈现多种形象：首先是通过对西施舍身为国的事迹以及其姣好样貌的描写，展现一个以身报国且貌美多姿的西施形象；其次是在评论西施的作品中，西施是亡国祸水的形象，她将吴国推向灭亡的深渊；还有在一些咏史怀古之作中，西施成为借古喻今的艺术符号，诗人借用西施表达对美好消逝的感叹，或用西施故事表现古今盛衰的对比。西施逐渐从一位历史人物转变成了文学形象，同时从这些纷繁复杂的西施形象身上，也能看出唐代诗人的历史意识以及对待西施故事的不同态度。

关键词　唐诗　西施形象　亡国祸水　借古喻今

古今学者对西施做了大量的考证和研究，虽然关于她的经历和结局还存在一些无法把握之处，但对她的定位已基本达成共识：西施，原名施夷光，出生于浙江诸暨苎萝村，因其居住在苎萝的西村，故被称为"西施"。西施是一位绝世美女，除此之外，她还是一个高尚的爱国者，

---

* 作者简介：张文君，中国矿业大学人文与艺术学院硕士研究生。主要研究领域：中国现当代文学。

据说在国难当头之际，西施作为"美人计"的实施者被送给吴王，把吴王夫差迷惑得无心于国事，辅助越王勾践完成了其复国计划。唐代之前的西施形象是比较简单和虚幻的，在先秦西汉文献中西施的原始形象就是一个美女；在东汉时期，西施成为一个对历史发展起重要作用的美丽女子，与吴越兴亡联系在一起；在魏晋南北朝时期的小说中，西施已经成为一个"半人半仙"的形象。[①]

长期以来，不论是在诗歌、戏曲、小说中，还是在当代的电视剧及游戏作品中，西施都是比较活跃的形象之一。就诗歌而言，尤以唐代为盛，李媛媛的《西施母题的流变阐释》一文具体梳理了西施形象从先秦到现代社会的发展过程，对西施母题流变的社会各深层次原因进行分析，在她看来，唐诗对西施形象的塑造是功不可没的。[②] 的确如此，唐代诗人已经放弃了六朝小说中遥不可及的西施形象描绘，开始关注西施的历史，从历史事件出发刻画出真实生动的人物形象，因此唐诗中的西施形象是每个研究西施的学者都绕不开的话题。唐诗中的西施形象继承了前人的描述，比如西施作为一个爱国的美女形象并未改变，但又在很大程度上超越了前朝人的描写，许多诗歌运用艺术想象的手法描摹出西施形象，更加突出细节描写，颠覆了之前的"神女"形象。还有诗人提出了西施是"红颜祸水"的负面论调，在晚唐时期，西施就变成了一个借古喻今的艺术符号，在咏史怀古诗中通过"西施"来表达对历史兴亡的感叹。在笔者看来，唐诗中的西施大多呈现为以身报国的美女形象、亡国祸水的形象以及借古喻今的形象。

一　天下之至美与以身报国

无论是历史传说还是唐诗中描绘的西施，大多是以一个正面形象进行塑造的。早在《管子·小称》中就有"毛嫱、西施，天下之至美也"的说法，可见西施的美貌形象从一开始就得到了认同。但西施究竟如何美？西施的美貌达到何种程度？唐代前的作品中并未进行具体描写，无

---

① 夏玉瑶、杨淑英：《西施形象考论》，《大众文艺》2010 年第 17 期。
② 李媛媛：《西施母题的流变阐释》，硕士学位论文，济南大学，2013。

法让人形成直观的感受，包括有些作品中的"神女"形象，都是一种虚幻的美。而唐朝建立后，一切欣欣向荣，文学创作也开始摆脱轻浮之态，在这种环境下，诗歌风格显得质朴，对人物的描绘也更加具体，西施的美貌形象逐渐变得生动多彩。宋之问的《浣纱篇赠陆上人》写道：

> 越女颜如花，越王闻浣纱。国微不自宠，献作吴宫娃。
> 山薮半潜匿，苎萝更蒙遮。一行霸句践，再笑倾夫差。
> 艳色夺人目，敦嗟亦相夸。一朝还旧都，靓妆寻若耶。
> 鸟惊入松网，鱼畏沉荷花。始觉冶容妄，方悟群心邪。
> 钦子秉幽意，世人共称嗟。愿言托君怀，倘类蓬生麻。
> 家住雷门曲，高阁凌飞霞。淋漓翠羽帐，旖旎采云车。
> 春风艳楚舞，秋月缠胡笳。自昔专娇爱，袭玩唯矜奢。
> 达本知空寂，弃彼犹泥沙。永割偏执性，自长薰修芽。
> 携妾不障道，来止妾西家。①

宋之问的这首诗描述了西施大致的生平事迹，更加注重对真实历史事件的描写，西施不再是以往文学作品中的"神女"，这是她第一次以美丽的浣纱女形象出现在唐诗中。诗人根据历史考证和民间传说，勾勒出西施从苎萝山走进越国后宫，进而被献给吴王之后宠冠其后宫的事迹。②诗中的"霸句践""倾夫差""夺人目""鸟惊""鱼畏"等词，运用夸张的艺术手法，比前朝历史笔记的描绘更加动人；与此同时，在诗歌的后半部分，诗人着重描写了西施在得到君主专宠之后，与君主沉醉于歌舞酒肉，日常生活无比骄奢。长期以来，学者们对于西施的结局争论不休，在宋之问的诗歌中，从最后两句"知空寂""永割偏执性"可以看出，他认为吴国灭亡后，西施最终的结局是回归家乡。总体来说，宋之问对西施并没有做过多的发挥，只是比较完整地叙述了西施的故事，展现出一位美丽浣纱女的人生经历。

除宋之问之外，诗人们在讲述西施故事的时候，也逐渐从不同的侧

① （清）彭定求等编《全唐诗》卷五一，中华书局编辑部点校，中华书局，1999，第622—623页。
② 李淑芹：《试论唐诗中西施形象的重塑》，《文化学刊》2021年第3期。

面来丰富西施的美，尤其是通过细节描写以及艺术想象的手法，刻画出了西施各方面的情态。在这类作品中，作者自身的审美倾向对刻画西施形象的影响很大，唐代诗人探索西施本身的美学元素，并丰富发展了西施之美，用充满诗意的语言装饰出一个有血有肉的美人形象。① 李白是唐代描写西施最多的诗人，他十分注重从多角度刻画人物形象，因此其笔下的西施尤其生动迷人，如《子夜吴歌·夏歌》：

> 镜湖三百里，菡萏发荷花。
>
> 五月西施采，人看隘若耶。
>
> 回舟不待月，归去越王家。②

诗人创造出诗情画意的场景，展现了一个美貌的女子形象，"人看隘若耶"一句生动地展现出人们争先恐后想一睹西施的美貌，使宽阔的若耶溪变得狭窄，运用夸张的笔法形象地展现出一位绝世佳人形象。还有《浣纱石上女》，同样也是细节描写之作，突出西施的惊艳：

> 玉面耶溪女，青娥红粉妆。一双金齿屐，两足白如霜。③

诗中的"耶溪女"代指西施，"红粉妆""金齿屐"是对西施妆容和服饰的细节描写，充分展现了西施姣好的样貌，金色的鞋子将西施的双足衬得更加雪白动人，通过诗人的细节展现，后人对西施之美有了更为直观的认识。西施生动多姿的形象，除了在上述的外貌描写之作中得以展现，还体现在描写西施在宫中与吴王饮酒的具体场景的作品中。比如李白的《口号吴王美人半醉》，全诗如下：

> 风动荷花水殿香，姑苏台上宴吴王。
>
> 西施醉舞娇无力，笑倚东窗白玉床。④

---

① 陈晓虎：《唐人笔下的西施形象》，《江淮论坛》2004 年第 1 期。
② （清）彭定求等编《全唐诗》卷一六五，第 1713 页。
③ （清）彭定求等编《全唐诗》卷一八四，第 1891 页。
④ （清）彭定求等编《全唐诗》卷一八四，第 1888 页。

在荷花微香的姑苏台上，吴王欣赏着西施绝妙的舞姿。她娇弱地倚在白玉床上，难掩其娇羞可爱的姿态，诗人笔下的西施从历史中走来，美丽的外貌和姿态都令人心动。这首诗的表现形式比较轻快，风格直率活泼，不同于怨而有伤的宫怨诗，诗人注重对西施容貌、举止和生活环境的描写，勾勒出一幅帝王妃嫔的生活场景。李白的诗通过艺术想象、夸张、细节描写等写作手法呈现西施多方面的特点，甚至还原西施的历史背景，并不多做议论，为世人展现出貌美生动的西施形象。

西施不仅貌美，而且舍身为国，其爱国形象的塑造来自吴越兴亡的历史故事。历史故事中的西施作为一个弱女子，却背负着复国的重任，她与郑旦一同被送往敌国，对吴王施以美人计，最终帮助越国灭亡吴国。因此，一些诗人赋予西施一种以身报国的精神品质，这种特质也是延续了前朝人对西施的定位。比如李白的《西施》，其中叙述的西施形象较为完整，突出了西施身上的英雄气质：

> 西施越溪女，出自苎萝山。秀色掩今古，荷花羞玉颜。
> 浣纱弄碧水，自与清波闲。皓齿信难开，沉吟碧云间。
> 勾践征绝艳，扬蛾入吴关。提携馆娃宫，杳渺讵可攀。
> 一破夫差国，千秋竟不还。①

这首诗刻画的西施之美是清新脱俗、娇俏可爱的，"荷花羞玉颜"一句是以拟人的手法写出西施的美貌可令荷花感到羞愧，与上述宋之问诗中的"鱼畏沉荷花"有异曲同工之妙；"浣纱弄碧水，自与清波闲"一句中的"弄""闲"二字写出西施浣纱时的天真烂漫和自由自在，表现出西施不经意间的举动就足以撩动人心；"沉吟碧云间"一句中诗人将秀丽的自然风光与西施的美貌相互映衬，塑造出一个清新脱俗的美女形象。在国家危难之际，西施"扬蛾入吴关""一破夫差国"，刻画出一个具有英雄气概的人物形象，同时也表现出李白的豪气万丈。除李白外，崔道融的《西施》同样表现出一位爱国女子的高尚形象：

---

① （清）彭定求等编《全唐诗》卷一八一，第1851页。

苎萝山下如花女，占得姑苏台上春。

一笑不能忘故国，五湖何处有功臣。①

开篇诗人以一花独占春来比喻西施独占吴王的宠爱，侧面突出了西施的美貌，这句并无特别之处，而最后一句笔锋急转，直接赞美了西施以身报国、功成身退的崇高品德。诗中的西施即便在吴国集万千宠爱于一身，也时刻不忘复国的任务，一个具有家国情怀且忍辱负重的女子形象就被勾勒出来了，这也体现了崔道融以独特的思考角度看待历史中的西施故事。

上述是对西施正面形象的总结，西施在唐诗中依旧是前朝人笔下那个爱国的美女形象，但在描述方法上，唐朝诗人运用其独特大胆的艺术想象及夸张生动的笔法，加之自己的思考，认为西施不仅是"天下之至美"，而且也具有以身报国的崇高品质，予以世人更加直观的西施形象。除此之外，由于政治环境以及诗人自身情感的影响，面对西施形象有许多不同的看法，因此就有一些诗人认为西施是红颜祸水，直接导致吴国灭亡，对其进行无情的批判。

二 素面云妖与亡国祸水

唐文中的西施故事或延续了六朝志怪的传统，塑造出一个颇具传奇色彩的西施形象，或借西施表达自己的政治态度，这在一定程度上影响了唐诗中西施形象的塑造。西施在大多数情况下都是正面的形象，但不乏负面的声音，有些诗人就认为西施是"亡国祸水"的象征，如杜光庭、卢注、王维等，这些诗人将吴国灭亡归咎于西施。

从吴国的视角看待吴越兴亡的历史，许多诗人认定西施是吴国灭亡的重要原因，将其描述成亡国祸水的妖媚形象，对其进行讥讽和无情的批判。比如杜光庭的《咏西施》：

素面已云妖，更著花钿饰。脸横一寸波，浸破吴王国。②

---

① （清）彭定求等编《全唐诗》卷七一四，第 8287 页。
② （清）彭定求等编《全唐诗》卷八五四，第 9728 页。

诗中非常明显地表现出对西施的指责，称西施素颜时都带着妖气，运用夸张的手法称其凭借一寸眼波就能攻破吴国，诗人并不否认西施的美貌，但也能看出他对于这种美貌是很反感的，字里行间充斥着对西施妖媚惑主的批评。还有诗人卢注，在他的《西施》一诗中也大有对西施的兴师问罪之态：

> 惆怅兴亡系绮罗，世人犹自选青娥。
> 越王解破夫差国，一个西施已是多。①

在诗人看来，是西施将吴国推向灭亡的深渊，诗中包含了很多作者自己的感情，认为西施是红颜祸水，较为主观。李绅的《姑苏台杂句》也表达了对西施的讽刺和批判：

> 越王巧破夫差国，来献黄金重雕刻。
> 西施醉舞花艳倾，妒月娇娥恣妖惑。
> 姑苏百尺晓铺开，楼楣尽化黄金台。②

开头一笔带过西施的一生，一个"巧"字颇有嘲讽之味，诗人承认西施的美貌，但用"妒月""妖惑"等词表现出西施的妖媚，认定女性是祸水，西施的美貌带来亡国的后果，告诫世人要吸取美人亡国的历史教训。

有些诗中的西施从历史故事中跳脱出来，但她仍然是负面人物形象，诗借西施来讽喻当时的世态炎凉以及君王不作为等。比较有代表性的是王维的《西施咏》，这首诗就比较独特，并非单纯地写西施，而是另有所指。诗人淡化了西施在历史事件中的参与，且诗中创造的西施形象与历史传说中的既定形象有一定差别，侧重挖掘西施在特殊境遇下的心理活动与行为，呈现出丰富的意蕴，充满诗人个人的感情。③ 全诗如下：

> 艳色天下重，西施宁久微？朝仍越溪女，暮作吴宫妃。

---

① （清）彭定求等编《全唐诗》卷七六八，第 8810 页。
② （清）彭定求等编《全唐诗》卷四八二，第 5519 页。
③ 闫友新：《论王维〈西施咏〉的多重意蕴》，《今古文创》2020 年第 21 期。

贱日岂殊众，贵来方悟稀。邀人傅脂粉，不自著罗衣。

君宠益娇态，君怜无是非。当时浣纱伴，莫得同车归。

持谢邻家子，效颦安可希。①

这首诗的讽刺意味十分明显，是以西施隐喻当时的杨贵妃，"当时浣纱伴，莫得同车归"一句充分表现出西施因地位的变化而对昔日的同伴逐渐疏远，诗中委婉地讽刺了嫌贫爱富的世态炎凉。"君宠益娇态，君怜无是非"表明君王十分宠爱西施，以西施得宠后的骄奢来批判当时的权臣恃宠而骄的恣意妄为，究其原因是君王过于宠信臣子，进一步讽喻了君王的昏庸与荒唐，全诗中掺杂了诗人自身的许多情感，表明诗人对当时现状的讽刺和内心的愤懑之情。

在诗人表达自己对西施的态度时，除社会环境及前人创造的西施故事会给诗人造成很大的影响外，他们自身的喜恶和心理情感也会影响他们对西施故事的评价。关于西施"亡国祸水"的形象，在历史上仍然存在争议，有些诗人就对西施表示同情，比如崔道融在《西施滩》中写到的"西施陷恶名""似有不平声"，从中可以看出诗人认为西施一身清白，是被别人强加上"红颜祸水"的历史罪名。因此，在这些诗人心中，国家的兴亡与帝王有着直接的关系，是帝王自身的不作为和荒唐行为导致了国家的衰亡，与西施无关。由此也引发了诗人们对西施形象的重新思考，他们逐渐开始为西施辩解，否认其"亡国祸水"的形象，认为西施只是一位普通女子形象、一个历史文化符号，在咏史诗中承担着借古喻今的功能。

三 万古芳尘与借古喻今

唐诗中的西施除了有以身报国的美女形象与"亡国祸水"的形象外，也成为一些诗人借古喻今或咏史怀古的艺术符号。诗人在诗中寄寓自己对古今兴亡的感慨，西施作为借古喻今的艺术形象多出现在中晚唐的咏史怀古诗中。唐代诗人在作品中展现出非凡的历史意识，他们着眼

---

① （清）彭定求等编《全唐诗》卷一二五，第 1251—1252 页。

历史，立足现实，对唐王朝的衰败进行多方面的思考。在这类诗中，西施的出现更多的是辅助诗人表达自己的情感，对西施外貌及心理描写的诗几乎没有，吴越争霸的刀光剑影已经被时代所淹没，凄清的月色映照姑苏台的一片凄怆，美冠吴宫的西施也消失得无影无踪，① 西施仅仅成为一个借古喻今的普通历史人物。

这与中晚唐的历史相关，此时的唐王朝已呈逐渐衰弱之势，借西施表达哀思的迹象越发明显，西施也越发频繁地出现在晚唐诗人的咏史怀古诗中。中唐诗人通过咏史感慨兴亡，对唐王朝还怀有幻想，而晚唐诗人已从安史之乱中走出，开始思考如何改变衰败的社会局势，因此晚唐诗人逐渐从中唐诗人"激情的理性"中冷静下来，走向"理性的激情"。② 诗人们总结历史兴亡的教训，力图用历史的经验来警示现实，将批判的矛头指向最高统治者，希望当朝的统治者能够引以为戒。如崔道融、罗隐、陆龟蒙等诗人，他们认清了唐王朝藩镇割据、政治腐败、宦官专政等现实状况，跳出了"亡国祸水"的狭隘观念。在他们看来，西施不具有毁灭一个王朝的能力，他们将视线转移到那个象征绝对权力的君王身上，开始关注帝王自身，反思帝王的执政问题，对最高统治者提出批判。罗隐的《西施》表达得十分直白：

> 家国兴亡自有时，吴人何苦怨西施。
> 西施若解倾吴国，越国亡来又是谁。③

首句就表明了朝代更迭自有其定数，吴国灭亡与西施并无直接的关联，如果说吴国灭亡是因为西施的话，那么越国灭亡又是因为谁呢？因此在诗人看来，还是应当从统治者的身上找原因。还有陆龟蒙的《吴宫怀古》：

> 香径长洲尽棘丛，奢云艳雨只悲风。
> 吴王事事须亡国，未必西施胜六宫。④

---

① 邓凌云：《论西施形象变化与西施题材诗歌情感内涵》，《中国文学研究》2012 年第 2 期。
② 毛德胜：《论中晚唐咏史诗的精神指归》，《中国文学研究》2008 年第 4 期。
③ （清）彭定求等编《全唐诗》卷六五六，第 7602 页。
④ （清）彭定求等编《全唐诗》卷六二九，第 7268 页。

这首诗就与罗隐的诗意相近，"吴王事事须亡国"一句表明，在诗人看来，吴王夫差所做的每件事都埋下了亡国的祸根，吴王的奢靡颓废以及懒政怠政都将吴国推向灭国的道路，因此灭国的根本原因并非在于西施，诗人也以此来警示当朝统治者。苏拯的《西施》同样言辞犀利：

> 吴王从骄佚，天产西施出。岂徒伐一人，所希救群物。
> 良由上天意，恶盈戒奢侈。不独破吴国，不独生越水。
> 在周名褒姒，在纣名妲己。变化本多涂，生杀亦如此。
> 君王政不修，立地生西子。①

"君王政不修"一句矛头直指君王，在诗人看来"西施"只是一个代名词，从诗中的"在周名褒姒，在纣名妲己"一句可以看出，诗人认为"西施"还可以是褒姒和妲己，只是换个名字而已，此刻诗人眼中的西施就是一名普通的女子。作为一个普通人，她并没有太大的能力去操控国家的命运，理应重新考虑王朝更替的根本原因，于是诗人将亡国的责任归于君王本身的执政能力等方面。另外还有皮日休的《馆娃宫怀古五绝》：

> 绮阁飘香下太湖，乱兵侵晓上姑苏。
> 越王大有堪羞处，只把西施赚得吴。
>
> 郑妲无言下玉墀，夜来飞箭满罘罳。
> 越王定指高台笑，却见当时金镂楣。
>
> 半夜娃宫作战场，血腥犹杂宴时香。
> 西施不及烧残蜡，犹为君王泣数行。
>
> 素袜虽遮未掩羞，越兵犹怕伍员头。
> 吴王恨魄今如在，只合西施濑上游。

---

① （清）彭定求等编《全唐诗》卷七一八，第 8330—8331 页。

响屧廊中金玉步，采蘋山上绮罗身。

不知水葬今何处，溪月弯弯欲效颦。①

诗的前两句采用对比的修辞手法，当越王深夜悄悄潜入吴宫，占领姑苏台时，吴王还在纵情享乐，欣赏着宠妃的曼妙舞姿。二者对比十分鲜明，讽刺了吴王对国家危难毫不知情，竟一夜亡国。"越王大有堪羞处，只把西施赚得吴"一句表面在讽刺越王勾践仅用西施便夺得了吴国，实际上是在讽刺吴王夫差沉溺于美色，亲近奸臣滥杀贤臣。尽管晚唐诗人对唐王朝充满了失望，但他们自始至终都在关注社会现实，通过诗人们对西施"亡国祸水"的翻案，足以看出他们对王朝的衰落原因有了更清晰的认识，试图借用吴越兴亡的历史故事警示统治者，这是他们身上的士人精神的体现。

除了反思唐王朝衰落是由统治者造成之外，诗人们还有感于中唐的社会现实，从西施故事落笔，表达他们对美好易逝的感慨，并传达出一种历史兴亡之叹。从这些诗中也可以看出诗人对宇宙人生的思考，在中国人的眼中生命更多的只是个体存在的一种自然生理过程，是以时间为依托的，以时间为着眼点把握生命，于是他们看到的就是消逝。② 世人皆知西施的美貌，然而美好的事物大多容易消逝，这种愁绪总是令唐代诗人感慨万千，比如李商隐的《景阳井》：

景阳宫井剩堪悲，不尽龙鸾誓死期。

肠断吴王宫外水，浊泥犹得葬西施。③

李商隐以无题诗出名，却为西施留下了毫不遮掩其目的的佳作。在他华丽凄美的词句中，以景阳宫的衰败之景写出了昔日君王和宠妃的誓言都是空谈，西施的结局也不过是"肠断吴王宫外水，浊泥犹得葬西施"。在这首诗中，诗人并没有从道德上评判西施，在他看来，西施作为一个佳人最后却葬身污泥之中是十分可悲的事情，诗人咏史怀古，表达了对

---

① （清）彭定求等编《全唐诗》卷六一五，第7146—7147页。

② 毛德胜：《论中晚唐咏史诗的精神指归》，《中国文学研究》2008年第4期。

③ （清）彭定求等编《全唐诗》卷五四一，第6278页。

美人逝去的叹息之情。再如胡幽贞的《题西施浣纱石》：

> 一朝入紫宫，万古遗芳尘。至今溪边花，不敢娇青春。①

这首诗同样是对西施的感伤之作，悼念西施红颜逝去，即便是西施那样的绝世佳人也入了后宫，最终成为历史中的一粒尘埃，诗人悲切的怀古伤今之情跃然纸上。施肩吾的《越溪怀古》同样表达了对美好消逝的感慨：

> 忆昔西施人未求，浣纱曾向此溪头。
> 一朝得侍君王侧，不见玉颜空水流。②

诗歌回忆了西施还未去吴国时在溪边浣纱的场景，当时的场景是单纯而美好的，尾句描写出溪边再也没有了那个绝世的佳人，只有溪水独自流，表达了诗人对美人消逝的感叹之情。

中晚唐是咏史诗的辉煌时期，还有一类咏史怀古诗，用西施故事对比了昔日的繁华与当下的衰败。诗人们看到唐朝从盛世极速转为衰败的现状，因此往日的历史重新浮现在眼前，六朝的朝兴夕败、隋朝的短暂辉煌等，这些都如巨大的阴影时刻笼罩着诗人，为咏史怀古诗提供了大量的素材，诗歌的感情基调也大多沉重悲情。如上文提到的皮日休的《馆娃宫怀古五绝》一诗，诗中的"犹为君王泣数行"写出了西施虽为越人，但依旧为吴国的覆灭感到忧伤，整首诗将歌舞升平的场面与战争的硝烟相对比，将叙述和议论的手法相结合，表达了世事难料的悲哀之情。昔日的饮酒作乐终究被战争的硝烟所取代，诗中除了表达对美好易逝的伤感，还反映出吴国的盛衰兴亡，借此表达对世事沧桑、国事兴衰的慨叹。还有诗人杨乘的《吴中书事》：

> 十万人家天堑东，管弦台榭满春风。
> 名归范蠡五湖上，国破西施一笑中。

---

① （清）彭定求等编《全唐诗》卷七六八，第 8810 页。
② （清）彭定求等编《全唐诗》卷四九四，第 5656 页。

香径自生兰叶小，响廊深映月华空。

尊前多暇但怀古，尽日愁吟谁与同。①

这是一首怀古咏史诗，诗中描述了国势衰微之态。首句以景起笔，写出当年吴国极尽繁华的场景；尾句以愁收结，感情深沉，语言含蓄。全诗表达了诗人无法施展才华、无人理解的伤感之情，以及对国运渐衰且世事无常的感叹。皎然的《姑苏行》同样如此：

古台不见秋草衰，却忆吴王全盛时。

千年月照秋草上，吴王在时几回望。

至今月出君不还，世人空对姑苏山。

山中精灵安可睹，辙迹人踪麋鹿聚。

婵娟西子倾国容，化作寒陵一堆土。②

皎然是唐代的名僧，他以出家人的眼光看待吴越往事，在他看来，吴国在全盛之后刹那间失去繁华，只剩下荒山枯草，有着倾国倾城容貌的西施也不过是化作了"寒陵一堆土"，全诗通过今昔对比留给后人无限的追思。

这些咏史怀古七绝，借用吴越兴亡的故事来警示当权者；或者借西施故事伤今，抒发对唐朝逐渐衰落的悲哀之感；还有的是借西施表达对美好消逝、历史兴亡的感叹。晚唐时期正处于藩镇割据的混乱局面，且当时君主沉溺酒色，不问国事，以致宦官把持朝政，王朝的命运危在旦夕。此时诗人对国家的未来和自身的仕途感到有心无力，因此在创作时往往多关注历史中的昏庸亡国之君，为西施"亡国祸水"翻案的诗作充分展现出唐代诗人的历史思维。诗人们以历史真实人物及事件为吟咏的对象，作咏史怀古诗来达到寄托自身哀思、感慨国家兴衰的目的，西施成了借古喻今的文学符号。诗人们借凭吊历史事件或人物之机，针砭时弊，在其中寄寓自己的讽喻思想，借史实以警世人。

① （清）彭定求等编《全唐诗》卷五一七，第5949页。
② （清）彭定求等编《全唐诗》卷八二一，第9348—9349页。

结　语

通过对上述西施三种形象的梳理，不难发现西施形象是复杂多样的，她是美貌的象征，是爱国的代表，是亡国祸水的形象，也是借古喻今的艺术符号。唐代诗人描绘的西施形象不仅包含着时代的因素，还有诗人自身的审美倾向和心理因素，正如陈晓虎的《唐人笔下的西施形象》一文认为，唐代诗人描写西施时主要受到了政治因素、审美因素与心理因素的影响。① 唐代吟咏西施的诗歌呈不断增加的趋势，西施故事也已经成了普遍的诗歌创作题材。究其原因，首先是西施故事作为传说，现有的史料还不足以对其做出准确的定位，因此给诗人们提供了许多想象的空间；其次是西施故事再现了吴越两国的盛衰荣辱，充满政治色彩，为后世的文人骚客怀古鉴今提供了素材；更重要的一点是西施作为绝世美人，其形象具有特殊魅力，她的消逝等同于美的消逝，而且这种美好易逝的哀伤更能引起诗人们的感叹和共鸣。唐代诗人偏爱咏史诗，是因为他们力求将历史与现实紧密结合，尤其是一些为西施翻案的诗歌。这些诗不仅是诗人们思辨的结果，更重要的是其中还包含着他们对国家的前途和个人命运的体悟，蕴含着唐代诗人客观、独特的历史观。唐代诗人开拓出刻画西施形象的新局面，用多彩的笔墨充实了前朝相对简单的西施形象，将西施形象具象化，在这一点上唐诗是功不可没的。

西施是千百年来文学艺术家们塑造出来并使之不断丰满的历史人物形象，她的故事流传到唐朝已经发生了较大的变化。正是由于历史上西施的人物事迹存在很大的争议，因此促成西施故事向多元化方向发展。唐代诗人在观照历史的基础上，运用自己的才情和独特的艺术想象力对这一历史人物及故事进行拓展，因此才有了唐诗中多种面貌的西施形象。唐代是西施传说不断发展的重要阶段，诗人对西施的吟咏在此时达到顶峰，这也为后来元明戏剧中西施传说的进一步发展以及西施人物的再度丰满提供了一种新的可能。

---

① 陈晓虎：《唐人笔下的西施形象》，《江淮论坛》2004 年第 1 期。

清代弹词《子虚记》

鲍震培*

摘　要　女作家写作弹词在清代大为盛行，时称"七字小说"。作者大多是读过书的才女，平时喜欢诗词歌赋和民间音乐，与男性作家相比，他们更擅长用韵文体讲述故事，塑造心仪的人物形象，反映或折射现实生活和世态人情。弹词名著《子虚记》系清代盱眙才媛汪藕裳所著，是清代女作家弹词中非常重要和有代表性的作品。随着《子虚记》作者生平资料的发现及原书稿的整理出版，对这本弹词名作的研究从薄弱到加强，《子虚记》结构宏伟严密，情节曲折生动，语言典雅婉约，人物个性鲜明，反映了那一特定时代具有进步思想的女作家对爱情自由、婚姻幸福、女性建功立业的强烈冀求。

关键词　弹词　汪藕裳　《子虚记》

　　《子虚记》是清代汪藕裳所著的长篇弹词，全书共 64 卷，200 多万字。《子虚记》初以抄本传世，不胫而走，不仅时人颇多赞美，20 世纪 80 年代以来也受到古籍整理者关注。2014 年中华书局出版了点校本《子虚记》，被埋没了 130 年之久的清代女作家汪藕裳的杰出作品得到学界的

---

*　作者简介：鲍震培，南开大学文学院教授。主要研究领域：明清女性文学、曲艺。

认可，在中国弹词史上补写了一位优秀的女作家。现把已取得的研究成果归纳如下，希冀学人加强对这部优秀案头弹词作品的探究，逐步改进该弹词研究偏于薄弱的现状。

一　汪藕裳生平

《子虚记》各抄本中均无署名，卷后有云"都梁女史书于此""要知姓名问都梁"，经查"都梁"为地名别称，为今江苏盱眙县，故作者自称"都梁女史"。卷前有序，作者为其堂兄汪祖绶，其云："《子虚记》者为吾藕裳三妹所作。"① "藕裳三妹"即其妹汪藕裳。据中华书局《子虚记》卷后附《汪藕裳年谱》，考汪氏为盱眙名门望族，官宦人家。汪藕裳祖父汪孟棠，嘉庆进士，在广东做过番禺知县，任过苏州知府以及陕西按察使等职，生有四子，长子即汪藕裳之父汪根敬。

据研究者考证，② 汪藕裳大致生平如下：道光十二年（1832）出生。父亲汪根敬在河南任知府、知县十多年。汪藕裳自幼聪明伶俐，父亲视为掌上明珠，把她带到河南官府中亲自教育，因此，她得以博览群书，打下了深厚的文化功底。同时，她对各地的风土人情、官场人际了如指掌，为她的弹词文学创作积累了素材。17 岁时（1848）父亲亡故，嫁与安徽桐城胡松岩，其人自幼父母双亡，随汪根敬读书、生活。咸丰九年（1859）太平天国攻占盱眙，汪家被烧毁，逃难投奔昆山县令堂兄汪祖绶，后昆山被攻占旋即投奔宝应的大哥汪祖茂。咸丰十年胡松岩病逝。汪藕裳年轻守寡，生逢乱世，寄人篱下，艰难抚育女儿长大，并把她嫁与当地丁氏大户。30 岁时（1861）开始创作《群英传》。同治三年（1864）33 岁开始创作《子虚记》。光绪三年（1877），到青浦侄儿汪瑞曾家做家庭教师。光绪九年历经近 20 年时间在苏州完成了 200 多万字的弹词巨著《子虚记》。《子虚记》完稿后，她请人写序、题词，并筹措资金准备出版，但此书最终未能付之梨枣。光绪十四年，汪藕裳之独女不幸英年早逝，汪藕裳为协助抚养一双年幼外孙女，跟随女婿到北京生活，女婿在

① （清）汪祖绶：《子虚记序》，（清）汪藕裳：《子虚记》第 1 册，王泽强点校，中华书局，2014，第 1 页。
② 王泽强：《汪藕裳年谱》，《淮阴工学院学报》2013 年第 4 期。

吏部为官。光绪二十九年（1903）汪藕裳去世，丁韵和丁翰香遵遗嘱分别继承《群英传》和《子虚记》书稿。

书稿完成后，汪藕裳的堂兄汪祖绶写了序，汪藕裳的胞弟汪祖亮，堂弟汪祖馨及汪祖鼎，堂侄汪瑞曾、汪瑞高，侄婿朱定基，还有盱眙名人王锡元，江阴女史陈素英等人写题词。这些题词无一不对汪藕裳的才情大力褒扬，如汪祖亮赞"笑他笺注老蠹鱼，别构乾坤著《子虚》"。①堂弟汪祖馨赞曰："闲将诸墨写心思，百种编排遣六时，组织奇传天女锦，色丝妙演汉碑辞。悲欢离合人千古，儿女英雄笔一枝。"②侄汪瑞曾题诗"弹尽英雄儿女泪，清词岂为不平鸣"。③以上赞扬弹词尽抒英雄气概、儿女情长。侄婿朱定基题诗云："闺阁争传绝妙辞，悲欢离合总情痴。问他老妪都能解，胜读当年白傅诗。"④特别赞扬她着力于流布闺阁和语言通俗的方面。

但是偏偏有盱眙名士、前县令王锡元一方面赞叹汪藕裳是"生花笔"、"咏絮"才，一方面又说她"底事雕虫耽小技，俾闺娃无故添歌泣，吾甚为，此才惜"。⑤此说颇有微词。从当时以诗文为主导的文学观来看，弹词无疑是雕虫小技，据他看来，作者倾其才华创作这样一部不为主流社会认可，只能在闺阁中传播、得到妇女们称赞的弹词，实在可惜，这从一个侧面说明那个时代男性文人对女性从事弹词创作抱有很深的成见。所以在他主持的光绪《盱眙县志》中并未提及汪藕裳和收录《子虚记》。而《宝应县志》却收录了《子虚记》，并赞其为"醒世"之作。⑥

二 《子虚记》的传抄与出版

原稿本是弹词界乃至国内清代文学界罕见的由祖孙几代人接力继承

---

① 汪祖亮：《序及题词》，（清）汪藕裳：《子虚记》第1册，第2页。
② 汪祖馨：《序及题词》，（清）汪藕裳：《子虚记》第1册，第2页。
③ 汪瑞曾：《序及题词》，（清）汪藕裳：《子虚记》第1册，第3页。
④ 朱定基：《序及题词》，（清）汪藕裳：《子虚记》第1册，第4页。
⑤ 王锡元：《序及题词》，（清）汪藕裳：《子虚记》第1册，第5页。
⑥ 《宝应县志》载："候选县丞胡德森妻汪，安徽桐城人，年二十九夫殁，事姑至孝，抚嗣成立，性好文墨，子侄辈皆承启迪，著有《子虚记》等书醒世。光绪二十九年卒，守苦节四十三年。"戴邦桢等修，冯煦等纂《宝应县志·列女传·节孝》卷二十，民国21年（1932）铅印本，第17叶。

下来的完整手稿本，文化价值和研究价值非常大。

据《子虚记》手稿传承人肖镕璋讲述，汪藕裳女婿与海州名流沈云霈交好，遂与沈家联姻。丁翰香婚后生女儿沈彩西，沈彩西嫁与淮安肖氏，生下女儿肖镕璋。肖家殷实富有，丁翰香迁居扬州，协助抚养外孙女，肖镕璋在外婆《子虚记》的吟唱声中长大。1937 年南京大屠杀发生后，丁翰香随身携带着盛有《子虚记》的沉重木箱，在外逃难流浪了三年多，不久病逝，留下遗嘱由女儿沈彩西继承《子虚记》。沈彩西生有两儿四女，但是她决定由大女儿肖镕璋来继承。她对肖镕璋说："因为你最熟悉它，你知道外婆丁翰香对它的感情有多深。要记住，无论什么情况下，你都要把它保护好，把它传下去。"① "文化大革命"期间，肖镕璋夫妇冒着极大风险把《子虚记》藏在家中最隐蔽的地方逃过一劫，后又将其包裹在棉被里带到云南蒙自县的劳改农场。

2009 年肖镕璋在互联网发表启事《心中的瑰宝——关于〈子虚记〉点滴》提出寻找合作出版方的迫切愿望："这部文学巨著虽是老祖宗传下来的家藏珍品，更重要的它是中华民族的文化遗产，不能让它湮没在民间，消失在我的手中……十分希望国内的文物单位或民间的收藏家愿意点校出版此书，我将真诚的和他合作，将我珍藏多年的作者手写原稿贡献出来。"② 文章被淮阴师范学院文学院教授王泽强看到后，他多次联系作者，并与当地文化局协调，2011 年 8 月 5 日，肖镕璋把《子虚记》稿本捐赠给江苏省淮安市博物馆，被评为国家一级文物。

尽管是长篇巨著，仍然有许多民间流传的抄本，善本达十部，上海图书馆、南京图书馆、南京师范大学图书馆、中国国家图书馆、首都图书馆、南开大学图书馆等藏有抄本。

清末的小说家李伯元在他创办的《世界繁华报》刊登了《子虚记》全部六十四回目录，③ 光绪二十七年（1901）世界繁华报馆印行过前八

① 王泽强：《"被传奇"的弹词巨著〈子虚记〉》，《光明日报》2011 年 7 月 25 日，第 15 版。
② 肖镕璋：《心中的瑰宝——关于〈子虚记〉点滴》，（清）汪藕裳：《子虚记》第 5 册附录，第 3025—3030 页。
③ 《世界繁华报》1901 年 10 月 5 日、6 日、7 日第 3 版以"新书目录"为栏目名刊登《子虚记》目录上、中、下，并在开端点明"《子虚记》一书为汪藕裳女史所作，骈词风云月露之中，寄兴于儿女英雄之外，选词命意，按部就班为小说唱本中第一佳构。"其时，汪藕裳尚在世。

回。后因资金短缺，只印了少数篇目，并未引起反响。

2011 年，全国高校古籍整理委员会批准王泽强申报"弹词巨著《子虚记》稿本整理"立项，2014 年 3 月，点校本《子虚记》（全五册）由中华书局出版，为我国弹词体小说的研究提供了宝贵的文献资料。

三 《子虚记》研究情况

1982 年《子虚记》曾一度被列入《古籍整理出版规划》（1982—1990年），其中列入的弹词著作有 11 部，如《天雨花》《笔生花》等。1985年，李灵年和顾福生开始整理点校南京师范大学藏本《子虚记》。

1987 年《文教资料》第 3 期发表陈敏杰的文章《〈子虚记〉及其作者汪藕裳简介》，他认为《子虚记》"结构巧妙合理，情节曲折生动，场景雄伟壮阔，语言清丽流转。……无论是思想性还是艺术性，《子虚记》都足以辅轹《天雨花》、《笔生花》而并驱于《再生缘》，它在中国弹词史上占有重要的地位"。① 这是迄今看到的研究《子虚记》的第一篇论文，并将其与"弹词三大"② 做比较，对《子虚记》做出了极高的评价。1990 年李灵年发表《长篇弹词〈子虚记〉初探》，对《子虚记》的内容及艺术特色做了评述。"全书内容十分丰富，从军国大政到家庭琐事，从英雄传奇到儿女私情，涉及到二十几个家族，描写了一百数十个各式各样的人物。其中经常出场的人物也有几十个之多，大都个性鲜明，神采飞动，是相当成功的文学形象。"③ 李灵年的论文研究了主要人物男主人公和女主人公形象特点，指出作品对女性命运关注、描写爱情婚姻生活的思想倾向，分析弹词处理夫妻关系的独特女性视角。在艺术成就方面指出整体布局"宏伟而严密"的设计，既善于铺排和场面描写，又工于细腻准确的心理刻画。往往两者密切结合，表现人物的思想性格。《子虚记》的文辞"典丽婉约，又流畅自然"，往往化用前人佳句熔铸诗情，融入诗词和戏曲的某些意境，令人赏心悦目。但同时也指出了《子虚

---

① 陈敏杰：《〈子虚记〉及其作者汪藕裳简介》，《文教资料》1987 年第 3 期。
② "弹词三大"指早期弹词三大作品——《天雨花》《笔生花》《再生缘》，其中以《再生缘》评价最高。
③ 李灵年：《长篇弹词〈子虚记〉初探》，《南京师大学报》1990 年第 2 期。

记》有后半部冗长松散、场面重复过多等缺点。

对汪藕裳的创作大加激赏的还有李润英的《千姿百态尽风流：中国历代女杰百人传》，该书为百名女杰立传，汪藕裳名列其中。"《群英传》和《子虚记》共 210 余万字，其中除部分道白外，通篇全以七言排律诗体写成。宏伟壮阔的场景，清丽流转的文辞，曲折生动的情节和巧妙合理的结构，形成了这两部弹词巨著的艺术特色。无论是认识价值还是艺术欣赏价值，都超越了《天雨花》、《笔生花》，而足可与《再生缘》并相比美。"① 此评价延续了之前陈敏杰的说法，但把两部弹词并列和所谓"超过"之论，有失严谨。

盱眙籍学者、淮阴师范学院文学院王泽强教授从 20 世纪 80 年代末开始对《子虚记》倾心向往，多次各处访书和调研，结识肖镕璋而协助其实现心愿，写了大量文章探究汪藕裳家族、身世，建立《子虚记》贴吧，争取国家课题，无稿酬点校《子虚记》，整理《汪藕裳年谱》等，为推动《子虚记》研究做了大量基础工作。在他的努力下，《子虚记》研究取得突破性进展。

王泽强《"被传奇"的弹词巨著〈子虚记〉》发表于《光明日报》2011 年 7 月 25 日第 15 版，首次曝光汪藕裳身世和创作动机，五代女子接力传承《子虚记》稿本的情况，重点评价了作品的思想意义："这部作品突破了大部分弹词大团圆的结构模式，才华横溢的女主人公因暴露女子身份不能再担任丞相，于是力排众议，毅然绝食而死，以此向男权制度宣战，充满了悲剧色彩。"王泽强还发表有《清代杰出的盱眙女作家汪藕裳》，对盱眙才女作家汪藕裳生平进行了更深入的研究，包括比较详尽的《子虚记》故事梗概和尽可能全的研究著述综述等。② 《〈子虚记〉的百年传播与研究》回顾了《子虚记》整理和出版的艰难过程。③ 2017 年他撰写的研究成果《清末才女汪藕裳及其家族名人研究》由上海三联书店出版。

学人马庚存著《中国近代妇女史》，张涤云著《中国诗歌通论》都

---

① 李润英编著《千姿百态尽风流：中国历代女杰百人传》，广西教育出版社，1993，第 372 页。
② 王泽强：《清代杰出的盱眙女作家汪藕裳》，《盱眙历史文化研究》2013 年第 1 期。
③ 朱云毕、王泽强：《〈子虚记〉的百年传播与研究》，《淮海晚报》2018 年 2 月 11 日，第 2 版。

高度评价了《子虚记》。① 周良、朱禧著《弹词目录汇抄·弹词经眼录》认为此作有很多可贵之处，首先最明显的是反映女性的反抗意识，写了不止一个女性反抗纳妾制度。女扮男装式人物裴云得到皇帝正面的赞许。认为整个作品的构思受到《红楼梦》的影响，文绍的"假道学"似贾政，男主人公文玉狲泛爱所有女性而也受到众多女性喜爱，则与贾宝玉有些相像。② 魏淑赟的博士学位论文《明清女作家弹词小说与明清社会》多处论及《子虚记》，赵湘仙与《再生缘》《金鱼缘》女主人公都属于反抗秩序最强者。男主人公文玉狲则是一位不以私情为意的"妇女之友"，"他的行为突破男女之情，将男女之间的交往放在成全对方的层面上。这不能不说是男女平等体现在家庭之外的一个典型例子"。③

1999 年笔者在上海图书馆查阅和浏览了《群英传》和《子虚记》。《群英传》作者三年写就，艺术上尚嫌粗糙；而《子虚记》比《群英传》写作时间长，故事更精彩，文学性更强，人物塑造更成功，可见作者之才力深厚。男扮女装主人公裴云至死不改身份的悲剧力量震撼人心，故笔者在《清代女作家弹词研究》中提出"无论是场景的广大、人物的复杂多样、故事的丰富曲折、描写的细腻变化，还是思想主题的进步性，她是继陶贞怀、陈端生、邱心如、李桂玉之后的又一位大家"。④ 这段话被广泛承认是公允之论，并被收入点校本《子虚记》前言和《汪藕裳年谱》。

2021 年笔者撰文《笔端写尽平生愿——论汪藕裳的弹词小说〈子虚记〉》从"知音赏与平生愿"的书写意图，寄托闺秀理想的男性人物形象、摇曳多姿的女性形象和对一夫多妻制的批判等多方面论述了《子虚记》的思想主旨。⑤ 童李君《论〈子虚记〉对女作家弹词"女扮男装"写作模式的突破》，⑥ 赵简《论〈子虚记〉的战争叙事》，⑦ 王策《中国

---

① 参见马庚存《中国近代妇女史》，青岛出版社，1995；张涤云《中国诗歌通论》，浙江大学出版社，2006。

② 周良、朱禧：《弹词目录汇抄·弹词经眼录》，古吴轩出版社，2006，第160—168 页。

③ 魏淑赟：《明清女作家弹词小说与明清社会》，博士学位论文，南开大学，2014，第110 页。

④ 鲍震培：《清代女作家弹词研究》，南开大学出版社，2008，第91 页。

⑤ 鲍震培：《笔端写尽平生愿——论汪藕裳的弹词小说〈子虚记〉》，《文学与文化》2021年第2 期。

⑥ 童李君：《论〈子虚记〉对女作家弹词"女扮男装"写作模式的突破》，《明清小说研究》2019 年第4 期。

⑦ 赵简：《论〈子虚记〉的战争叙事》，《汉字文化》2015 年第10 期。

弹词小说四大名著之一——汪藕裳〈子虚记〉艺术特色研究》① 等，皆运用文本细读的方法对作品条分缕析，标志着对《子虚记》的研究的深入。期待这颗多年湮没无闻的明珠，经细细研读拂去尘埃，会有更多的发现，促进对弹词小说文学与文化价值的体察与认识。

---

① 王策：《中国弹词小说四大名著之一——汪藕裳〈子虚记〉艺术特色研究》，《艺术品鉴》2015 年第 4 期。

建立自觉的文学意识

——寻迹贾平凹早期小说

薛忠文*

摘　要　贾平凹文学生涯中的重要转折点出现在 1983 年。创作初期，作为商州农家弟子，贾平凹体验至深的只是某些浅层的方面，如商州的偏僻封闭、落后贫穷，生活的压抑和苦涩等等，他感到作为一个商州人的不幸和悲哀，因而梦寐以求的是走出大山，跳出商州。这一时期贾平凹的作品，故事、人物都流于平面化、疏淡化。在经历了一段创作尝试后，贾平凹以新的心境和新的眼光来看商州故土，自然会有不同以往的新的感受和认识。此后，贾平凹的小说开始注重塑造人物。他所描写的人物，从简单反映身边事情走向了典型化，从一般的描写生活走向了深刻反映时代变化，做到了文学源于生活、高于生活，建立起了自觉的文学意识，提升了作品的文学价值。他从一个简单的讲故事者走向了成熟的作家。

关键词　贾平凹　寻根小说　商州文学

经过初期的躁动、萌芽、摸索，贾平凹文学生涯中的重要转折点出

---

* 作者简介：薛忠文，山东社会科学院文化研究所副研究员。主要研究领域：中国现当代文学。

现在 1983 年。1983 年是他文学创作新的出发点。他集中笔力写商州，逐渐形成了自己的"商州意识"，实际是建立起了自觉的文学意识。贾平凹曾深为感念地说："商州成全了我作为一个作家的存在。"这不仅仅是说商州是他的生养之地，也不仅仅是说商州为他的创作供应了丰富的生活养料和创作素材，更有意义的是，写商州使他真正找到了创作的感觉，走向了创作的自觉，从文学梦的自发走向了文学创作的自觉，真正成了成熟的作家。

一

当贾平凹还是个地道的商州农家弟子，或如其所说是地道的农民，作为商州的平民百姓生活于其中时，应当说他对商州的生活是有深切体验的，但他此时体验至深的也许只是浅层的某些方面，比如商州的偏僻封闭、落后贫穷，生活的压抑和苦涩等等，他感到作为一个商州人的不幸和悲哀，因而梦寐以求的是走出大山、跳出商州。而商州作为一种历史文化存在的价值则往往被遮蔽，对此他少有认识感受。这当然可以归结为"只缘身在此山中"的局限，也可以理解为受阅历和学识所限而眼光不够，这些理由当然都是能够成立的。但更重要的可能还是与身份角色相关联的心境，心境往往决定着主体的视野和眼光。可以设想，完全生活在贫穷苦涩中的农民是不大可能有超然身外的心境和眼光来对自己的生存状态作文化审视或审美观照的。心境的麻木，也就使应有的视野和眼光被遮掩了。当然另一种极端的情况是，一个对农民生活完全没有认识体验，并且对农民命运毫不关心的人，其心境上的冷漠，同样会遮蔽应有的视野和眼光。一个在艰难困苦中挣扎的农民和一个有追求有理想的作家，看问题的视角怎么会一样呢？这与贾平凹想当作家的志向是紧密相连的。试想一下，贾平凹若是从事了别的职业，还会有这样的心境吗？

当贾平凹以一种新的心境和新的眼光来看商州故土时，自然会有不同以往的感受和认识。

当然这还只是最初的、表层的感受，当贾平凹以文化寻根者的姿态，逐渐深入商州乡民生活的较深层，探得商州传统文化的底蕴时，他如同寻宝者突然发现了蕴藏丰富的宝藏，惊喜莫名，流连忘返，竟一次又一次地深入商州作长时间的寻访考察，并在此基础上推出了他的"商州系列"文学作品。在中国现当代文学的历史上，不乏"乡土文学"传统，其中以某一块特定的乡土作为"根据地"，集中笔力对其进行开掘和描绘从而形成文学作品系列并产生较大影响的，也许并不太多，平时人们乐于谈论称道的，不外乎沈从文的湘西、孙犁的白洋淀、莫言的山东高密东北乡，等等。而贾平凹的"商州文学"，无论是在创作规模，还是在文化开掘深度以及艺术表现的广度和文体、视角的多样性等方面，都可以说是空前的。换一角度看，在 20 世纪 80 年代中期，我国文坛形成了一股影响不小的"寻根文学"浪潮，人们都把贾平凹列为"寻根文学"的代表性作家，这是理所当然的，不过应当稍作补充的是，贾平凹可能还是较早并内在自发地形成"寻根"意识的作家，且一发而不可收。在长达六七年的时间里全身心地投入商州历史文化的考察和生活体验，进行商州文学系列创作，他在这方面的创作比文学界提出"寻根文学"的口号以及形成"寻根文学"的浪潮要早，他虽未自我张扬"寻根文学"的旗号，但他的创作初衷及实绩是世所公认的。这与那些受某种口号、观念、风气的启发影响，模仿他人而生产出来的、明确贴着"寻根文学"标签的创作相比，应当说品位价值要高得多。再者，他的"寻根"，并不仅仅是描摹商州历史与现实的文化形态，更渗透了作家对文化传统的价值反思，对现实变革的热切关注与深刻思考，其创作的历史穿透力和现实感以及思想意蕴的丰富深邃，在当代寻根文学中也是一种独特存在。所以，贾平凹的"商州文学"，在当代文坛具有特殊地位和价值。从贾平凹自身的创作历程看，其不仅标志着他在 20 世纪 80 年代的创作所达到的艺术高度和所形成的艺术特色，而且在此基础上所积淀凝结而成的传统文化观念和价值理念，也成为他在 20 世纪 90 年代都市文学创作的重要的对应参照尺度。

贾平凹这一时期的"商州文学"，从文体形态看，大致可划分为两种类型：一是以"商州三录"为代表的实录作品；二是在此基础上进一步加工创造的艺术作品。再从创作题旨来看，其实录性作品主要是叙写商州历史文化、传说故事、民俗风情等，主要导向文化寻根与反思；而他更具有艺术创造特性的一批小说作品则要复杂一些，但总体而言也不外乎两种取向，一类与"三录"的题旨取向切近，另一类则主要描写反映商州农村现实变革及其所引发的传统生活观念与现代生活观念的冲突，思考探索现代社会转型背景下农村的改革发展之路——这可以看作文化寻根反思主题的延展和深化。

从 1983 年到 1984 年，贾平凹数次回到商州故土寻访考察，相继发表了《商州初录》《商州又录》《商州再录》（统称为"三录"），在文坛引起不小的反响。"三录"是一种比较独特的文体，长短不一，写法不一，体例不一，究竟应算作什么文体，贾平凹自己也说不清楚，有时称作"系列中篇小说"，有时又称为"系列散文"，实际上其介乎二者之间，称为"实录故事"也许更为恰当。

"三录"大致写了两类故事：改革开放前以及远古的各种传说；改革开放后农村发生的各种巨大变化。作家大概是想写出一部商州的"风俗史"或变革史：写过去的故事，是要再现商州的神秘古朴、历史文化、地域文化特色；写现在的故事，则是向人们对照展现一个正在发生激烈变革的商州。对于这两类故事的叙写，可能作者有一个由远及近的计划思路，但在写作中实际上又是相互交织、彼此照应的，所以难以区分得很清楚。"三录"的内容极为杂泛，作者也许无意于确立一个一以贯之的主题思想，但他的基本转变是十分明晰的。概而言之，就是要让"外边的世界知道了商州，商州的人知道了自己"①。就此而言，贾平凹一方面感到，随着社会现代化发展，"外面的世界愈是城市兴起，交通发达，工业跃进，市场繁华，旅游一日兴似一日，商州便愈是显得古老，落后，撵不上时代的步伐"②；但另一方面，正因其偏远闭塞，现代化浪潮波及不到这块地方，因而保持了自己特有的神秘，保留了自然纯净秀美的胜景。这无疑是商州宝贵的天然资源，是外面的世界所向往的，同时也是商州人需要重新认识和开发的。贾平凹以城市文化人的眼光看到了这一点，因此他要用他的笔，把商州介绍给外面的世界，让世人认识商州的价值，也让商州人认识自己。

"商州到底过去是什么样子，这么多年来又是什么样子，而现在又是什么样子，这已经成了极需要向外面世界披露的问题，所以，这也就是

① 王永生编《贾平凹文集》第 5 卷，陕西人民出版社，2008，第 191 页。
② 王永生编《贾平凹文集》第 5 卷，第 78 页。

我写这本小书的目的。据可靠消息，商州的铁路正在测量线路，一旦铁路修通，外面的人就成批而入，山里的人就成批走出，商州就以它对这个社会的价值和意义而明白天下了。如今，我写这本小书的工作，只当是铁路线勘测队的任务一样，先使外边的人多少懂得这块地方，以公平而平静的眼光看待这个地方。一旦到了铁路修起，这本小书就便可作卖辣面的人去包装了，或是去当了商州姑娘剪铰的鞋样了。但我却是多么欣慰，多多少少为生我养我的商州尽些力量，也算对得起这块美丽、富饶而充满着野情野味的神秘的地方和这块地方的勤劳、勇敢而又多情多善的父老兄弟了。"①同样的意思作家曾多次表达，由此可见贾平凹对故乡的拳拳之心。

当然，把秀美而神秘的商州山川风物介绍给外面的世界，展示其价值，这也许是作者最初的也是最朴素的想法，不过，贾平凹所谓让"外边的世界知道了商州，商州的人知道了自己"，恐怕不仅仅是这种含义，而是还有更深一层的文化反思与变革的含义，这种意识在他写《商州再录》时就更为明确自觉了。如果说初返商州时，作者主要是为其秀美的山川景物和拙朴的人情风俗所吸引，那么随着一次次寻访考察的深入，他便有了一些新的发现和感受："……这次商州之行，亦有不同儿时在商州，甚至不同前年去年去商州，觉得有一种味儿，使商州的城镇与省城西安缩短了距离，也是山垴沟岔与平川道的城镇缩短了距离。这味儿指什么，是思想意识？是社会风气？是人和人的关系？我又不能说准，只感到商州已经不是往昔的商州。"② 特别是对商州民风民情的认识，他不只看到传统的淳朴的一面，也看到现代变异的一面。更深层的原因怕是作家自己也没有意识到，他的作家梦由最初的表达冲动正在向明确的文学意识转变。

从整个商州文学系列来看，可以说贾平凹都是本着让"外边的世界知道了商州，商州的人知道了自己""意在面对现实，旨在提高当今"的宗旨，去考察认识商州历史和现实中的种种文化形态，去发现审视这些"商州型"的文化形态所包蕴的善恶美丑。这些认识、发现以文学的

---

① 王永生编《贾平凹文集》第 5 卷，第 84 页。
② 王永生编《贾平凹文集》第 5 卷，第 211 页。

形式呈现出来，对于外边的世界来说，提供了一个可供比较分析的文化类型的标本，而对于商州人自身来说，则可以成为一面自我观照审视的镜子，提升其自审意识。从这个意义而言，"三录"恰好写出了商州文化的原生态及地域特色，传达出了商州拙朴神秘的文化氛围。

二

　　尽管"三录"这类照实而录、粗加工式的写作因其真实地展现了商州的原生形态而博得了读者的普遍好评，但贾平凹似乎并不满足于此，时时在寻求突破，即致力于进行"深加工"的艺术创作。因为只有经过深度加工创造，才有可能对生活进行更深入的开掘，并更多地融入自己的审美发现、价值思考和审美理想。因此，他在写作"三录"的同时及之后，倾注了极大的精力和热情，以商州考察所获得的丰富素材和深刻体验，创作了一批商州题材的中、长篇小说作品。就研究贾平凹的创作思想及艺术成就而言，这批作品可能是更值得重视的。

　　作者当然明白，世界的发展趋势是城市化、商业化。当时的中国正处于振兴年代，也正在朝着这种城市文明、商业文明方向发展，但在这种文明进步中，似乎失落了一些不该失落的东西，作者试图开掘商州文化传统中古朴美好的东西以注入现代文明，其创作意图和文化价值理念不言而喻。上述创作理念同样体现在贾平凹此一时期其他一些小说创作中，如《远山野情》《天狗》等。

　　中篇小说《远山野情》写流浪汉吴三大与山里女人香香偶然相遇所发生的一段故事。小说名为"远山野情"，容易让人想到山里人那种野蛮未开化的粗野淫乱之情，而就小说所写到的环境风气来看，确实不无此种意味，那些矿工以及队长对待女人确乎形同禽兽。然而在吴三大和香香之间，倒是超越了这种粗俗鄙野的男女之情，葆有一种纯真的人性人情。

　　吴三大是一个非常矛盾的人物，青壮年，未婚娶。香香，善良温柔，年轻貌美。两个萍水相逢的人互有好感。吴三大时常夜不能寐，暗暗扫描香香的举动，但从不敢越雷池一步。他感念香香在他困厄时的收留救助，不敢忘恩负义；同时他也可怜跛子的处境以及感念其对自己的恩德。

对香香屡屡遭受其他矿工和队长欺侮，他深为同情和怜惜。他本能地坚守自己做人的本分，诚实坦荡。香香的命运是不幸的。嫁了跛子，就有责任支撑这个家，为此而去背矿挣钱，吃苦受累不说，还要失身背坏名声。丈夫胆小怕事、窝囊无能指望不上。可以想象，如果没有别的因素介入，她可能会在这远山里心如死水般生活下去。但吴三大不期然地闯入了她的生活，唤起了她生命中已经沉睡了的生机活力。作为女人，在这种无奈的污浊环境中，她为受到邪恶男人的欺侮而羞辱痛苦，自然会渴望获得来自钟情男子的抚慰。她对吴三大产生了异样情愫，而吴三大的诚恳谦恭，又使她感到失落，同时也增加了她对吴三大人格的敬重。激烈的灵魂斗争激发了人性的觉醒，香香萌生了不能再这样生活下去的意识。故事结尾，作家让香香抛下一切，义无反顾悄然出走，虽不知去何处，但毕竟迈出了重要的一步。小说既写出了人性的纯真，也写出了人性的觉醒，更写出了人性的复杂。

中篇小说《天狗》叙写了商州山地一个家庭"招夫养夫"的故事。方圆百里的井把式李正因打井塌方被砸瘫痪，这对靠他的手艺养家糊口的家庭来说不啻晴天霹雳。徒弟天狗聪明本分，深得师父信赖。按照古老乡村民俗，应师父的请求，天狗成了这个家的顶梁柱，代替师父成了师娘的第二个丈夫，成了这个不幸家庭的责任担当。身份虽然变了，但是善良诚实的天狗始终进入不了角色。坚持不与师娘同床共眠，师娘的温存感化和师父的劝说都无济于事。在天狗心中，师娘是菩萨，是月亮，是天底下圣母一般的女人，师父师娘对他恩重如山，他愿意承担这个家庭的重担，但对师父、师娘的敬重使他不能进入这种怪异的情感生活。这样反而使师父感到自己成了天狗与妻子之间的障碍，是他拖累了妻子和天狗，他平静地结束了自己的生命。这预示着天狗和师娘的生活可能会有一个新的开始。但从另一个意义上说，不正是天狗害死了师父吗？

很显然，作家叙写这样一个故事和这些人物，并不仅仅展示一种文化习俗，也不仅仅是提出一个情感道德问题，而是借对商州山民的古朴生活的描写深刻开掘人性之美，发现人性光辉，思考古老生活传统与现代文明冲突中人性价值的问题。作者说："贫穷偏僻使他们不幸，贫穷偏僻又使他们有幸。文明社会和文明的性的生活或许会使人变成动物，而落后贫瘠的环境和性的生活却使天狗、师娘完成了人的价值。""人在这个世界上，不仅仅是征服着外面的世界而爆发出光辉，而出奇的是在征服着自己本身时才显示了人的能量。天狗是山地人，忠厚能干，又灵醒乖觉，他不是英雄人物，但也不是下流坏子；并把式是一个硬汉子，天狗也该算作一个硬汉子吧？"① 可见作者是把他们作为人格精神上的硬汉来写的，这不仅在传统生活习俗中，就是在当今现代文明中也仍具有独特的价值。

综观这些作品及其创作理念和价值取向可以看出，努力发现、开掘山乡生活和古朴习俗中所蕴藏的人性人情之美，是贾平凹商州文化寻根中一个重要的方面，并且，他总是将此视为商州传统文化或古老文明的积淀物，与现代文明的某些现象及观念意识相比照，去思量衡估其价值。他的文化价值理念，成为他观察商州现实变革的独特视角，也成为他反思城市文明的一个重要尺度，更表达了作家文学意识由自发到自觉的转变。

这个时期，正是中国城市改革大潮向农村广袤大地蔓延之际。商州虽地处偏远，但改革浪潮也席卷而至。土地承包责任制、个体自主经营，给商州山民带来生产关系和生活方式的巨大改变，更引起了人们思想观念的深刻震荡。贾平凹的商州寻访，一方面固然是文化寻根，即追寻商州古老的历史文化传统和民间习俗，发现和开掘其中古朴而美好的东西，并为这种美好而赞叹；另一方面，作家也真切触摸到了中国社会变化脉搏的神经末梢，敏锐地观测到了山民们的生产、生活、观念、意识正在发生的蜕变，并由衷地为这些变化而感到激动。因此，贾平凹想到把商州题材的作品分为两部分来写，一部分写"过去的故事"，即叙写商州过去的文化习俗和人们生活的各种传闻故事；另一部分则写"现在的故事"，即商州现实变革所带来的变化。后者显然已不是实录式的叙写，而是融入了作家的感受体验和认识思考，他写得更为投入，一发而不可收，篇幅也越来越长，乃至成为一部部独立的中篇小说。其中比较重要的是《小月前本》《鸡窝洼人家》《腊月·正月》等。这些小说恰恰像是商州现实生活变革的一面镜子，在当时产生了较大的社会反响，并且在贾平凹的商州文学系列中也占有相当重要的地位。

---

① 《说〈天狗〉》，王永生编《贾平凹文集》第 14 卷，第 79、80 页。

　　中国农村社会的变革，首先是从打破旧的经济体制开始的。过去长时期以生产队为单位的生产和分配体制，一切由队长安排，而队长则又是遵从上边的指示行事，大家都省心，但问题是，高度统一的经济体制把大家的手脚和智慧都束缚住了，生产没有发展，只能大家捆在一起过苦日子。打破旧体制，分田到户，实行家庭责任承包，自主经营，把农民从捆绑在一起的绳索中解放出来，每家每户各显其能，攀比、追求着过好日子。其中有的人虽然还是按传统的生产方式，凭力气向土地要粮食，但由于解放了生产力，农民有了自主权和积极性，更舍得花力气，日子也可以过得不错，如《小月前本》中的才才，《鸡窝洼人家》中的回回和麦绒等。还有另外一些更为精明的农民，他们解放思想，寻求新的生活方式。如《小月前本》中的门门，他没有才才那样的体格和力气，但有更为机敏的头脑，即便种地，他也不愿下也下不了才才那样的力气，但他懂得引入抽水机、电磨机等机器设备代替人力，懂得种地也有投入产出的成本核算。他并不死守着几亩承包土地，时常出外做点生意赚钱，因而日子过得比别人潇洒新潮。《鸡窝洼人家》中的退伍军人禾禾，不甘心沿袭传统的农耕生活方式，试图借鉴别地的经验，尝试多种经营，植桑养蚕，虽然初次试验失败，被人讥为"瞎折腾"，甚至导致家庭破裂，但他越挫越勇，后来终于获得了成功，日子过得红红火火，令人热羡。《腊月·正月》中的王才，其貌不扬，个子瘦小，体弱乏力，种地拼不过别人，但他却有过人之处，一肚子精明。他扬长避短，把土地转包给别人，自己弃农经商，办食品加工厂，成为镇里的首富。还有《古堡》里的张老大，领着村里人因地制宜挖矿卖钱，共同致富。从这些作品所描写的现实生活中可以看出，农村经济体制改革，家庭承包、多种经营，商品经济以及各种新生产力因素的引入，给商州农村带来多么大的变化，给山地农民的生活带来了何等的生机与活力。

　　当然，如果贾平凹的小说仅仅只是写到这些，那就并无多少新奇之处，也谈不上有什么特别的意义价值，因为农村改革的这些变化，人们从新闻报道中也能了解到。文学不是新闻报道，真正体现时代精神的文学总是最先传达出生活变革的讯息，作为人学的文学，它应该表达更为深邃的东西，抛开表象揭示人的变化、人的命运、人的性情、人际关系以及人的思想、人的观念意识。对人的生存状态进行审美观照与反思，寄寓作家的审美理想。贾平凹这个系列小说的审美价值也正在这里。

三

这一时期的贾平凹小说生动地描写了农村变革生产关系中人的生活观念和价值取向的矛盾冲突，引起社会、读者全方位的思考。农村经济体制的改革给了农民充分的自主权，商品经济的发展也为他们的生产和生活方式提供了多种可能。人们都追求好日子，但什么是好日子，怎样才能过上好日子，乃至什么样的致富路才是正道，什么样的人才算好人，等等，人们在观念认识上实际是存在差异乃至冲突的。《小月前本》中，才才老实本分，承袭祖辈的生活理念和生产方式，舍得在土地上下死力，对新的生产理念和商品经济意识天生地抵触，和他同一类人的小月爹非常赏识他，认为这才是可靠的庄稼人，愿意将自己的独女小月嫁给他。接受了新生活洗礼的门门并不死守在土地上，种地不是他的生活理想，商品经济的新风已经吹进他的心窝。农忙时节，才才头顶烈日，争分夺秒，肩挑人抬为浇地疲于奔命；门门则买来水泵电机，很短时间就把地浇透了，闲时还租给别人用，名利双收。他种庄稼比不了别人，但他的日子却过得比别人轻松潇洒。对待爱情，他与才才也截然不同。对小月的爱情追求，才才是害羞、保守、拘谨，门门却主动、执着、热烈、大胆。以传统观念看，门门是浪子闲汉、不务正业，因而他与小月的恋爱遭到大多数人的反对。受传统观念和新生活意识夹击的小月处于双方的矛盾困惑之中：她既应心才才本分、老实，却又嫌弃他死板、保守；内心喜欢门门的热情开放、精明活络，又觉得门门与传统生活格格不入。尽管如此，她情感的天平还是明显地向门门这一边倾斜。她拿才才和门门作比较，觉得他们都是好人：才才好得像古代的好人，而门门好得正是时候，面临选择她备感困惑："唉，世上的事难道就没有十全十美的吗？如果门门和才才能合成一个人，那该是多好啊！"① 小月身上表现出的矛盾和困惑真实反映了时代价值观念的改变带来的冲突，而小月这个形象也正寄托着作者的审美理想。

---

① 王永生编《贾平凹文集》第 5 卷，第 397 页。

《鸡窝洼人家》在同样的背景下写了两家人的离散聚合。先是回回和烟烽两口子本分安心务弄庄稼，日子过得很富足；而另一家里的禾禾当兵复员回来不安心种田，想要养蚕发家，不惜孤注一掷变卖家当投入，几经折腾，归于失败。老婆麦绒生气抱怨，继而吵架离婚，实际是两个人的思想观念不一样。没了家，禾禾只好离家借住在回回那里，过着寄人篱下的生活。烟烽暗中钦佩禾禾的不服输精神，而不满于自己丈夫回回的自满自足、目光短浅，导致矛盾冲突不可调和之后两人也分了手。阴差阳错，回回与麦绒结合，夫唱妇随专心种地，成了庄户人家过日子的典范；烟烽与禾禾被人耻笑，同病相怜，也合伙过日子，想方设法还是探索养蚕，几经周折取得了成功。这样风向又转了：回回与麦绒一家粮食丰收贱卖，几亩田里没多少收益；而禾禾与烟烽则靠养蚕发家在当地首屈一指使人眼热。回回和麦绒也开始有所领悟。这两家人的离散聚合，正应了"物以类聚，人以群分"的话，其中既有性格、性情的因素，更重要的是思想观念的冲突变化。写到这里，《鸡窝洼人家》还是个简单的换婚故事吗？

《腊月·正月》中写王才与韩玄子的矛盾冲突，《古堡》中写张老大与村里一些人的矛盾冲突，也都在一定程度上反映了新旧两种思想观念的博弈。《腊月·正月》里韩玄子的典型意义在于，他不仅仅是与个体户王才过不去，而是对所有发家致富的群体都不满乃至敌视，形成某种变态心理。他坚决不让自己的女儿嫁给专业户，"什么人家都行，就是不能嫁那些专业户！"① 进而对国家、政府鼓励个体经营发家致富的政策也极为不满。仅仅因为王才是专业户中的突出代表，两人又曾是相近的师生关系，他对王才更是仇视，阻止家人与王才交往，挑拨乡亲与王才作对，想方设法刁难、阻碍、破坏王才的生产经营，甚至极力撑门面、搞排场，想在声誉气势上胜过和压住他。无奈，个人怎么能够阻挡历史的潮流呢！结果是自寻烦恼，弄巧成拙，丢尽面子，恼羞成怒："他娘，我不服啊，我到死不服啊！等着瞧吧，他王才不会有好落脚的！"②

师生关系的王才与韩玄子并无宿怨，王才对自己的老师十分尊敬，

---

① 王永生编《贾平凹文集》第 5 卷，第 65 页。
② 王永生编《贾平凹文集》第 6 卷，第 119 页。

老师韩玄子为什么要那样嫉恨自己的学生王才呢？表面上看是出于对王才发家致富的嫉妒心理，这与大多数人的心理一致。表象下面隐藏着更深的文化心理根源：王才们的发家致富，对多年形成的韩家的地位、声望形成了挑战。韩家在镇上原是颇有威势的家族，韩玄子是方圆百里为数不多有文化，执教多年桃李满天下的人，教出的学生中不乏当地委部长、县委书记的；他的大儿子是全镇第一个大学生，现又是省城里的"无冕之王"——记者。他自己虽然退休，但德高望重，被公社委任为文化站站长，时常在公社大院走动，是颇为风光受人尊敬的人物。而王才出身贫寒，穷得连学也上不起，但偏偏是这样一个他所瞧不起、认为没出息的学生，不知怎么就发了，成了镇上的风云人物，为人们所崇拜羡慕，而韩家却被人们冷落了。韩玄子过惯了人上人的生活，不能接受这种残酷的现实，极力与王才作对是必然，压住对方，保全体面，一旦压不住斗不过便气恨烦恼。这是在长期封闭环境中所形成的一种落后褊狭心理，在改革开放的环境中就会成为一种心理障碍，乃至演变为心理变态。当然，镇上也不只是韩玄子一人如此，其他一些人也表现得十分势利，对得势者常常是嫉妒和敬畏兼而有之：出于嫉妒，巴不得别人倒霉了便幸灾乐祸；而敬畏，是因为不敢得罪，想从中得点好处。这边对韩玄子如此，那边对王才亦然。小说中有个细节：外号"气管炎"的穷汉，听说韩家嫁女请了县委书记来壮门面以此贬抑王才，便买了爆竹准备到韩家去讨好，后来见马书记未进韩家而去了王家，便又赶紧把爆竹拿去给王才放了。农民中这种与新的经济体制和生产方式不相适应的落后思想观念与文化心理具有相当普遍性的集体无意识，与改变旧的农村生产关系和生产方式相比，要困难得多。这就不单单是农村家长里短的简单描述了，而是上升到了意识形态层面。

综上所述，这一时期贾平凹的小说开始注重塑造人物。他所描写的人物，从简单反映身边事情走向了典型化，从一般的描写生活走向了深刻反映时代变化，做到了文学源于生活、高于生活，建立起了自觉的文学意识，提升了作品的文学价值。他从一个简单的讲故事者转变为成熟的作家。

关注现实与超越性反思

——战时文化语境下徐訏的文学实践与生命体验

佟金丹*

摘　要　战争给国家和人民带来灾难，但战时环境更能激发知识分子和广大民众的民族意识和爱国情感。身处战时文化语境的徐訏，一方面以笔为旗、以关切现实的文学创作和文化实践活动参与祖国的抗战事业，在动荡的时代中为人们提供精神的食粮和光明的希望；另一方面以战争作时代背景，创作了许多带有心理哲思色彩的小说，从文化与哲理的层面来反思战争、人性和生命的种种问题，代表了战时中国文学中文化哲思的一脉。

关键词　战时文学　战时文化语境　徐訏

第二次世界大战给中国和世界人民带来了巨大灾难，这段惨痛的历史人们不会忘记。亲历那个动荡年代的徐訏，一方面以热切关注抗战形势的文学活动积极参与祖国的抗战事业，以自己的文学创作和文化实践镌刻出战时环境下国人的心灵状态与生存处境；另一方面，从文化和哲理的层面，对战争给个体生命和人类文明带来的戕害进行了深刻反思。

---

*　作者简介：佟金丹，山东社会科学院文化研究所副研究员，文学博士。主要研究领域：中国现当代文学。

一　热切关注现实的战时文学实践

日本长达 14 年的侵华战争给中国人民带来了深重灾难，亲历战争年代的徐訏，有过从沦陷的上海"孤岛"逃难到大后方重庆的险难经历，更以热切关注抗战的文学实践活动积极参与祖国的抗战事业，创作过《旗帜》《何洛甫之死》《黄浦江的夜月》等旗帜鲜明的抗战爱国文学作品，更以自己创办的刊物《天地人》为阵地，连续刊载十九路军战士陈云从回忆"一·二八"淞沪抗战的纪实性文章等，以笔为旗，支持抗战。

第二次世界大战是给人类带来重大灾难和创伤的历史性事件，发生在亚洲主战场中国领土上的战争，则是日本企图侵略中国而发动的非正义战争，是中国人民不屈不挠奋起抵抗并最终取得胜利的抗日战争。在20 世纪三四十年代的中国，百姓的生活处于水深火热之中。1931 年日军在沈阳柳条湖发动了"九一八"事变，由于东北军奉命执行南京国民政府的不抵抗政策，在之后不到半年的时间里，日军陆续侵占了东北三省，东北全境沦陷。1932 年日军发动"一·二八"事变，进攻上海，并攻占大片华北土地，威逼平津，又在东北建立伪满洲国，在华北搞所谓"自治运动"，妄图长期占领这些地区。1936 年制定的总体战略计划"国策基准"出笼后，日本举行了一次"将官"演习，向参加演习的将官交代了全面发动侵华战争的战争部署。1937 年 7 月 7 日，日军在北平西南发动卢沟桥事变，抗日战争全面爆发。

从 1931 年日军发动"九一八"事变侵占东北三省，到 1945 年中国抗日战争取得胜利，日本宣布无条件投降，长达 14 年的战争给中国人民带来了深重的灾难，家园被毁，人民流离失所，很多人在战争中失去了生命和亲人，中国社会的政治、经济、教育、民生等各方面均遭到了非常严重的破坏。在血与火的战争环境下，亲身经历那个时代、深具爱国情怀的徐訏以自己的创作和文化实践活动表达了对侵略战争的控诉和愤慨之情。

1931 年日军在沈阳发动"九一八"事变，其时徐訏还是北大的学生，他不仅和同学们一起参加抗日救国活动，还及时创作出反映"九一八"事变的戏剧《旗帜》，并由一个歌舞戏剧团在开明戏院演出。① 戏剧《旗帜》描写了 1931 年 9 月 18 日夜沈阳被日军攻占的情形。东北驻军收到南京国民政府的不抵抗训令，"叫我们镇静，叫我们不要妄动，听中央来解决"，士兵们愤慨得不得了，但是枪械都被缴了，军队只能安安静静地退出来，兵工厂被日军强占。然而日军的机关枪却仍向士兵们扫射，"凡是穿军装的人他们是都要杀的"。② 日军还强占银号抢钱，到学校里杀人。虽然这篇戏剧远非艺术上的成熟之作，但是它表现了徐訏和广大青年的拳拳爱国之心。徐訏在这部作品里不仅控诉了日军的侵略暴行，也对当时执政的南京国民政府奉行的不抵抗政策表达了愤慨之情。

1936 年，徐訏创办刊物《天地人》，徐訏在《天地人》的编辑理念上有着非常鲜明的现实主义立场。《天地人》杂志从第二期开始，每期都刊载一篇有关十九路军的纪实性回忆文章，作者陈云从原是十九路军战士，亲自参加了 1932 年的"一·二八"淞沪抗战。陈云从以亲历者的身份，回忆了"一·二八"事变前后的种种情况。原国民革命军十九路军士兵，英雄善战，誓死保卫上海，击退了日军的多次进攻。将士们的生命换来了短暂的和平。

1936 年 8 月，徐訏赴法国留学，于是《天地人》在办了十期后终止。1937 年 7 月，全面抗战爆发。关心国家命运的徐訏放弃未竟的学业筹备回国，等徐訏 1938 年回到国内时，上海已经沦陷，仅余租界没被日军占领，时称上海为"孤岛"。张若谷曾在《漫谈孤岛文坛》回忆起那时"孤岛"内作家的生活状况："上海大多数的作家，一方面既受物价飞涨消费高昂的煎熬，另一方面还要受到日汪及各种黑暗势力的威胁压迫，他们在这双重的狭缝中挨过生活，个中痛苦非身压其境者鲜能想象得到。"③

徐訏此时蛰居"孤岛"，创作了许多以战时社会语境为时代背景的文学作品。其中，戏剧有《何洛甫之死》（1941 年，后改写为《兄弟》）、《月亮》（1939 年，又名《黄浦江的夜月》）等。《何洛甫之死》描写了同

---

① 参见徐訏《汪敬熙先生》，载廖文杰、王璞编《念人忆事：徐訏佚文选》，香港岭南大学人文学科研究中心，2003，第 26 页。

② 《旗帜》，《徐訏文集》第 16 卷，上海三联书店，2008，第 269 页。

③ 张若谷：《漫谈孤岛文坛》，载许道明、冯金牛选编《张若谷集：异国情调》，汉语大词典出版社，1996，第 189 页。

胞兄弟因信仰不同、选择了不同道路而成为生死相较的对手的故事。何洛甫是地下共产党人，在一次执行任务时失败，落入亲哥哥国民党军长何达堂之手，兄弟两人都认为自己选择的是正确的道路，面对这种政治立场与亲情冲突的极端情形，戏剧冲突的矛盾和张力表现得动人心魄。《月亮》描写了太平洋战争爆发之前的上海爱国工人因不满厂方与日本逐渐妥协而发生的罢工运动，最后日本兵借着维持治安的名义开进租界，枪杀了很多参加示威的爱国工人。徐訏此时创作的散文，如《戏剧作为抗战的宣传》（1938 年）、《从戏剧公演说到救济儿童》（1939 年）等，其中谈到了以新式戏剧来作抗战宣传需要注意的地方，也谈到了要救济因战争而流离失所、无家可归的儿童。1940 年徐訏写的散文有《我的〈孤岛的狂笑〉》《〈孤岛的狂笑〉后记》《〈一家〉后记》《孤岛零简》等。

1941 年 12 月 8 日，日军发动珍珠港事变，太平洋战争全面爆发，日军入侵上海租界，自此，上海"孤岛"沦陷。租界沦陷后，上海的整个环境变得更加恶劣、形势更加严峻，政治上面临日伪的严厉管制和残酷镇压、日军的邪恶暴行、汉奸的卖国求荣，再加上经济和生活物资被管制，百姓的生活苦不堪言。徐訏此时写给好友林语堂的诗《寄友》以隐喻手法表达了其时环境的恶劣，并在诗中抒发内心的愤懑和抗日的情绪：

寄友

月如画中舟，梦偕君子游，
游于山之东，游于海之南，
游于云之西，游于星之北。
山东多宿兽，宿兽呼寂寞，
春来无新花，秋尽皆枯木；
海南有沉鱼，沉鱼叹海间，
白昼万里浪，夜来一片黑；
云西多飞鸟，飞鸟歌寂寥，
歌中皆怨声，声声叹无聊；
星北无人迹，但见雾飘渺，
雾中有故事，故事皆荒谬。

爰游人间世，人间正嚣嚣，
强者喝人血，弱者卖苦笑；
有男皆如鬼，有女都若妖，
肥者腰十围，瘦者骨峭峭；
求煤挤如鲫，买米列长蛇。

忽闻有低曲，曲声太糊涂，
如愁亦如苦，如呼亦如诉，
君泪忽如雨，我心更凄楚，
曲声渐嘹亮，飞跃与抑扬，
恰如群雀戏，又见群鹿跳，
君转悲为喜，我易愁为笑，
我问谁家笛，君谓隐士箫。

我年已三十，常听人间曲，
世上箫声多，未闻有此调，
为爱此曲奇，乃求隐士箫。
披蓑又披裟，为渔复为樵，
为渔漂海间，为樵入山深，
海间水缥缈，山深路蹊跷，
缥缈蛟龙居，蹊跷虎豹生，
龙吞千载云，虎吼万里风，
云行带怒意，风奔有恨声。

泛舟桨已折，驾车牛已崩，
乃弃舟与车，步行寻箫声；
日行千里路，夜走万里程，
人迹渐稀疏，箫声亦糊涂。
有鸟在树上，问我往何处？
我谓寻箫声，现在已迷途。
鸟乃哈哈笑，笑我太无聊，

何处是箫声，是它对窗叫。

醒来是一梦，明月在画中，
再寻同游人，破窗进清风。

一九四一、一二、二七，夜。上海①

在太平洋战争爆发前，就曾有人来游说徐訏去为日本做宣传的工作，被徐訏拒绝了。在日军接管租界的情形下，徐訏知道自己必须设法尽早离开上海，去到自由的地方。"在珍珠港事变前那个时期，我还碰到一个很想不到的事，这是我从来没有告诉过人的事情。有一次，一个多年不见的朋友突然来看我，说有事情同我商量，说无论我承诺不承诺，都不许告诉别人。我说我没有理由要告诉别人。他就对我说，有日本方面负责文化工作的人士，想请我主持文艺运动。钱没有问题，只要我第一次去会那个日本人一次，以后事情可以由他来做。这使我吃了一惊，因为上海人才济济，想活跃的人决不在少数，怎么会找到我呢？我当时说，我现在每天跳舞赌博，那有心机去做什么文艺运动。这样一推托，他就说，他也只是向日本人方面骗点钱，这次战争不是短时期的事，我们不能不为一家生活着想，我们是老朋友，他想我也一定不会太富有。我说，现在我是'今朝有酒今朝醉'，没有想到来日。那时我这样把他拒绝了，现在日本人已经接受租界，我自然怕他再来找我。所以我很想早点离开上海。"② "问题是如留在上海，找一件小事情吃吃饭是一件事，而参加日本人的文化工作宣传工作，甚至到日本去作大东亚运动则是另一件事。"③

在到乡下老家避乱和到自由的大后方重庆去的两条路中，徐訏最后选择了奔赴重庆。徐訏跟随一个旅行社开始了奔赴内地自由区的险难之旅，沿途要经过日本宪兵关卡的搜查，躲避敌机的轰炸，历经了许多惊险、辗转颠簸，经杭州、萧山、衡阳、桂林等地，终于到达了大后方重庆。有意味的是，徐訏在 1940 年就以写实主义的笔法创作了战乱中逃难

---

① 徐訏：《追思林语堂先生》，载廖文杰、王璞编《念人忆事：徐訏佚文选》，第 95—96 页。
② 《从"金性尧的席上"说起》，《徐訏文集》第 10 卷，第 472 页。
③ 《从"金性尧的席上"说起》，《徐訏文集》第 10 卷，第 473 页。

的小说《一家》。

在《一家》的创作中，徐訏一反以往写作《鬼恋》《荒谬的英法海峡》时浪漫抒情的笔触，而以冷静写实又略带辛辣讽刺的笔触描写了战乱中逃难的一家之内，各人为了自己的利益而钩心斗角，其中所展示出的人性中自私、庸俗、阴暗、猥琐的一面。这样的作品会让人怀疑不是徐訏的创作，但对于写作这类作品的原因，徐訏在《一家》"后记"中自己作了说明：

> 我想这篇小说，也许会有许多爱读我小说的人不爱读它，也许会有许多不爱我小说的人爱读它的。在这里我用最节省的笔墨，写一个最平凡的故事。……在这平凡的生活之中，我知道爱与恨，善与恶，美与丑，真与假常常是在一起的，所以在这篇小说中我只想用冷静的态度，看我们这平凡的人类，怎么在环境波动之中，变换自己的生活。……我只是指示出他们日常的生活。你也许觉得可怜，也许觉得可笑，也许觉得人生的阴暗与渺小，也许觉得家庭组织的凄惨与时代的残酷；我不希望有人爱其中一个人或恨其中一个人，因为他们活着，我们也活着，人世上的确有这样的生存，有时会需要这样的生存。①

徐訏辗转到了重庆后，供职于中央银行，又兼任中央大学师范学院国文系教授。徐訏1942年到重庆的时候，伍叔傥正在搬迁至重庆的国立中央大学师范学院任国文系主任。当时伍叔傥要请一位教授新文学课程的老师，不知是因为徐訏其时文名正健，还是他看了徐訏的文学作品因而比较欣赏徐訏，他想邀请徐訏来做教授新文学课程的老师。他到处打听徐訏，终于在一位沙先生那里找到了线索，于是拜托沙先生找到徐訏。这位沙先生正巧是徐訏父亲徐荷君的老朋友。徐訏那时刚从上海撤退到重庆，因为撤退的旅费是一个金融机构供给的，所以徐訏必须在那个机构任职，不能去专任教职，只是每星期担任三个小时

---

① 徐訏：《〈一家〉后记》，载钱理群编《二十世纪中国小说理论资料（第四卷）1937—1949》，北京大学出版社，1997，第171页。

的兼任教授。[1]

徐訏和刘以鬯也是那时在重庆结识的。在战时的重庆，刘以鬯曾为两家报馆编过副刊：一家是《国民公报》，一家是《扫荡报》。徐訏常有稿件交给刘以鬯发表（譬如，徐訏的《赌窟的花魂》曾在《孤岛》杂志发表，大后方读者多数没有读过，刘以鬯编《国民公报》副刊，徐訏交给刘以鬯重刊），还常常介绍中央大学学生的稿件给刘以鬯。两人常常见面，成了好朋友。[2]

徐訏轰动文坛的名作《风萧萧》于 1943 年 3 月开始动笔，写到二十几万字的时候，应重庆《扫荡报》之约，开始在《扫荡报》副刊连载，立即使《扫荡报》"洛阳纸贵"，"重庆江轮上，几乎人手一纸"[3]，并很快"风靡大后方"，被列为"全国畅销书之首"，使人惊呼文学界的 1943年为"徐訏年"。徐訏懂得多国外语。1944 年，徐訏以《扫荡报》驻美特派员身份被派去美国，以自己的知识和才能为抗战出一份力。小说《春》（1945 年）就是徐訏在美国期间创作的。小说《春》从后方报馆编辑的视角，侧面描写了承德的战役，以及我军战士壮烈的战绩和伤亡情况。1945 年，徐訏在杂文《中国与世界和平》中谈道，"我们一方面看到世界要真正走向和平还有一段遥远的路，另一方面又看到未来战争之可怕。但我们相信和平的实现总在于人类的努力"[4]，并指出"如果世界的和平将由和平国的逐增而建立，那中国的成熟，将促进许多未来的和平国的生长，这是毫无疑问的事"[5]。

中国知识分子历来都把天下的兴亡、家国的安危萦怀于心，徐訏也不例外。在战争中，日军铁蹄所到之处，人民生存的家园被毁，普通百姓的生命被摧残乃至毁灭，正是这些普通生命的消亡，构成了战争最惨烈的底色。徐訏以笔为旗、支持抗战，以自己的文学创作实践和刊物编辑阵地，记载了战事的惨烈以及抗战形势的发展状况，表达了对于日本

① 参见徐訏《悼念诗人伍叔傥先生》，载廖文杰、王璞编《念人忆事：徐訏佚文选》，第 20 页。
② 参见刘以鬯《忆徐訏》，载《徐訏纪念文集》，香港浸会学院中国语文学会编，1981，第 27 页。
③ 彭歌：《忆徐訏》，载陈乃欣等《徐訏二三事》，尔雅出版社，1980，第 247 页。
④ 《中国与世界和平》，《徐訏文集》第 9 卷，第 316 页。
⑤ 《中国与世界和平》，《徐訏文集》第 9 卷，第 319 页。

发动侵略战争的控诉和一腔赤诚的爱国之情。

二　另一种笔触的抗战文学：战争体验下的生命哲思

使得徐訏红极一时的《鬼恋》《风萧萧》等小说或隐或显都以革命和抗战作为故事背景，但是革命和战争在徐訏这种超现实主义风格的小说中是另一种样态的表现，爱情、生命、人性是其小说一贯的主题，战争环境下人们的生存状态和生存体验是其小说关注的内容，从文化与哲理的层面来思考战争、爱情、人性和生命的种种问题是其小说创作最终的指归。"徐訏的小说代表了战时中国文学中心理哲学沉思的一脉，而他的心理哲思侧重于善、美心灵的冲突。"① 徐訏这种超现实风格的战时小说创作，是对主流抗战文学潮流的一种反拨和有益的补充。

战争是人类世界的劫难，世界性的战争更是影响人类整体命运的重大事件。发生于1939年到1945年的第二次世界大战是人类有史以来最大的浩劫，也是中国参与的最大规模的世界性战争。生处其时的徐訏经历了那个战火纷飞、硝烟四起的年代，也切实感受到了战争带来的毁灭性、灾难性的生命体验。在通俗传奇的故事外壳下，他的小说创作流露出了他对于战争、人性、文明与人类命运的深刻思索。"只有文学才能具体感性地呈现构成那场战争的广大背景和深层实质的是无数个体生命，尤其是无辜百姓的死亡。……正是立足于这种思考，我们才在继续以往的战争浪漫主义、战争理想主义的宏大历史叙事之外，小心翼翼地寻找着那些对战争有着独特的个体生命体验，真切独异地呈现了具体的个体生命在战争背景或环境中消亡、辗转、挣扎、生存状态的作品。"②

从第二次世界大战开始，世界范围内的畅销书（以小说为主）都发生了重要变化，那就是"都对世界的复杂性有了认识。政治、宗教、性、心理、健康、爱情以及其他许多主题在一本书里都结合在一起"③。徐訏的小说《鬼恋》《风萧萧》《江湖行》都带有战争的烙印和对战争与人性的深刻反思。

---

① 黄万华：《中国现当代文学》，山东文艺出版社，2006，第279页。
② 黄万华：《史述和史论：战时中国文学研究》，山东大学出版社，2005，第360页。
③ 〔美〕托马斯·英奇编《美国通俗文化简史》，任越等译，漓江出版社，1988，第9页。

1936 年徐訏赴法国留学，1937 年抗日战争全面爆发，徐訏即筹备回国，等徐訏回到中国，上海已经沦陷成为"孤岛"。完稿于 1936 年 7 月、发表于《宇宙风》1937 年第 32 期和第 33 期的短篇小说《鬼恋》是徐訏的成名作，人们或许迷恋上了小说中"鬼"冷艳高贵的气质，被小说奇情唯美的叙事所吸引，但徐訏在其中思索的是战争的残酷、暴虐给人们生命和心灵带来的难以修复的摧残和伤害。《鬼恋》中的"鬼"原本是一个投身抗战的革命者，但是经历过战争、暗杀和战友的背叛与死亡，她开始厌倦战争，厌倦人类，宁愿离群索居，做一个远离尘世和人的"鬼"，来冷眼旁观这世道与人心。她向"我"讲述了她不平凡的过去，她曾是一个地下工作者，她身上的佛性和神性的养成是经历了最入世的磨炼的结果：

> 我暗杀人有十八次之多，……从枪林里逃越，车马缝里逃越，轮船上逃越，荒野上逃越，牢狱中逃越。……这些磨练使你感到我的仙气。……但是我的牢狱生活，在潮湿黑暗里的闭目静坐，一次一次，一月一月的，……造成了我的佛性。……但是以后种种，一次次的失败，卖友的卖友，告密的告密，……同侪中只剩我孤苦的一身！我历遍了这人世，尝遍了这人生，认识了这人心。我要做鬼，做鬼。[①]

史料证明《鬼恋》完稿于 1936 年 7 月 10 日，徐訏于 1936 年 8 月 28 日乘邮轮出国，[②] 这说明徐訏的《鬼恋》创作于上海。《鬼恋》蕴含着徐訏内心对于革命的反思，对于流血的暴力革命，徐訏开始怀疑、感到失望和幻灭。

使徐訏红极一时的长篇小说《风萧萧》于 1943 年起连载于重庆《扫荡报》副刊，很快"风靡大后方"，被列为"全国畅销书之首"。《风萧萧》堪称徐訏舞笔上阵的力作，徐訏虽然也写战争，但是和主流的现实主义抗战文学对战争的描写不同，他并没有正面去描写硝烟和战火，而是通过描写一男多女的多角恋情故事来侧面描写上海"孤岛"的

---

① 《鬼恋》，《徐訏小说（集）：鬼恋》，安徽文艺出版社，1996，第 39 页。
② 参见阎浩岗、张露《徐訏〈鬼恋〉写作时间与地点辨正》，《新文学史料》2018 年第 4 期。

间谍战，并在其中对战争、政治、人性、爱情、生死、善恶等问题进行了深入的思索和探究。《风萧萧》中的白苹和梅瀛子都是为了抗日战争的胜利而投身于谍海作战的女战士，但白苹在谍海浮沉中仍坚守着自己人道主义的价值标准，而梅瀛子为了完成战斗任务，不择手段，利用单纯无知的海伦，并且陷海伦于十分危险的境地。白苹和男主人公"徐"则始终坚持人道主义的立场，认为为了抗战可以牺牲自己，但是不可以牺牲平民的生命和幸福。

作者通过小说中主人公"徐"的心理感受，思考了梅瀛子身上所隐含的时代与人的矛盾性。"爱与恨，生命与民族，战争与手段，美丽与丑恶，人道与残酷，伟大与崇高，以及空间与时间，天堂与地狱……这些哲学概念把我束缚成茧。"[①]《风萧萧》描写了在那个乱世的年代，几个平凡生命的理想与信仰、困惑与迷茫、挣扎与沉浮。在上海"孤岛"间谍战活动进行中，主人公的好朋友史蒂芬与白苹牺牲了，梅瀛子为白苹复仇暗杀了日本间谍宫间美子后也不能再在上海露面，生离的生离，死别的死别，在时代的面前，个人似乎那么渺小，但发生于其中的生命体验于个人来说，却是刻骨铭心的。

徐訏从沦陷的上海撤退到大后方重庆的这段历程充满惊险，然而也正是因为有了在战争中颠沛流离的经历，徐訏在以后长篇小说《江湖行》的创作中，才能以切身的经历和生命体验为基础，生动地描绘出抗日战争时期中国社会各阶层广阔的生活画卷。"在抗战时间，我跑过半个中国，也有过不少惊险、困难、紧张的际遇，现在回想起来，觉得我的生命中幸亏有这些经验，否则我与我的民族显然缺乏某一种血肉的关联。"[②] 长篇小说《江湖行》以周也壮流浪于江湖的生命经历展开故事，展现了 20 世纪 20 年代中期到 40 年代后期中国社会各阶层的广阔生活画卷。徐訏在《江湖行》中刻画了一个勇敢坚强、聪敏美丽的女子映弓，映弓一生变化曲折的命运暗含着徐訏对于战争的控诉和思索。周也壮初见映弓时她还是个为情所困、因等不到情郎而准备跳崖自尽的小姑娘，后来她成了投身抗战的女战士，周也壮最后见到她时已经是她被炮弹炸

---

① 徐訏：《风萧萧》，安徽文艺出版社，1996，第 215—216 页。
② 《谈旅游》，《徐訏文集》第 11 卷，第 272 页。

伤后的生命弥留之际。映弓勇敢地追求爱情，勇敢地投身革命，但在临终之际她似乎又否定了自己的一生，她觉得自己的一生太苦……而对于见证了映弓一生生命流动场景的周也壮而言，那是一个鲜活美丽的生命画上了休止符。

徐訏在写作于 1937 年的《犹太的彗星》中借外国人舍尔克斯之口说出了他对于战争的看法和反思："欧战时候，我们打仗，打仗，为什么？有什么收获？有什么代价？毁坏多少建设，死了多少人？……四年欧战，我有三年在战壕里。半年在医院里。成千成万人都在发疯！……所有老朋友们都死了，我亲眼看见他们在我身边一个个倒下去……我的家是战争毁的，我的母亲妻子与儿女也是因战争死的……"①

战争的时代背景下，乱世动荡的生活，生存于其中平凡的生命挣扎、奔走、沉没于其中，徐訏在他的这些小说中艺术化地再现了战争的残酷、暴虐及其给人类身心带来的巨大伤害，表达了他谴责和反对战争的思想。

结　语

徐訏的文学创作与实践活动蕴积着强烈的爱国热忱和深沉的文化忧患意识，以颇为真切、沉实、精致的文学创作实绩，为战时中国文学事业做出了自己的贡献。一方面，徐訏以自己的文学创作和办刊活动积极支持抗战；另一方面，徐訏站在全人类文明和平发展的高度，以思想者的姿态，对战争这一反人类的灾难性事件做出深刻的文化反思与批判。

---

① 《犹太的彗星》，《徐訏小说（集）：吉卜赛的诱惑》，安徽文艺出版社，1996，第 78—79 页。

摩尼教传入中国的时间问题[*]

张同胜[**]

摘　要	摩尼教在武则天大周延载元年即公元 694 年传入中国，这已经成为学界的共识。它是伯希和、沙畹、陈垣等依据史书的明文文献记载所得出的结论。然而，这种过于依据"名"的文字记载而不是依据"实"的在世之在而得出的结论其实不符合历史的实际。依据《隋书》《旧唐书》《北齐书》《周书》《梁书》《晋书》等史书中出现的摩尼教事件书写，在世界宗教史身份表征的透视之下，事实性描述证据表明至晚在南北朝时期，摩尼教业已传入中土且广为流传。
关键词	摩尼教　宗教传播　南北朝

摩尼教究竟是在何时传入中国的？这似乎已经不是一个学术问题了。武则天大周延载元年即公元 694 年，摩尼教传入中土。《佛祖统纪》载："（大周）延载元年，波斯国人拂多诞持《二宗经》伪教来朝。"[①] 它作为知识或常识为大家所接受，似乎已经成为人们的共识。因为伯希和、沙畹、陈垣等著名学者都写过专论，有上引文字文献明文为证，摩尼教是在"延载元年"传入了中国。1911 年伯希和、沙畹合写的《摩尼教流

* 基金项目：国家社科基金项目"中国古代文学阐释机制研究"（项目编号：20XZW003）。
** 作者简介：张同胜，兰州大学文学院教授、博士研究生导师。主要研究领域：比较文化。
① （宋）志磐撰，释道法校注《佛祖统纪校注》卷四十，上海古籍出版社，2012，第 931 页。

行中国考》认为摩尼教传入中国是在 694 年。1922 年，陈垣在其《摩尼教入中国考》中认为摩尼教传入中国是在武周时期。然而，第一，学术的灵魂和生命是辨伪求真；第二，质疑和反思摩尼教传入中土的时间为武周时期的声音不绝于耳；第三，宗教的传播，往往口传在先，文字文献作为证据有其时间判定上的局限性和滞后性。因此，结合史书著述中的事实性描述证据，有对摩尼教传入中国的时间问题进行重新探讨的必要。

一 摩尼教传入中土时间问题的学术史略之考察

1909 年，蒋斧在《摩尼教流行中国考略》中提出，摩尼教在北周、隋代两朝就已经传入中国。① 其证据为宋敏求《长安志》所记载的大云经寺。《长安志》卷十载："（怀远坊）东南隅，大云经寺。本名光明寺。隋开皇四年。文帝为沙门法经所立。时有延兴寺僧昙延，因隋文帝赐以蜡烛，自然（按：燃）发焰，隋文帝奇之，将改所住寺为光明寺。昙延请更立寺，以广其教。时此寺未制名，因以名焉。武太后初幸此寺，沙门宣政进《大云经》，经中有女王之符，因改为大云经寺，遂令天下每州置一大云经寺。"② 此寺庙本名"光明寺"，隋开皇四年（584），隋文帝应沙门法经所立。"光明""大云"等都是摩尼教的标志性身份符号，因而笔者认为蒋斧的观点有其道理。但是，1911 年，伯希和、沙畹将这个论断完全予以否定，理由是《大云经》是佛教经文，大云经寺是佛教庙宇。③ 他们的这个结论未必符合事实，因为摩尼教东传，途经中亚、西域，经过在地化，已经深深地打上了中亚佛教的烙印。林悟殊认为，"唐代中国流行的摩尼教直接渊源于具有浓厚佛教色彩的中亚摩尼教团"④。摩尼教素以"变色龙"著称，即长于本土化以求生存与发展，中土的摩尼教杂有佛教、道教之因素。

① 蒋斧：《摩尼教流行中国考略》，见《罗雪堂先生全集》三编六册，大通书局，1972，第 2289—2297 页。
② （宋）宋敏求：《长安志》卷十，辛德勇等点校，三秦出版社，2013，第 337—338 页。
③ 〔法〕伯希和、沙畹：《摩尼教流行中国考》，沙畹：《中国之旅行家》，冯承钧译，上海古籍出版社，2014，第 42 页。
④ 林悟殊：《唐代摩尼教与中亚摩尼教团》，《摩尼教及其东渐》，中华书局，1987，第 73 页。

罗振玉依据《长安志》、敦煌残卷《老子化胡经》认为，摩尼教"非唐代乃入也"，因为《老子化胡经》中已经提及"摩尼"和"二宗三际"，从而"《化胡经》之作，专为倡导摩尼教而设"，因此"晋代已有摩尼之证"。① 陈垣批评这个结论"失考之甚"，理由是敦煌所发现《化胡经》"第一所述西域八十余国中，多隋以后始至国。更有大食国者，唐永徽二年（西六五一）始见于史，唐以前未闻有此国名。可断定此本为唐永徽以后伪作"。② 既然《老子化胡经》是伪作，那么其中的"摩尼""二宗"云云就不能作为摩尼教传入中土的证据。也就是说，陈垣认为，摩尼教传入中国的时间不是晋代。

1923 年，陈垣在《摩尼教入中国考》中认为，"摩尼教之始通中国，以现在所见，莫先于《佛祖统纪》所载之唐武后延载元年"③。陈垣也否定了宋敏求《长安志》里提到的大云经寺是摩尼教之寺宇，其理由主要有二：一是"大云""光明"偶与摩尼教相合，导致人们望文生义；二是"昙延著《涅槃义疏》等佛经多种，何与于摩尼？"④ 比较文学平行研究中类的相似存在间性关系，遑论"大云""光明"与摩尼教确实相合、一致。如果说是偶然或巧合，那么何以断定是偶合？即使是偶然相合也不完全是无缘无故的，其间必然有着某种联系或关联。更何况，"光明""大云"等都是摩尼教的专用宗教术语。此其一。其二，《涅槃义疏》等佛经固然是出自昙延之手，但不能否定他同时也信奉其他宗教，包括伪装为佛教的宗教如摩尼教。隋唐以来，出现了儒、释、道等多教合一的趋向。如果仅仅依据唐玄宗李隆基亲注《金刚经》就得出他只是信奉佛教，那么如何解释他还注解过道家的《道德经》与儒家的《孝经》？其三，《佛祖统纪》为宋代文献，其真实性实质上为效果史的真实性，难道不值得反思？

1930 年，张星烺在其《中西交通史料汇编》中特别指出，"蒋氏之说，不为无因"，因为"祆教后魏时已入中国。景教、回教皆以唐太宗

---

① 罗振玉：《雪堂校刊群书叙录》，江苏广陵古籍刻印社，1998，第316—322页。
② 陈智超主编《陈垣全集》第 2 册，安徽大学出版社，2017，第 155 页。
③ 陈智超主编《陈垣全集》第 2 册，第 143 页。
④ 陈智超主编《陈垣全集》第 2 册，第 151 页。

时入中国。何摩尼教迟至唐武后时始入中国耶？"① 此乃卓识，摩尼教创立伊始，目标就是成为世界性宗教，而教主殉难，教徒四处逃难，西至埃及、罗马，东至中亚。祆教传入中国，是在北魏时期。彼时中西文化交流频繁，不可能只有祆教传入中国，极有可能的是，摩尼教与之同时沿着丝绸之路或草原之路传入中土。只不过，摩尼教带着中亚化后佛教的面具，故而人们尤其是教外之人一般将之混同为佛教。其实，它潜流涌动，静水深流，在草莽民间蓬勃发展。

林悟殊在《摩尼教入华年代质疑》中认为，武周"延载元年至多只是标志着摩尼教在中国公开合法传播的开始，而在此之前，摩尼教应早已在内地民间流传了"②。此洵为的论。由于摩尼教在中亚佛教化，因此中土的人们往往将其视为佛教，一如唐人将祆教的战神（Weshparkar）等同于佛教的摩醯首罗。唐玄宗时严禁摩尼教，其理由之一就是它"妄称佛教"。怪不得人们难以确定摩尼教究竟在何时传入中国，一则它本来首先是在民间流传，具体时间难以核定；二则是摩尼教自称佛教，导致当时的人们将它与佛教混为一谈。

笔者阅读《隋书》，发现其中有诸多证据可以证明至晚在隋代，摩尼教就已经传入中国。我们进一步追问，隋代是摩尼教传入中国最早的历史时期吗？恐怕还不能这么说。因为蒋斧已经认为，最早在北周、隋代之际摩尼教已经传入中国，故笔者又通读了《周书》，发现相关的证据虽然不甚明显，但是确有证据表明北周深受祆教和摩尼教的影响。南北朝时期，已经有一定的事实性证据表明摩尼教已经传入中国。

二　描述性证据与物符号证据的有效性问题

摩尼教何时传入中国的问题，必须以官方书写的文献即白纸黑字的明文记载为证据吗？这就涉及证据的真实有效问题。我们从类比的角度来看这个问题。红学界充斥着人为假造的证据，例如，《四松斋》本来是抄本，有人别有用心地在抄件中故意添加了一张夹条，但是夹条一旦

---

① 张星烺编《中西交通史料汇编》第 2 册，朱杰勤校订，中华书局，2003，第 1102 页。
② 林悟殊：《摩尼教入华年代质疑》，《摩尼教及其东渐》，第 48 页。

直接刻印到印刷文本里，并被后人不加区别地一再引用，就成为《红楼梦》研究的确凿证据。再如，众所周知，周汝昌造过假，他曾伪撰曹雪芹的诗，事后承认是他自己写的。施惠墓志文旁边歪歪斜斜地刻上号"耐庵"，这样后出或后作的证据怎么能够令人信服？对证据不辨伪，考证的结果往往谬以千里。这是当前学术研究中的一个极端。

另一个极端，就是明明有足够的证据诸如名号、经文、图像等可以表明事物、现象或问题的事实性存在，然而，人们却视若不见，仅仅迷信白纸黑字的所谓直接证据。在摩尼教传入中国的具体时间问题上就是如此。摩尼教宗教身份的表征符号，如天王、太子、明王、大圣、弥勒（佛）、摩尼光佛、光明、二祀、三际、明门、明教、慕阇、拂多诞、大摩尼、摩尼师、末摩尼、二宗经、大云寺或大云光明寺等称谓，再如日月崇拜、水崇拜、星象神话之叙述，又如白衣、白冠、明镜、异香、花冠、香花、璎珞等物证，是完全可以证明摩尼教的在世之在的，可是，人们熟视无睹，视之蔑如，如此一来就造成了对摩尼教传入中土时间的误判。物本身或描述性证据在言说着摩尼教已经传入中国，但是人们愣是只相信白纸黑字的直接说法，从而造成了以流为源的知识谬误。

从将物作为证据这个角度来说，柳存仁的《唐前火祆教和摩尼教在中国之遗痕》认为唐以前社会底层的暴动与摩尼教有关，委实体现了他的学术敏感和卓越的学识。对于具体的底层暴动，兹不赘引，仅仅将其间的物的言说摘录一二："白贼""自言圣王""自称明法皇帝""号建明元年""自号净居国明法王""服素衣，持白伞白幡""建元白乌"[①]等。这些具有摩尼教鲜明宗教性的符号或术语，难道是中土孤零零地土生土长的产物？它们难道没有受到摩尼教的影响？从比较文学平行研究的角度来看，摩尼教被称为白衣道、白衣师，摩尼教主"其居白座""串以素帔"，摩尼教穆阇等前四等级"并素冠服"与上引底层暴动的物的言说难道不存在一种类同性的宗教意义？上引柳存仁文中的宗教术语与物性符号出现在底层社会暴动中，其发生时间大多是在南北朝时期。

---

① 〔澳〕柳存仁：《唐前火祆教和摩尼教在中国之遗痕》，林悟殊译，《世界宗教研究》1981年第3期。

三 隋代的摩尼教证据

魏徵、令狐德棻《隋书·列传第三十九》记载："文同见沙门斋戒菜食者，以为妖妄，皆收系狱。"[1] 此处的"菜食者"即摩尼教信徒，摩尼教教徒被佛教徒污蔑为"吃菜事魔"。梁武帝之时，提倡汉地和尚素食。之前，他们如同藏传喇嘛一样都没有规定必须素食。隋灭陈，一统天下之后，文同为何见和尚素食就"以为妖妄"呢？北齐、北周、大隋皆为鲜卑贵族统治的王朝，而鲜卑人曾是游牧民族，吃牛羊肉，喝奶酪，职是之故，和尚素食，文同以之为怪，认为背后肯定还有幺蛾子，故将他们全部逮捕。隋炀帝将文同诛杀，其实倒是冤枉了他，因为当时真沙门的确是食肉的，那些菜食者极有可能是摩尼教的教徒。

摩尼教为什么要求教徒素食呢？摩尼教的主要教义是二宗三际论，即光明与黑暗及其初、中、后三际。它认为人类的祖先亚当和夏娃是恶魔所生，人体之内有光明分子，但是被肉体所囚笼。据摩尼教的神话，动物体内的光明分子少，植物的多，因此为了人体内拥有越来越多的光明分子，摩尼教教义倡导甚至是要求教徒们应该多吃或只吃植物。

《隋书·列传第五》又记载："于时上柱国元谐亦颇失意，（王）谊数与相往来，言论丑恶。胡僧告之。公卿奏谊大逆不道，罪当死。上见谊怆然曰：'朕与公旧为同学，甚相怜愍，将奈国法何？'于是下诏曰：'谊，有周之世，早豫人伦，朕共游庠序，遂相亲好。然性怀险薄，巫觋盈门，鬼言怪语，称神道圣。朕受命之初，深存诚约，口云改悔，心实不悛。乃说四天王神道，谊应受命，书有谊谶，天有谊星，桃、鹿二川，岐州之下，岁在辰巳，兴帝王之业。密令卜问，伺殿省之灾。又说其身是明王，信用左道，所在诖误，自言相表当王不疑。此而赦之，将或为乱，禁暴除恶，宜伏国刑。'"[2] 此处的"四天王""圣""星""明王"等都是摩尼教的标志性表征，在俗人眼里的"巫觋"实际上可能就是摩尼教教徒，而胡僧疑为与摩尼教教徒有争执的西域沙门，从而可推知王

---

① 《隋书》卷七十四，中华书局，1973，第 1702 页。
② 《隋书》卷四十，第 1170 页。

谊深受摩尼教之影响。

不唯王谊受四天王神道之蛊惑，信"其身是明王"，有受命之谶纬。当时的蛮酋亦然。《隋书·列传第十一》记载："闵帝受禅，迁陕州刺史。蛮酋向天王聚众作乱，（赵㷍）以兵攻信陵、秭归。"① "向天王"之称谓，表明了他的宗教伦理身份。蛮酋聚众作乱，有摩尼教宗教背景。我们也可以以明初的暴动来旁证这个问题。洪武初，"高福兴称弥勒佛，金刚奴称四天王"②，惑众、作乱。从摩尼教的流传史可知，摩尼与弥勒佛相等同，很多经文可证明之。从而民间暴动中的弥勒佛，人们多以为是佛教佛法，其实乃大杂烩的民间宗教，里面充斥着明教、大乘教、道教、佛教等。

《隋书·志第十八》记载："（大业）六年正月朔旦，有盗衣白练裙襦，手持香花，自称弥勒佛出世。入建国门，夺卫士仗，将为乱。齐王（杨）暕遇而斩之。后三年，杨玄感作乱，引兵围洛阳，战败伏诛。……九年，帝在高阳。唐县人宋子贤，善为幻术。每夜，楼上有光明，能变作佛形，自称弥勒出世。又悬大镜于堂上，纸素上画为蛇为兽及人形。有人来礼谒者，转侧其镜，遭观来生形像。或映见纸上蛇形，子贤辄告云：'此罪业也，当更礼念。'又令礼谒，乃转人形示之。远近惑信，日数百千人。遂潜谋作乱，将为无遮佛会，因举兵，欲袭击乘舆。事泄，鹰扬郎将以兵捕之。夜至其所，绕其所居，但见火坑，兵不敢进。郎将曰：'此地素无坑，止妖妄耳。'及进，无复火矣。遂擒斩之，并坐其党与千余家。其后复有桑门向海明，于扶风自称弥勒佛出世，潜谋逆乱。人有归心者，辄获吉梦。由是人皆惑之，三辅之士，翕然称为大圣。因举兵反，众至数万。"③ 这里的"白练裙襦""香花""弥勒佛""光明""火""大圣"等都是摩尼教宗教身份的标志性符号，表征着他们造反背后的领导力量就是摩尼教。有隋一代，弥勒教或者说摩尼教领导的叛乱与之相始终。引文中的"桑门"，即通常所说的沙门，人们一般理解为佛教的和尚，其实，他既然以弥勒佛自居而聚众造反，从而可知他有可能是打着佛教幌子的摩尼教教徒。

---

① 《隋书》卷四十六，第 1249 页。

② （明）沈德符：《万历野获编》卷三十，杨万里校点，上海古籍出版社，2012，第 634 页。

③ 《隋书》卷二十三，第 662—663 页。

在世界宗教史上，摩尼教中的摩尼与弥勒教或大乘教中的弥勒等同为一。"在帕提亚语摩尼教文献残片 M801 中提到，摩尼被当成弥勒佛，并称是他打开了乐园的大门。M42 中记载一位明使对另一位神的训示：'由于你从佛陀处得到本领和智慧，女神妒忌你。当佛陀涅槃时，他曾命令你在这里等待弥勒佛。'这里都说明摩尼与弥勒佛是同一尊神祇。"① 马西沙认为："弥勒观念与摩尼教的融合出现的时代很早。"② 林悟殊也认为："弥勒的教义和摩尼的教义是有着一定的联系的，这种联系很可能是两教在中亚揉合掺杂的结果。"③ 他又说："吐鲁番出土的伊朗语系摩尼教文献残片中，已证明公元三四世纪，（摩尼教）中亚教团已引进佛的概念，尔后甚至把摩尼称为弥勒佛。"④ 职是之故，中国古代社会中以弥勒佛号召起义造反的，不排除有或者是摩尼教的影响。

《隋书·列传第三十六》记载："俄而贼庐明月众十余万，将寇河北，次祝阿，（张）须陀邀击，杀数千人。贼吕明星、帅仁泰、霍小汉等众各万余，扰济北，（张）须陀进军击走之。"⑤ 称谓是伦理身份的重要表征之一。这里的"明月""明星"皆与宗教相关，不是祆教就是摩尼教，因为它们皆崇奉日月星辰；而由其身份为贼，可推知他们十之八九是摩尼教教徒，因为摩尼教是一个提倡造反诛戮的宗教，它反对人的再生产。

《隋书·列传第四十七》记载，林邑"王戴金花冠，形如章甫，衣朝霞布，珠玑璎珞，足蹑革履，时复锦袍"⑥。赤土国，"每门图画飞仙、仙人、菩萨之像，县金花铃毦，妇女数十人，或奏乐，或捧金花。又饰四妇人，容饰如佛塔边金刚力士之状，夹门而立。门外者持兵仗，门内者执白拂。夹道垂素网，缀花。王宫诸屋悉是重阁，北户，北面而坐。坐三重之榻。衣朝霞布，冠金花冠，垂杂宝璎珞。四女子立侍，左右兵卫百余人。王榻后作一木龛，以金银五香木杂钿之。龛后悬一金光焰，

---

① 杨富学：《回鹘摩尼教研究》，中国社会科学出版社，2016，第 34—35 页。
② 马西沙：《历史上的弥勒教与摩尼教的融合》，《宗教研究》2006 年第 1 期。
③ 林悟殊：《摩尼教入华年代质疑》，《摩尼教及其东渐》，第 57 页。
④ 林悟殊：《早期摩尼教在中亚地区的成功传播》，《摩尼教及其东渐》，第 35—45 页。
⑤ 《隋书》卷七十一，第 1647 页。
⑥ 《隋书》卷八十二，第 1832 页。

夹榻又树二金镜，镜前并陈金甖，甖前各有金香炉"①。林邑、赤土国等皆为域外国家，敬奉摩尼教。何以见得？"金花冠""璎珞""金花""金光焰""金镜"等都是摩尼教的宗教身份表征。隋代时，西域诸国大多信仰摩尼教，而隋炀帝致力于开拓西域，灭吐谷浑，招徕西域诸国来华，促进了中西文化、商贸、文明的相互交流，从而摩尼教教徒沿着丝绸之路来到中土，也就是顺理成章的事情。

四 北周的摩尼教证据

北周王朝的奠基者宇文泰犹如西周的周文王，奠定了大周王业的基础，北周孝闵帝受禅后追尊其为"文王"，可谓实至名归。他死后，儿子宇文觉登基之时，不是称皇帝，而是称"天王"。② 宇文毓登基时也是称"天王"，是之谓周明帝。直到明帝武成元年八月，他才改"天王"为皇帝。③ 北周的皇帝在称谓上最先采用的是"天王"，当然有种种可能。西周王朝的天子、摩尼教或佛教中都有"天王"的称谓，因此读者读到"天王"的时候，一般不会想到它会与摩尼教有联系。

早在十六国时期，称王称帝者不是以"皇帝"而是以"天王"为其尊号，如《晋书·石勒传》记载："（石）勒乃以（晋）咸和五年僭号赵天王，行皇帝事。"④ 357 年，"（苻）坚乃去皇帝之号，称大秦天王"。⑤ 苻坚是鲜卑人。石勒是粟特人，粟特人信奉祆教、摩尼教。从"天王"的称谓来看，晋代的中国似乎就已经受到摩尼教的影响。

北周文化体现了典型的中西文化融合。在为其政权合法性辩护的祥瑞物上，北周皇权用的是琐罗亚斯德教所崇尚的动物如赤雀、白兔、白马、白鹿、独角兽等。琐罗亚斯德教中有吉祥鸟、王者灵光之鸟，信徒对公鸡、鹰隼极其崇拜。在中亚、隋唐出土的粟特人墓葬里，屏风上的雕像往往刻有印绶鸟，它就是吉祥鸟。灵光之鸟是中亚战神得悉神的十

---

① 《隋书》卷八十二，第 1833—1834 页。
② 《周书》卷三，中华书局，1971，第 46 页。
③ 《周书》卷四，第 58 页。
④ 《晋书》卷一百五，中华书局，1974，第 2746 页。
⑤ （元）释觉岸、（明）释幻轮：《释氏稽古略·续集》卷二，江苏广陵古籍刻印社，1992，第 163 页。

大化身之一。斯劳沙是公鸡，在琐罗亚斯德教中公鸡是善禽，它是钦瓦桥头的灵魂审判者之一，具有佛教引路菩萨的功能。

北周、北齐盛行中亚化的琐罗亚斯德教即祆教，并不排除此时摩尼教的存在，因为摩尼教具有极强的本土化能力，在历史上被称为"变色龙"。摩尼教继承和吸收了琐罗亚斯德教中的一些教义，带有祆教或佛教的面具。东传的摩尼教带有深深的佛教色彩，南北朝时期佛教兴盛，摩尼教极有可能随同祆教一起传播到中土。除却大西域文化，汉文化所崇尚的三足乌、灵芝、九尾狐等也被北周所采用。在服色上，北周采用了汉文化的五行制度，"服色宜乌"。从而可见，北周文化实乃汉文化、西域文化和鲜卑文化杂合的文化共同体，而其间的称谓、祥瑞等则似乎在言说着摩尼教文化的在场。

五　梁武帝何以要求和尚素食？

梁武帝布衣蔬食，厉行节俭，"不饮酒，不听音声，非宗庙祭祀、大会飨宴及诸法事，未尝作乐"①。汉地和尚素食，始自梁武帝的要求和倡导。那么，梁武帝为什么要求和尚素食呢？他有没有可能受到摩尼教教义的影响呢？摩尼教华化后被称为明教，明教有"食菜事魔"的恶谥。所谓"食菜"，即素食。这是摩尼教素来所倡导的。固然，并非所有食素者如大乘教徒皆为明教教徒，然而所有的明教教徒却都是素食者。

据史书记载，和尚皇帝梁武帝"日止一食，膳无鲜腴，惟豆羹粝食而已"。② 陈垣依据摩尼教经残卷"但圣所制，日一受食，不以为难"认为"正午一食，亦摩尼法"。③ 在日常生活中，摩尼教教徒"年一易衣，日一受食，欢喜敬奉，不以为难"④。从上述二者的联系来看，梁武帝似乎受到了摩尼教之影响。然而，摩尼教"正午一食"，佛教也是如此。《高僧传·竺道生传》云："太祖设会，帝亲同众御于地筵，下食良久，众咸疑日晚，帝曰：'始可中耳。'生曰：'白日丽天，天言始中，何得

---

① 《南史》卷七，中华书局，1975，第 223 页。
② 《梁书》卷三，中华书局，1973，第 97 页。
③ 陈智超主编《陈垣全集》第 2 册，第 170 页。
④ 林悟殊：《〈附录〉摩尼教残经一》，《摩尼教及其东渐》，第 226 页。

非中?'遂取钵便食,于是一众从之,莫不叹其枢机得衷。"① 从而可知,宋文帝担心违背"正午一食"的教规,表明过午不食也是佛教的律规之一。与陈垣的结论摩尼教律"正午一食"联系起来看,那是不是摩尼教、佛教都实行一日一顿饭的规定呢?

梁武帝《断酒肉文》敕令:"今日僧众还寺以后,各各检勒使依佛教,若复饮酒啖肉不如法者,弟子当依王法治问。诸僧尼若披如来衣不行如来行,是假名僧,与盗贼不异。如是行者尤是弟子国中编户一民,今日以王力足相治问。若为外司听察所得,若为寺家自相纠举,不问年时老少,不问门徒多少,弟子当令寺官集僧众鸣楗槌舍戒还俗著在家服。"② 僧尼皆令蔬食,是出于经济原因的考虑吗?固然,寺宇与国家在人口、土地等方面相争。然而,梁武帝不是一般的佞佛,而是自称弟子,三次舍身同泰寺。国即家也,即寺也,从而梁武帝严令要求素食当另有他因。梁武帝素食,而小乘佛教本来可以吃三种净肉,大乘虽然禁止食肉,但是游牧民族如鲜卑、回纥、吐蕃、突厥等依然食肉,因为肉乃其主食。从而可推知,梁武帝极有可能是受到了摩尼教教义的影响才践行素食的。

梁武帝五十岁之后,不再御女。这对于一个妃嫔众多的皇帝而言,似乎是不可思议的。其背后的真实原因,或许就是梁武帝受到了摩尼教教义的影响。摩尼教吸纳了诺斯替教的一部分教义,反对男女交合以进行人的生产;摩尼教的光明、黑暗二宗之争斗,也生成了人类灭亡以拯救光明世界的信仰。于是,梁武帝所信奉的佛教,是杂糅了摩尼教教义与儒家思想的一种本土化的宗教。

六 北齐文宣帝为什么"断酒禁肉"?

北齐文宣帝高洋发布敕令:"断酒禁肉,放舍鹰鹞,去官牧渔,郁成

---

① (南朝梁)释慧皎:《高僧传》卷七,汤用彤校注,汤一玄整理,中华书局,1992,第255—256页。

② (唐)道宣:《广弘明集》卷二十六,《大正藏》第52册,大正一切经刊行会,1934,第297页。

仁国。又断天下屠杀，月六年，三敕民斋戒，官园私菜荤辛悉除。"① 僧稠还劝文宣帝"应天顺俗，居宗设化"，并且"停止禁中四十余日，日垂明诲，帝奉之无失"②。《北齐书·帝纪第四》记载："（七年五月）帝以肉为断慈，遂不复食。"③ 镰田茂雄认为，"文宣帝建造很多佛寺，不止尊崇高僧，同时犹效法江南的梁武帝，以实践佛教的慈悲教法，并且积极断绝肉食"④。文宣帝是鲜卑人，本来一直食肉饮酒，却能一反习俗，若无宗教上的力量，实在是难以理喻。

《北齐书·帝纪第八》记载，北齐幼主，"雅信巫觋，解祷无方……盛为无愁之曲，帝自弹胡琵琶而唱之，侍和之者以百数。人间谓之'无愁天子'。尝出见群厉，尽杀之，或剥人面皮而视之。……又为胡昭仪起大慈寺，未成，改为穆皇后大宝林寺，穷极工巧，运石填泉，劳费亿计，人牛死者不可胜纪。御马则借以毡罽，食物有十余种，将合牝牡，则设青庐，具牢馔而亲观之。狗则饲以粱肉。马及鹰犬乃有仪同、郡君之号，故有赤彪仪同、逍遥郡君、凌霄郡君，高思好书所谓'驳龙、逍遥'者也。犬于马上设褥以抱之，斗鸡亦号开府，犬马鸡鹰多食县干。鹰之入养者，稍割犬肉以饲之，至数日乃死"⑤。对幼主荒淫无道的历史书写，其实既有汉文化固定的关于亡国之君的阐释套路和固定模式，又有对当时皇室奉行祆教的不了解所导致的变形认知。在祆教里，鸡、鹰、犬、马等皆为善禽或善兽，有着极其崇高的神圣宗教地位。至于残杀无辜，"剥人面皮"，则似乎有摩尼教的影子。大明王朝惩治贪官污吏，剥皮填草示众，源自摩尼教教主被剥皮而死。摩尼教既然认为死亡是通向光明王国之途，它当然视死如归，以屠戮而消灭肉体为正义。

《北齐书·列传第二》记载："冯翊王（高）润……年十四五，母郑妃与之同寝，有秽杂之声。"⑥ 从汉民族礼仪文化来看，高欢的小儿子高润在当时都已经成年了，尚且与乃母同寝，的确是有乱伦之嫌疑，难免淫乱之讥评。但是，如果我们考虑到北齐当时举国上下盛行祆教，而祆

---

① （唐）道宣：《续高僧传》卷十六，《大正藏》第 50 册，第 554 页。
② （唐）道宣：《续高僧传》卷十六，《大正藏》第 50 册，第 554 页。
③ 《北齐书》卷四，中华书局，1972，第 61 页。
④ 〔日〕镰田茂雄：《中国佛教通史》第 3 卷，关世谦译，佛光出版社，1986，第 416 页。
⑤ 《北齐书》卷八，第 112—113 页。
⑥ 《北齐书》卷十，第 139 页。

教践行族内血缘婚，那么高润母子同寝又有什么大不了呢？

总的来看，北齐举国上下，主要流行祆教。然而，既然祆教可以从西域传入中土，那么与祆教都兴起于大西域的摩尼教——且摩尼教自其诞生之日起就以成为世界性宗教为传教目标——自然也会随着中西文化的相互交流而传入中国。北齐胡风劲吹，当时的历史情况应该是佛教、祆教、摩尼教等同时存在。

七　摩尼光佛始见于北魏

比较文化视域中的称谓，其实在言说着它背后的历史意义。摩尼光佛之称谓，始见于北魏北印度三藏菩提流支译《佛说佛名经》，内"南无摩尼光佛"三见[①]、"南无胜藏摩尼光佛"三见[②]、"南无种种摩尼光佛"一见[③]。摩尼教弘法，如前所述，其东传借助于中亚化的佛教，教主摩尼与大乘教的弥勒佛被教徒看作同一个神祇。

摩尼教在东传的过程中，在中亚佛教化，形成了那罗延佛、苏鲁支佛、释迦牟尼佛、夷数佛、摩尼光佛等五佛的说法，摩尼教的教主摩尼被称为第五佛。佛教有三世佛、七佛之谓，而五佛的称谓则一般与摩尼教有关。摩尼为什么被称为摩尼光佛？因为摩尼教崇尚光明，光明为其主要教义即"清净、光明、大力、智慧"之一，光明王国为其神话中的净土世界。

既然在北魏时期佛经中出现了摩尼光佛，这就表明摩尼教此时在北魏业已流传。这是铁证，它足以证明在北魏时期，摩尼教就已经传入中国。

八　摩尼教在晋代出现的证据

如前所述，陈垣批驳了罗振玉提出的摩尼教出现于晋代的观点，认

[①] 《佛说佛名经》卷三，《大正藏》第14册，第129页；复见于《佛说佛名经》卷五，《大正藏》第14册，第137页；《佛说佛名经》卷六，《大正藏》第14册，第210页。

[②] 《佛说佛名经》卷五，《大正藏》第14册，第137页；《佛说佛名经》卷十，《大正藏》第14册，第169页；《佛说佛名经》卷十二，《大正藏》第14册，第229页。

[③] 《佛说佛名经》卷二十二，《大正藏》第14册，第274页。

为其所依据的《老子化胡说》为伪书而不可信。《老子化胡说》从一开始就是道士与和尚、道教与佛教相争斗而杜撰的伪书，后历经扩充，效果史的真实性表明陈垣的论断也过于绝对。

其实，不排除这种可能性，即摩尼教早在两晋时期就已经传入中国。《晋书·石季龙载记》云：石虎曾教宫人星占，置女太史于灵台；"时祆怪尤多"；孙伏都、刘铢等结羯士三千埋伏于胡天。上述"星占""祆怪""胡天"一般与祆教相关。两河流域的星相学在人类历史上最发达，从而琐罗亚斯德教与摩尼教的从教人员大多同时又是天文人。然而，后赵让女子学习星占，却是大西域特色。《魏书》卷十三《灵太后传》云："后幸嵩高山，夫人、九嫔、公主已下从者数百人，升于顶中。废诸淫祀，而胡天神不在其列。"[①] 历史学界一般将祆教传入中土的时间定为北魏灵太后保留胡天祭祀时，即公元 519 年。但是，此处的"祆怪""胡天"却可以证明早在后赵时期，祆教就已经在中土流传。

《晋书·石季龙载记》记载，石季龙下书曰："盖古明王之理天下也，政以均平为首。"[②] 笔者怀疑石虎的"均平"思想可能来自摩尼教，因为摩尼教倡导"等贵贱，均贫富"。1130 年，钟相利用摩尼教起义，其主张就是"法分贵贱贫富，非善法也。我行法，当等贵贱，均贫富"[③]。孔子固然说过"不患寡而患不均"，但是，礼乐文明所规训的则是等级性。摩尼教中的夷数，即耶稣，为其神话中的平等王，提倡人人平等。但是，由于孤证不立，因此难以断定摩尼教在后赵时期就已经传入中国，只好依据南北朝的众多证据，认为摩尼教传入中土的时间至晚为南北朝。本着一分证据说一分话的原则，比较稳妥而保守的说法，是不是可以说摩尼教最晚在南北朝时期就已经传入中国且流传颇广？

结　语

历史文献中的种种事实性叙述，足以证明摩尼教至晚在南北朝时期就已经传入中国，只不过未见于官方白纸黑字的文献记载罢了。从而，

---

① 《魏书》卷十三，中华书局，1974，第 338 页。
② 《晋书》卷一百六，第 2775 页。
③ （宋）李心传：《建炎以来系年要录》卷三十一，中华书局，1956，第 613 页。

过于拘泥官方文献所谓的武周延载元年摩尼教才传入中国的说法，是具有误导性的伪知识。

梁武帝的素食、齐宣帝的断酒禁肉、北周皇帝起始自称天王等都与摩尼教有着或明显或潜在的关系。王谊谶纬事件东窗事发固然是在隋代，然而他是北周时的大臣。从而王谊信奉摩尼教当不至于从隋代才开始。通观中国南北朝宗教史可知，摩尼教至晚在南北朝时期就已经在中土广为流行。

互通与碰撞：明清时期外国人的
大运河书写

张　伟　王占一*

摘　要　明清时期，大运河上迎来了一批来华的外国人。明代，崔溥行经大运河全程并完成了"秘密报告"《漂海录》，策彦周良两度来华并亲撰《入明记》，利玛窦来华后沿大运河北上朝见明帝并于晚年写成《利玛窦中国札记》。清代，中外交流减退，但仍有马戛尔尼英使团、阿美士德使团等外国使节来华，亦留下了《英使谒见乾隆纪实》等一系列的文字记录。在外国人的笔墨中不乏大运河的相关记载，既呈现了外国人眼中的大运河及其文化，同时以大运河为"媒介"也折射出中外文明的"互通"与"碰撞"。

关键词　明清　外国人　大运河　民俗

　　明清时期，京杭大运河（以下简称"大运河"）极大地促进了中外间文化的交流与繁荣。一批外国人或沿大运河从中国东南沿海登陆北上，或离京返程时沿大运河顺水南下，见证了大运河及其两岸的风貌，留下了大运河方面的诸多文字记录。这些记录既呈现了外国人眼中的大运河

* 作者简介：张伟，山东社会科学院文化研究所所长、研究员。主要研究领域：中国古典文学与传统文化研究。王占一，山东社会科学院文化研究所助理研究员。主要研究领域：中国古典文学研究。

及其文化，同时以大运河为"媒介"也折射出中外文明的"互通"与"碰撞"。

一　明清外国人的大运河著述

明清时期，外国人沿大运河一路勘察记录，留下了诸多游记等文献史料，成为今日解读明清时期大运河及其沿岸社会状况的第一手资料。

（一）崔溥对大运河的多层面实录

崔溥是明代行经运河全程的首位朝鲜人。1488 年，时任朝鲜三邑推刷敬差官的崔溥在奔父丧乘船归途中不幸遭遇海难，后在中国浙江台州府属地登岸获救。崔溥登陆中国之后，"会同浙江都、布、按三司——掌印都指挥佥事崔胤、左布政使徐圭、副使魏福复审相同①"赴京拜见明孝宗，从杭州沿大运河北上，再由北京走陆路返回朝鲜，历时 44 天，行程 4000 余公里。崔溥回国后，根据在华的所见所闻，以汉字撰写了 5 万余字的调查报告《漂海录》，详细记录了明代大运河的交通运输和沿岸风土人情。

据统计，《漂海录》中所记地名 600 余个、铺 160 余处、驿站 50 余处、闸 50 余座、桥梁 60 余座、递运所 10 余处，并记录明代修筑堤坝等水利设施："水泻则置堰坝以防之，水淤则置堤塘以捍之，水浅则置闸以贮之，水急则置洪以逆之，水会则置嘴以分之。"② 此外，崔溥对中国南北方各异的市井风俗、服饰仪容、饮食起居、文化宗教等一一记录，在《漂海录》结尾写道，"江以北，若扬州、淮安，及淮河以北，若徐州、济宁、临清，繁华丰阜，无异江南，临清尤为盛"，可见崔溥对运河城市临清繁荣之貌的赞美。③ 葛振家评价《漂海录》道："《漂海录》对中国大运河作了多层面的实录……为研究中国南北运河史提供了弥足珍贵的

---

① 〔韩〕林基中：《锦南漂海录》，韩国东国大学出版社，2001，第 408 页。
② 葛振家：《崔溥〈漂海录〉价值再探析》，载《韩国学论文集》，1997，第 86 页。
③ 范淑杰：《15 世纪朝鲜崔溥〈漂海录〉中的山东形象》，《世界文学评论》2018 年第 2 期，第 127 页。

第一手史料。"①

（二）策彦周良对大运河两岸的字牌记录

日本高僧策彦周良于 1539 年和 1547 年分别以副使、正使身份两次沿大运河入明，并记录下明末运河沿线的宗教和社会状况，在《入明记》中尤其描写了大运河两岸的寺庙和商铺，特别是匾额等字牌。

《入明记》由《初渡集》和《再渡集》两部组成，分别记录了策彦周良两次入明的情况。1539 年 4 月，策彦周良作为副使，随使团从五岛列岛奈留岛出发，5 月到达中国宁波府，11 月从杭州沿大运河北上，后至北京。到北京朝贡后，1540 年 5 月返程，1541 年 6 月回到日本。1547 年 5 月，策彦周良作为正使再次使华，6 月到达定海，次年 11 月从杭州出发，沿大运河北上，1549 年 4 月抵京。完成谒见等朝贡程序后于 8 月离京，1550 年 6 月回到日本。②

策彦周良作为僧人除深谙禅学之外，还擅写汉诗，首次朝见嘉靖帝就曾献诗一首："今日天恩与海深，凤凰池上洗凡心。回头群卉花犹在，始见青春归禁林。"③ 文字之间流露出友好邦交之意。此外，他还熟读《论语》等儒家经典，颇有文名，为其撰写《入明记》奠定了汉学修养基础。也正因如此，策彦对于运河两岸的寺院牌匾以及商铺字牌颇感兴趣，表现出对汉字文化的感佩。

如其记录苏州寒山寺时写道："里竖揭'寒山寺'三大字。额面左方有'处州顾荣书'五字，右方有'住山文泽立'五字。佛殿横揭'大雄宝殿'四大字。……钟铭有'佛日增辉'、'法轮常转'等之词。……有小堂宇，左右之柱书'香烧柏子延三宝'、'漏刻莲华礼六时'十四字。"此外，《入明记》中"皇帝万万岁""太子千秋"等文字记载，也反映出明末运河区域佛教屈从皇权，逐渐世俗化的特征。④

策彦周良除记录运河沿岸的寺庙之外，还记录了运河两岸商铺众多、

---

① 葛振家：《〈漂海录〉学术价值再探》，《当代韩国》1994 年第 3 期，第 46 页。
② 肖妍、周瑛：《策彦周良〈入明记〉中的杭州形象》，《作家天地》2021 年第 31 期，第 110 页。
③ 夏应元、夏琅：《策彦周良入明史迹考察记及研究》，中国社会科学出版社，2016，第 7 页。
④ 丛振：《〈入明记〉所见运河区域字牌文化研究》，《兰台世界》2016 年第 11 期，第 116 页。

招牌林立，他自宁波入运河始就一路留心两岸的店铺、字招等，仅记录的店铺招牌就有 90 余个，其中包括手工作坊、商铺和生活设施，涉及十余个行业。他还记录了所采购的 60 余种商品，包括食品、药材、百货、工艺品、日常器皿、丝毛织物等，门类广泛。①

（三）利玛窦对大运河"漕运"的描写

利玛窦是天主教在中国传教最早的传教士之一。1582 年 4 月，利玛窦随赴中国的传教团从印度果阿出发，8 月抵达中国澳门，从此开始了在中国的传教和生活，之后在肇庆、南昌、苏州、济宁、临清、天津等地进行传教活动。1598 年和 1600 年，利玛窦先后两次赴京觐见神宗皇帝。他在 1601 年第二次抵京后一直留京活动，直至去世。②《利玛窦中国札记》是其晚年回忆所写，记述了 1565 年至 1610 年其在华的生活和传教活动，被誉为"一幅 16 世纪全景式的中国生活画卷"③。

1598 年利玛窦第一次进京时从南京至北京一路沿运河北上，看到了明末运河沿途一派繁荣的商业景象，在札记中写道："……沿河（运河）两岸还有许多城镇，乡村和星罗棋布的住宅，可以说全程到处都住满了人。沿途各处都不缺乏任何供应，如米、麦、鱼、肉、水果、蔬菜、酒等等，价格都非常便宜。经由运河进入皇城，他们为皇宫建筑运来了大量木材、梁、柱和平板……神父们一路看到把梁木捆在一起的巨大木排和满载木材的船，由数以千计的人们非常吃力地拉着沿岸跋涉。其中有些一天只能走五、六英里。"④"无数为朝廷运送物品的船只来到北京，其中有许多船并为满载。商人们乘机以非常低的价格租用这种空船只的面积。"⑤

从其札记中可知，明末出现了私商通过"租用"形式利用漕运贡船运输商品的情况。以往不属于商品经济范畴的漕运，已经开始被商业资

---

① 梁二平：《大运河折射的海丝炫彩与传奇——日本高僧策彦周良画像与〈入明记〉》，《丝绸之路》2018 年第 2 期，第 10 页。

② 《利玛窦中国札记》（上），何高济等译，商务印书馆，2017，第 2 页。

③ 邹雅艳：《〈利玛窦中国札记〉中的中国形象》，《文学与文化》2011 年第 4 期，第 128 页。

④ 《利玛窦中国札记》（下），第 13 页。

⑤ 《利玛窦中国札记》（下），第 14 页。

本异化，含有了商品经济的成分。①

（四）英使团对大运河的"调查性"书写

1792 年，马戛尔尼英使团以为乾隆皇帝祝寿之名来华。马戛尔尼英使团来华，表面上是为乾隆皇帝祝寿，实则觊觎中英通商，后遭乾隆皇帝拒绝。马戛尔尼使团失望之余，只得沿大运河南下，一路上对所见河道、港湾、城防及城镇等一一考察，《英使谒见乾隆纪实》中记载了使团返程入大运河时的情况："船到天津没有按照原来的走法沿白河下游航海，而是向右转到南方。……使节团船只费了三个小时才进入运粮河。……运粮河又名御河。"②

据考，以来华使节的见闻而成书的有《英使谒见乾隆纪实》（斯当东）、《马戛尔尼使团使华观感》（马戛尔尼、约翰·巴罗）、《英国人眼中的大清王朝》（爱尼斯·安德逊）等。《马戛尔尼使团使华观感》又分《马戛尔尼勋爵私人日记》《巴罗中国纪行》两部，前者是马戛尔尼除日记外根据在华的见闻所写的对华评述，后者则是由约翰·巴罗所写，用以补充前者未谈及的中国见闻。这些史料不乏对大运河的"调查性"书写。

约翰·巴罗记录了运河两岸的民俗，如就中英两国的饮茶方式写道："他们通常引用的是用开水沏杯里少量的茶叶。他们让茶水待一会儿，再趁热喝，不像我们在欧洲那样习惯加糖加奶。"③ 此书中处处贬低中国，对大运河民俗更是存在诸多偏见。

此次英使团来华几乎行经大运河所有河段，马戛尔尼让出使画师细致描绘大运河两岸情况。例如，使团经过山东临清时，画师创作了数幅《临清塔湾景图》。其中所描绘的临清城地标舍利塔笔触细致、比例精确，土城内的净宁寺等寺院隐约可见，运河上的帆船、渔船等清晰可数，僧人、香客、船工及游客均有所描绘，真实反映了当时临清段运河船只交错、人潮涌动的繁华景象。

---

① 林金水：《利玛窦看到的明末社会经济》，《中国社会经济史研究》1984 年第 4 期，第 121 页。

② 〔英〕斯当东：《英使谒见乾隆纪实》，叶笃义译，上海书店出版社，2005，第 403 页。

③ 〔英〕约翰·巴罗：《马戛尔尼使团使华观感》，何高济等译，商务印书馆，2013，第 86 页。

二 外国人眼中的大运河民俗

明清时期，运河之上船只交错，运河两岸人流穿行，运河民俗不断被培育和发展。外国人对运河上的交通运输、建筑风貌、生产劳动、饮食服饰、商业发展、婚嫁丧葬、民间信仰等进行了细致记录。

（一）大运河水上民俗

从水驿、闸口等的水利设施到纤夫、水手、渔民等的水上生活，外国人对大运河水上民俗的记录较多。

崔溥记录了大运河的漕运特别是"水驿"情况："凡往来使命、贡献、商贾，皆由水路……水驿则自武林至吴山三十里，自潞河至会同馆四十里，皆水路中之陆路，故相距近，其它则或六七十里、八九十里，或过百里，相距甚远。铺之相距或十里，或二三十里。自扬州后，水边又设浅，或六七里，或十余里，以记里。"[1] 策彦周良记录了清河至淮阴之间的闸口，"行舟三十五里。盖风不顺，闸亦多，故着驿迟了"[2]，可知清河至淮阴间的大运河闸口之多。利玛窦记录了运河上的"木闸"。运河之上，船只拥挤。特别是在水浅之时，经常导致运输延误，为了解决此问题，"在固定的地点设置木闸来节制水流……当河水在闸后升到最高度时，就开放木闸，船只就借所产生的流力运行"[3]。斯当东记录了运河两岸的码头："四轮车"单排串联起来就形成了江边"活动的码头"，这些四轮车还是装卸货物的工具。[4]

此外，外国人还记录了纤夫、水手以及渔民等劳作者。利玛窦记录纤夫和水手时写道，运河上风力不足以推动船只，"于是（纤夫）从岸上用绳纤拉船前进"。"从一个闸到另一个闸，对水手是个艰巨的任务……船只倾翻，全部水手都被淹死。"[5] 安德逊描写了微山湖渔民捕虾的场面：

---

① 朴元熇校注《崔溥漂海录校注》，上海书店出版社，2013，第 161 页。
② 夏应元、夏琅：《策彦周良入明史迹考察记及研究》，第 195 页。
③ 《利玛窦中国札记》（下），第 12 页。
④ 〔英〕斯当东：《英使谒见乾隆纪实》，第 290 页。
⑤ 《利玛窦中国札记》（下），第 12—13 页。

"工人坐在一块大木板上""垂钓引诱"，"另外一群人在河边用一种铲子爬着河底，这河的一部分已经用籪隔住。他们就这样获得了大量的虾和其他介壳类"①。

（二）大运河城市民俗

大运河自开通以来，很多城市因运河而起，因运河而兴。这些城市的风貌亦被外国人一一记下。

首先，外国人大量记录了运河两岸的建筑布局、寺院、牌楼、街景装饰等。崔溥过淮安府城时写道："其旧城内，有府治、山阳县治、淮安卫及都堂府、总兵府、御史府等诸司……过自南渡门而北至淮河，其间有金龙四大王庙、浮桥亭、龙兴塔、钟楼殿、雷神店、西湖河嘴……"② 可以想象当时城市的繁华之貌。策彦周良对运河沿岸的寺院建筑风格进行了大量记录，如记录沧州的集善禅寺时写道："又游敕赐集善禅寺，有楼门，按四天王像。东有钟楼，西有鼓楼。又其次，东有土地堂，西有祖师堂，佛殿三世如来……"③ 斯当东记录了中国的牌楼："牌楼门共有三个，两边的小，当中的高大。牌楼上面共有三层顶盖，油漆雕刻得非常漂亮。"④

其次，从这些文字记录中可以看出大运河所带来的商业发展和城市繁荣之貌。崔溥描写了当时苏州繁华的工商业：苏州"控三江带五湖"，"百工技艺，富商大贾，皆萃于此"，"人物奢侈，楼台联络"⑤。策彦周良出于获取贸易利益目的来华，一路记录运河沿岸商业，仅店铺的字牌就记录了 90 余个，其中涉及酒店、书坊、果品、丝绸等诸多行业。⑥ 马戛尔尼使节团来华除为获取贸易利益之外，还企图调查中国的市场情报，因此在其记录中还对中英两国的商品进行了对比，如记录天津长官为其

① 〔英〕爱尼斯·安德逊：《英国人眼中的大清王朝》，费振东译，群言出版社，2001，第186 页。
② 葛振家：《崔溥〈漂海录〉评注》，线装书局，2002，第 117 页。
③ 夏应元、夏琅：《策彦周良入明史迹考察记及研究》，第 129 页。
④ 〔英〕斯当东：《英使谒见乾隆纪实》，第 290 页。
⑤ 朴元熇校注《崔溥漂海录校注》，第 80 页。
⑥ 程宗宇：《中外旅行者及其视野中的运河区域社会生活（1411—1901）》，硕士学位论文，聊城大学，2019，第 64 页。

送来的三批绸缎时写道"不过是半码阔和约 7 码半的长度"，"品质很是平常"，"在英国这种绸缎每码价格不超过 18 便士"①。由此看出，利玛窦对清代商业发展的蔑视。

（三）大运河生活民俗

外国人对饮食、婚嫁丧葬、民间信仰等大众生活方面的记录尤为翔实。

饮食上，《英使谒见乾隆纪实》中就记载了中国的大白菜："在中国最大众化的蔬菜就是大白菜，它的味道鲜美，所有中国人和住在中国的外国人都喜欢吃它。……北方人把大批白菜腌起来准备过冬吃，并拿腌白菜同南方各省交换大米。"② 这反映了外国人对于中国饮食等日常生活的受容。

当然，也有反映中西差异的生活民俗记载，如中国的婚嫁丧葬、民间信仰。关于中国的婚嫁习俗，斯当东写道："女儿出嫁，父母照例配送嫁妆。除了嫁妆之外，女儿再无权利分得其他家庭财产。"③ 约翰·巴罗更是把出嫁之后的年轻妇女看作"一件无生命的家具，同在娘家时一样"④。可见，斯当东和约翰·巴罗似乎很贬低中国女性的地位。

民间信仰上，前面已经提及策彦周良在《入明记》中对寺院的记录，主要是一些"采风"性的客观描写。与之相对，外国人对中国民间宗教有更多的主观性描写。例如，斯当东写道："宗教场所可以改为出售货品的商店，对欧洲人来说是无法理解的，但在中国不为奇。他们随时可以把祈祷敬神的地方利用来进行一切尘世上的事务。"⑤ 这既体现了中西方的文化差异，也反映了英国人对中国文化的质疑。

三　大运河视域下中外间的"互通"与"碰撞"

明清两代，外国人来华，以大运河为"媒介"折射出中外间文化交

---

① 〔英〕爱尼斯·安德逊：《英国人眼中的大清王朝》，第 65 页。
② 〔英〕斯当东：《英使谒见乾隆纪实》，第 455 页。
③ 〔英〕斯当东：《英使谒见乾隆纪实》，第 292 页。
④ 〔法〕阿兰·佩雷菲特：《停滞的帝国——两个世界的撞击》，三联书店，2013，第 314 页。
⑤ 〔英〕斯当东：《英使谒见乾隆纪实》，第 222 页。

流关系的变化——从"互通"到"碰撞"。大运河贯穿南北、连接"东西"，外国人来华多沿大运河进京或返程归国。加之，明清政府十分重视大运河的整改完善，运河水上、两岸基础设施相对完备，漕运发达，亦为外国人来华提供了交通之便。因此，大运河成为明清时期中外文明交流的主要"媒介"，见证了从明至清中外关系的"互通"与"碰撞"。

明代朝贡关系活跃，出现了"四夷来朝"的外交局面，因此，一定程度上可以把"互通"概述为中外文化交流的"关键词"。外国人来华带动了各国间的贸易交流，促进了贸易互通。此时，海外诸国主要通过朝贡来获取贸易利益。随外国使团进入中国的商品，除所谓的"正贡"（真正意义上的贡物）之外，还有超过"正贡"十倍乃至几十倍的"附至番货"。这些"附至番货"由外国使节或商人带入中国，促进了明代贸易的空前繁荣。明朝廷面对"四夷来朝"亦采取"有物则偿""有贡则赏"的原则，对于"附至番货"给价收买或是免税等，同时向来使及其国王赏赐价值不菲的丝绸制品等。

明代，中外之间的文化"互通"除朝贡贸易关系之外，还包括文化关系，即思想、宗教、技艺等文化交流。[①] 因此，沿运河而来的外国人既是连接中外贸易的桥梁，同时也是中外文化"互通"的见证者。如，崔溥就十分尊崇中国的孔子和儒家文化，在《漂海录》中写道，在朝鲜"儒士皆治四书五经，不学他技"。"国都有成均馆，又有宗学、中学、东学、西学、南学；州府郡县皆有乡校，又有乡学堂；又家家皆有局堂。""崇尊大成至圣文宣王。"[②] 当时的朝鲜儒学盛行，各级教育机构齐备，朝鲜学子习儒学，尊孔子。这既表达了崔溥对孔子及儒家文化的崇敬，更体现了中国文化的国际"辐射力"。

中外文化"互通"有着极其深远的社会影响，部分外国人来华后未归，最终埋骨中国，甚至其子孙后代从此扎根中国。明清时期，菲律宾古国苏禄国一直与中国保持着朝贡贸易，前后来华朝贡 12 次，其中最为有名的就是明永乐年间来华的苏禄三王使团。使团归途行中，东王病逝。为显东王之尊，明成祖择址风水所聚的德州城北旧十二连城处，以王礼

① 全海宗：《中韩关系史论集》，中国社会科学出版社，1997，第 133—134 页。
② 范淑杰：《15 世纪朝鲜崔溥〈漂海录〉中的山东形象》，《世界文学评论》2018 年第 2 期，第 126 页。

厚葬。王妃及次子、三子为父守墓而留在德州。自此，苏禄王后裔世代生活在德州，并以"安""温"为姓氏形成了"安温家族"。因安温家族生活于运河之畔，长期受到运河文化的滋养，"在衣食住行、婚丧嫁娶、日常礼仪、节日礼俗以及行商文化等方面，既有民族特色，又有德州运河文化的烙印"①。

明末期，利玛窦来华传教，其记录中又多了另一种倾向——对中国文明的质疑。他在其中国札记中记录了拉纤的纤夫和劳作的水手、渔民。从其文字可以看出水上生活是十分辛苦和窘迫的，纤夫处于受支配的地位，高强度劳动之下也只能获得微薄的报酬，水手的生活更是有着生命危险。这并非对运河水上劳作者的同情，而是对中国文明的质疑。此外，利玛窦在中国文化受容上与前述崔溥不同，旨在借助中国文化宣扬西方文化，如利玛窦在华期间，为了更好地传播天主教，将天主教教义与儒家伦理观念融为一体，以"西儒"自称，通过引用儒家经典诠释天主教教义。② 自此，中外文化间的"碰撞"越发明显。

到了清代，特别是清代中后期，西方依靠资产阶级革命和工业革命逐渐强大起来，并开始了疯狂的对外扩张。鸦片战争之前，英国几度派使团访华试图打破中英通商障碍，但均受挫。然而，英使团来华并非毫无所获，以马戛尔尼为首的诸多英国使节沿大运河而下，一路调查记录。值得注意的是，英使团所调查的不仅仅是运河两岸的风土民情。马戛尔尼诡称来华只是为了交流技术和传播知识，绝非谋利和寻求特权，后提出主权、特权、领土等诸多不合理的要求。被拒后沿大运河返程，一路调查至杭州、澳门等地，通过各种渠道搜集中国的经济、资源、海陆交通以及军事国防等情报，为英国发动鸦片战争提供了资料。③

威廉·谢帕德有一首讽喻诗，题为《马戛尔尼勋爵访华使命颂》，就马戛尔尼使华向清政府发出警告："……每当这些黄金的奴隶，虚情假意，甜言蜜语，向你伸出血迹斑斑的手，一定不要碰——牢记印度所受的伤害，牢记非洲的苦痛。"威廉·谢帕德将英使团比为"黄金的奴

---

① 杨欣欣：《运河文化与苏禄文化融合的结晶——德州苏禄王后裔安温家族习俗文化》，《德州学院学报》2020年第5期，第67页。

② 来琳玲：《明代大运河与中外宗教文化交流》，《中国宗教》2021年第2期，第55页。

③ 殷黎明：《〈乾隆英使觐见记〉与马戛尔尼》，《春秋》2001年第5期，第51页。

隶"，表面上"甜言蜜语"，实则满手血迹，是导致其他民族灭亡的罪魁祸首。① 历史证明，威廉·谢帕德的警告一语成谶，使华失败之后，英政府发动鸦片战争，给中国带来了巨大的灾难。

英使团来华所反映的中西文化的"碰撞"或冲突最主要的还是在"礼节"上，这也成为英使团使华失败的一个要因。前述阿美士德因拒行"磕头礼"而被嘉庆帝驱逐一事就是代表。其实，不仅阿美士德使团如此，马戛尔尼使团同样在礼节上固执己见。可以说，中英在礼节上的"碰撞"是"东方第一强国与西方第一强国之间为维护本国尊严的一场较量"②。乾隆皇帝强调"天朝"礼制森严，四夷畏服，而马戛尔尼则认为有损英国名誉和英王尊严，因此英使节觐见之前在礼节上多番周折，最后各退一步，才得以完成觐见之礼。但是，阿美士德使团就没有这般幸运了，最终被嘉庆帝驱逐回国。

英政府两次遣使来华无果，也给中国埋下了隐患。英国已经认识到，试图通过外交手段打开中国市场、扩大对华贸易是不可能的。阿美士德回国后，英国的资产阶级掀起反华浪潮，主张以武力"撞开"中国大门。1840 年英国发动鸦片战争，中西间文化"碰撞"升级，最终演变成武力冲突，也为中英间的和平外交暂时画上了句点。

---

① 吴伏生：《一位 18 世纪英国诗人眼中的马戛尔尼访华使命：兼谈英国政治讽喻诗》，《中外文化与文论》2021 年第 2 期，第 144 页。
② 刘凤云：《谈马戛尔尼使团访华的礼节冲突》，《清史研究》1993 年第 1 期，第 10 页。

试论宋代诸葛亮传书写体现的
时代史学精神

高　军*

摘　要　宋代出现了诸葛亮传记的撰写高峰,《诸葛孔明传》(胡寅)、《诸葛亮传》(郑樵)、《汉丞相诸葛忠武侯传》(张栻)、《诸葛亮传》(萧常)等都是这一时期的重要著作。它们鲜明地体现出一种新的时代史学精神,都坚持独立思考,具有非常认真的史学态度;和时代社会政治密切相关,更加注重以史为鉴,不断强化"大一统"的正统观念;注重认真吸收裴注以及其他一些"片传"资料,进一步丰富了诸葛亮的形象。宋代诸葛亮书写,明显突破了陈寿《诸葛亮传》的简略问题,在多个方面做出可圈可点的成绩,但在材料的取舍上也存在一些问题。

关键词　宋代　诸葛亮传记　片传

在陈寿《三国志·诸葛亮传》后很长一段时间里,关于诸葛亮的传记写作一直呈"片传"① 形式延续,这些"片传"极有价值,但显得零

---

　* 作者简介:高军,沂南县诸葛亮研究会副会长。主要研究领域:三国历史文化、地域文化。

① "片传"概念是由夏威夷大学传记研究中心主任、《传记:跨学科季刊》主编克雷格·豪斯提出的,见〔美〕克雷格·豪斯《片传与传记环境——见微知著》(英文),杨正润主编《现代传记研究》第14辑,商务印书馆,2020。

散、杂乱，不成系统。直到宋代，才又出现了诸葛亮传记的撰写高峰，主要原因得益于宋代继承以班、马为代表的西汉史学传统和隋唐史学大发展的传统，创造了又一个史学高峰。陈寅恪曾非常精辟地指出："宋贤史学，古今罕匹。"① 两宋继陈寿之后出现《诸葛孔明传》（胡寅）、《诸葛亮传》（郑樵）、《汉丞相诸葛忠武侯传》（张栻）、《诸葛亮传》（萧常）等。这些传记的作者都具有鲜明的史学意识，通过有破有立地重写诸葛亮的历史，体现出一种新的时代史学精神。

宋代诸葛亮传记的书写中，有以下三种向度值得充分肯定。

一　昭示史学家严谨的修史态度

修史是一项庞大而复杂的系统工程，修史态度对一部史书起着重要的作用。严肃认真的修史态度，能做到把历史的真实放在首位，注意各种政治因素的相互影响，努力探索历史发展的规律。欧阳修曾在给尹师鲁的信中强调，"史者，国家之典法也"，需要如实记载，目的是"垂劝戒，示后世"②，这是必须做到的基本要求。

北宋建立，历史进入了一个新阶段。有鉴于刚结束的五代十国纷乱局面，北宋皇帝十分重视加强中央集权建设。为避免再度出现国家分裂局面，统治者对总结历史经验高度关注，有意识地运用史学手段来加强思想文化控制。主要体现就是进一步完善史官制度建设，将起居院、日历所、实录院、国史院、玉牒所、会要所等实体机构固定下来。通过分工明确、相接有序的修史体系和制度建设，昭示朝廷对修史的重视，为官修史书提供体制和制度方面的保证。

宋太祖赵匡胤登基不久，就在开宝六年（973）下令修《五代史》（后称《旧五代史》），以薛居正为监修，参加修撰的还有卢多逊、扈蒙、张澹、李昉等人。由于统治者高度重视，仅用一年半的时间，全书即已告成。宋太祖看到新修成的这部史书，第二天就有"昨观新史"③ 的感

---

① 陈寅恪：《金明馆丛稿二编》，上海古籍出版社，1980，第 238 页。

② 李之亮笺注《欧阳修集编年笺注》第 6 册，巴蜀书社，2007，第 309 页。

③ "甲子，监修国史薛居正等上新修五代史百五十卷。明日，上谓宰 相曰：'昨观新史……'"（清）毕沅：《续资治通鉴》（一）卷八"开宝七年"，岳麓书社，1992，第 93 页。

慨，由此可以看出最高统治者是多么重视史书的纂修工作。宋代还续修了前代正史《新唐书》和《新五代史》，由于官方高度重视，参与者又是欧阳修等硕彦之士，故而在文笔、编裁方面有许多胜过旧书之处。其他的重要史书还有北宋宰相范质编的《建隆五代通录》，北宋路振编的《九国志》，北宋马令编的《南唐书》，南宋陆游编的《南唐书》，南宋李焘编的《续资治通鉴长编》，南宋李心传编的《建炎以来系年要录》，南宋徐梦莘编的《三朝北盟会编》，南宋王称所编北宋史《东都事略》等。有宋一代重文轻武现象比较突出，各地书院十分发达，历史知识普遍受到重视，官方对私人纂修史书态度比较宽容，私人著述蔚然成风。据记载，两宋官私修史融为一体，出现了130多位史学家，大量史书被编纂出来，可谓群星璀璨，成果丰硕。

唐代史学家刘知幾《史通》对史学已有的成果进行首次系统探讨和评论，对史学发展的程度及优劣、如何进一步发展等问题做了集大成式的探讨。宋代史学家深受启发，在对史学反思的基础上，进一步发展了史学思想。如欧阳修批评"简略遗漏"（《论史馆日历状》）；吴缜提出要"事得其实"（《新唐书纠谬序》），强调事实最为重要；郑樵在《诗辨妄》中主张："《诗》《书》可信，而不必字字可信。"这些史学家的史学批评精神都十分突出，并努力体现在其史学著作中。所以，两宋史学家修史态度十分严谨。司马光等人修《资治通鉴》时，仅仅深入收集史料就用了很长时间，正史翻阅了19种，1500万字以上，此外还参考各类杂史10类共300多种。在这个基础上，对史料进行认真考订，去伪存真，先写成《考异》，最后才编辑成书，大大增强了史料的真实性、准确性、科学性。

两宋时期，胡寅《诸葛孔明传》、郑樵《诸葛亮传》、张栻《汉丞相诸葛忠武侯传》、萧常《诸葛亮传》等著作都鲜明地体现了严谨的修史态度。

胡寅（1098—1156），宋建州崇安（今福建武夷山）人，字明仲，为胡安国养子，人称致堂先生。胡安国又名胡迪，字康侯，号青山，谥号文定，学者称武夷先生，后世称胡文定公。胡安国以鲜明的春秋笔法著称，其最大特点就是谨夷夏之辨，尊勤君王，攘斥外夷。南宋学者章颖评价说："文定胡先生始以《春秋》鸣，而其子致堂继之，见于诗章，著于赋咏，陈于论谏，莫非极治乱之几，谨华夷之辨，黜邪而与正，尊王而贱伯，明义利之分，辨枉直之实。"① 因有深厚的家学渊源，胡寅深受其父之影响，修史态度端正，富有才华，又严肃认真。朱熹称赞胡寅说："胡致堂说道理，无人及得他。以他才气，甚么事做不得！""胡致堂议论英发，人物伟然。向尝侍之坐，见其数杯后，歌孔明《出师表》，诵张才叔《自靖人自献于先王义》《陈了翁奏状》等，可谓豪杰之士也！"② 这都说明他做事认真，富有正义感。同时，也显示出他对诸葛亮充满敬意。

郑樵（1104—1162），宋兴化军莆田（今福建莆田）人，字渔仲，自号溪西逸民。他为写包括《诸葛亮传》在内的《通志》而谢绝人事，埋头夹漈深山，在"厨无烟火""穷困之极"的情况下，能做到"风晨雪夜，执笔不休"。他坚韧勤奋，立志读尽天下书，一旦得知哪里有藏书，就会马上想办法到那里去寻访，直到书读完才会离去。因长期住在夹漈山下，学者称其为夹漈先生。他"好为考证伦类之学"③，强调"史者，国之大典也"④，清醒地认识到了"班固以来历代为史之非"⑤，主张不能"事不接贯""是非不公""昧学术之源流"⑥，他批评许多学者"只知泥古而不知有今，只知拘守而不知变化"，极力主张"会通"："天下之理，不可以不会；古今之道，不可以不通。"⑦ 主张史家应以《春秋》为准，秉笔直书，"以约文见义"⑧，善恶自明。郑樵抱着对历史非常负责任的态度，十分重视史料的采撰、考订，以实事求是的态度和原则对待历史，不主观臆断，不迷信，重视叙事和语言，表现了史家严谨的治学方法。清朝《四库全书总目》总裁纪昀在《续通志》中评价郑樵："自班固以后，断代为史，而会通之义不著。宋臣郑樵《通志》，乃始搜纂缀辑，上下数千载，综其行事，灿烂成一家之言，厥功伟矣！"著名史学家章学诚全面阐述了郑樵史学的重要价值，肯定郑樵《通志》是

---

① （宋）胡寅：《斐然集·崇正辩》，岳麓书社，2009，第 7 页。
② （宋）黎靖德编《朱子语类》第 7 册，崇文书局，2018，第 1956 页。
③ （元）脱脱等：《宋史》卷四百三十六《郑樵传》，中华书局，1977，第 12944 页。
④ （宋）郑樵：《通志·总序》，中华书局，1987，第 1 页。
⑤ （元）脱脱等：《宋史》卷四百三十六《郑樵传》，第 12944 页。
⑥ 傅振伦：《刘知幾年谱》，中华书局，1963，第 146 页。
⑦ （宋）郑樵：《夹漈遗稿》卷三《上宰相书》，商务印书馆，1936，第 18 页。
⑧ （宋）郑樵：《通志·总序》，第 1 页。

独断之学，认为："若郑氏《通志》，卓识名理，独见别裁，古人不能任其先声，后人不能出其规范。虽事实无殊旧录，而辨名正物，诸子之意，寓于史裁，终为不朽之业矣！"① 《四库全书总目提要》指出："南北宋间记诵之富，考证之勤，实未有过于樵者。" 郑樵的《诸葛亮传》是他为修撰史书《通志》而重新整理撰写的，列入《通志》卷第一一八上，列传第三一上。列传里面写的全系蜀汉大臣，而诸葛亮位列第一。包括《诸葛亮传》在内的《通志》全书完稿后，宋高宗下诏命郑樵进呈，并曾给予高度评价："郑樵……以侍讲王纶、贺允中荐，得召对，因言班固以来历代为史之非。帝曰：'闻卿名久矣，敷陈古学，自成一家，何相见之晚耶？' 授右迪功郎，礼、兵部架阁。"② 郑樵《诸葛亮传》鲜明地体现了郑樵始终强调的融会贯通和他主张的将前后朝代资料联系起来分析、推敲，认真加以选择的原则。

同样，张栻不满于陈寿《诸葛亮传》的简略，重写了《汉丞相诸葛忠武侯传》，他说："予每恨陈寿私且陋，凡侯经略次第与夫烛微消患、治国用人、驭军行师之要，悉暗而不章。幸杂见于他传及裴松之所注，因衰而集之，不敢饰辞以忘其实；其妄载非实者，则删之；庶几读者可以得侯之心。"③ 张栻从自己的价值观出发，进一步厘清事实，揭示诸葛亮治国理政的方式，深入分析诸葛亮矢志兴复汉室的高风亮节，对其进行再评价，重新构塑了诸葛亮形象。在张栻看来，历史学的主导价值应是实用。他用历史事实来阐扬自己的思想体系，把历史事实当作例证，用"义理"来黏合这些史实，虽然有实用主义成分在内，但态度同样非常认真。

萧常《诸葛亮传》被收在《续后汉书》中。萧常，字季韶，号晦斋，吉州庐陵（今江西吉安）人，淳熙四年（1177）乡贡进士。他的父亲对陈寿《三国志》帝魏黜蜀十分不满，决定重写这段历史，但书未成而卒。萧常继承父志于1188年修成《续后汉书》。在《续后汉书·义例》中他夫子自道说："凡事之不系乎治乱，不关乎名教，与夫迹涉怪

---

① （清）章学诚：《文史通义·释通》，上海书店，1988 年影印版，第 17 页。

② （元）脱脱等：《宋史》卷四百三十六《郑樵传》，第 12944 页。

③ （宋）张栻：《汉丞相诸葛忠武侯传》，王瑞功主编《诸葛亮研究集成》，齐鲁书社，1997，第 53 页。

诞者，皆略而不书。"① 他的《诸葛亮传》就是严格按照这一原则写作的。纪昀称赞他"笔削亦类多严谨"，"其义例精审，实颇得史法"②。该著作深受当时义理史学之风影响，通过对传世史料的取舍与重新组合，重建历史事实，寄寓褒贬之意。

上述四人在撰写《诸葛亮传》的过程中，都有独立的思考，都坚持一种非常认真的史学态度，是宋代史学家严谨修史精神在他们身上的具体体现。

二　正统观念和统一思想凸显

北宋政权建立后最初一段时期，除内部矛盾尖锐外，北方、南方边境的阴云始终没有散去，北有辽、北汉，南有南唐、后蜀、吴越等，边防压力很大，宋太宗以来几次对契丹、西夏北伐都以失败告终。南宋朝廷偏于一隅，金、元不断侵入骚扰，国破山河碎，半壁江山落入敌手。历史学家们在著述中，主动承担起了总结历史经验教训，以服务于现实的责任。

宋代史学思想和时代社会政治密切相关，更加注重以史为鉴，不断强化"大一统"的正统观念。

石介（1005—1045），字守道，一字公操，兖州奉符（今山东泰安）人。北宋初学者，思想家，宋理学先驱。著有《唐鉴》一书，其出发点是为宋代皇帝提供历史借鉴。《唐鉴》虽已佚失，但其书的自序却留存了下来，在自序内他明确说："夫前车覆，后车戒，前事之失，后事之鉴。……国家虽承五代之后，实接唐之绪，则国家亦当以唐为鉴。"③ 孙甫（991—1057）累官刑部郎中、天章阁待制、河北都转运使等，著有《唐史论断》七十五卷九十二篇。他也认为治史是为"明治乱之本，谨劝戒之道"④，该书用唐代任用贤臣来讽喻现实。孙甫去世后，留世文集七卷，宋仁宗下诏将其著作藏在秘府，欧阳修为其作了墓志铭。北宋时

① （宋）萧常：《续后汉书》，天津古籍出版社，1998，第 305 页。
② （清）纪昀等纂《武英殿本四库全书总目》第 15 册卷五十"史部六别传类"，国家图书馆出版社，2019，第 171 页。
③ （宋）吕祖谦编《宋文鉴》卷八十六，钦定四库全书，第 15 页。
④ （宋）孙甫：《唐史论断·序》，中华书局，1985，第 2 页。

期的主流意识形态是张大"大一统"观念，强调"天下合于一"的"一统"。北宋自身相对强大，胸襟比较博大。司马光在《资治通鉴》卷六十九中说，"但据其功业之时而言之"①，进一步明确了以功业论正统、重视大一统的导向，"凡不能一天下者，或在中国，或在方隅，要之不得为真天子"②。司马光对虎狼之秦也看其功业将其列入正统，对三国历史当然也是以魏晋为正统了。但到南宋，史学观念发生重大变化，史学思想更加丰富而多元，除不少史家恪守以史为鉴和"大一统"的传统观念之外，郑樵倡导"会通"思想，朱熹以天理作为核心强调史学要"以理阐史，以史证理"③，胡寅等"从历史认识、史书编纂和史学评论三个层次逐步将义理渗透于史学中"，形成颇具自身特色的"义理史学"。④ 吕祖谦、叶适、陈傅良、陈亮等对史学也都有自己独到的见解。如陈亮从北土沦丧、强敌压境的现实政治出发，认为"古今异宜。圣贤之事，不可以尽以为法，但有救时之志，除乱之功，则其所以虽不尽合义理，亦不自妨为一世英雄"⑤。非常强调道德的阐发，主张史学为现实服务，且特别强调正统，强化尊王攘夷，在强化华夷之辨中发扬史学文化之大义。

胡寅《诸葛孔明传》、郑樵《诸葛亮传》、张栻《汉丞相诸葛忠武侯传》、萧常《诸葛亮传》等著作中都体现了鲜明的正统观念和统一思想。

胡寅是胡安国养子。胡安国自称"尊君父，讨乱贼，辟邪说，正人心"⑥。胡寅随胡安国习读《春秋》，文章颇有乃父之风。他经历了从北宋到南宋的历史大变迁，他说："士君子立身当特立，行己当独行，如竹箭松柏，无待乎依倚附丽而后成者也。"⑦ 胡寅上高宗皇帝万言书云："建炎已来，有举措大失人心之事，今欲复收人心而图存，则既往之失不可不追，咎不可不改。"⑧ 表露出一片爱国之心和正义之气。胡寅非常强

---

① （宋）司马光：《资治通鉴》（一），岳麓书社，1990，第802页。

② 郭齐、尹波点校《司马光集》第2册卷六十一《答郭纯长官书》，四川教育出版社，2010，第1279页。

③ 汤勤福：《朱熹的史学思想》第7章，齐鲁书社，2000，第252—275页。

④ 曹宇峰：《南宋义理史学研究》第2章，山西人民出版社，2011，第10—66页。

⑤ 郭齐、尹波点校《朱熹集》卷三十六"书"《答陈同甫》引，四川教育出版社，2010，第1597页。

⑥ （宋）胡安国：《春秋传·序》，王丽梅校点，岳麓书社，2011，第2页。

⑦ （宋）胡寅：《读史管见》（一），刘依平校点，岳麓书社，2011，第268页。

⑧ （宋）胡寅：《斐然集·崇正辩》，第307页。

调伦理关系和仁义之道，在他的重要史论著作《致堂读史管见》中做了较为全面、系统的考察研究，他认为《资治通鉴》"事备而义少"，也就是说叙述历史事实多而阐发义理少，因而他借论政治之得失来阐明他的理学思想。"君臣父子，人道之大伦，中国之所以为中国也。"① "中国之所以为中国，以有仁义而已矣，失则为夷狄，中国居而夷狄行，则无已贤于夷狄矣。"② 在《诸葛孔明传》中，他以刘备"章武"年号接续"建安"，以此昭示以蜀汉为正统的史学观。南宋陈振孙撰私家藏书目录《直斋书录解题》，这是第一部以"解题"为书名的目录，一直为后世所重视，书中评价说："《读史管见》三十卷，礼部侍郎胡寅明仲撰。以《通鉴》事备而义少，故为此书。议论宏伟严正，间有感于时事。"陈寅恪先生在《冯友兰〈中国哲学史上册〉审查报告》中称"胡致堂之史论，南宋之政论也"。在胡寅的历史事件叙述中，桩桩件件都暗含了他对当时所处政局的观点。台湾学者张元分析宋代经学家和史学家的不同史学观念，指出史学家是"从历史的事例说明理学的主张，要人们从历史的是非评断中了解做人处事的道理"③。

靖康元年（1126），郑樵和从兄郑厚接连两次联名向宇文虚中上书陈述抗金主张，并表明了二人的意志和才能，但他们并未得到任用。此后，郑樵隐居于夹漈山中，认真读书，刻苦钻研学问，写出了包括《通志》在内的一大批著作。在《通志》中，郑樵提倡治史要坚持"会通"，认为史学只有汇聚文献，贯通年代，才能周知远近，洞察古今。他的《通志》不论在体例上，还是在内容上都较前代有所创新，此书有着重要的历史地位。郑樵治史，旨在经国济事，他强调实学，深恶空言浮词。他论述说："百川异趣，必会于海，然后九州无浸淫之患，万国殊途，必通诸夏，然后八荒无壅滞之忧，会通之义大矣。"④ 他强调"会通之义"的重要内容是"通诸夏"。在写作《诸葛亮传》时坚持据实事直书的思想，大量保留陈寿正史材料，只是考订和增补内容，少有删节。但其中

---

① （宋）胡寅：《致堂读史管见》卷十六唐纪、高祖，台湾商务印书馆影印宛委别藏本，1981，第 1090 页。

② （宋）胡寅：《致堂读史管见》卷十宋纪、文帝，第 871 页。

③ 张元：《马端临对胡寅史论的看法》，台湾宋史座谈会编《宋史研究集》第 22 辑，"国立编译馆中华丛书编审委员会"编印，1991，第 335 页。

④ （宋）郑樵：《通志·总序》，第 1 页。

有着鲜明的倾向性，他严正地指出："曹魏指吴蜀为寇……谋人之国，可以为义乎？"① 他同样是以刘备"章武"年号接续"建安"的，以此昭示以蜀汉为正统的史学态度。基于以上原因，章学诚赞《通志》是郑氏"别识心裁"的创作。

张栻的史学理论中很少有"一统"即"功业"的地位，在《经世纪年·自序》中他以"尊王攘夷"为旨归，指出"合天下于一"很多时候只是霸道之私，"居天下之正"才是王道之公，"他把正统论当作是扶持万世纲常的支点，赞扬以仁义得天下，以王道治天下的历史观。在三国孰为正统的问题上，他坚持蜀汉为正，魏吴为闰，原因就是蜀汉以正义立国，得天下之大纲"②。在张栻看来，历史学的主导价值就是实用，他是这样说的也是这样做的。张栻以其理学思想大力发挥历史的劝善惩恶功能，用心重塑历史名臣形象，奋力抨击权臣弄权、满足偏安一隅的现实。在写《汉丞相诸葛忠武侯传》的时候，他以自己的思想基点、思想体系重新爬梳有关资料，选择符合儒家主流政治和伦理观点的事例，舍弃不符合自己观点的内容，重新构建了新的诸葛亮形象。在正统问题上，他的行文强调得最为突出，如"二十五年……是岁冬，曹丕篡立，改元黄初"。称刘备为"帝"，"帝忿关羽之败，帅诸军伐吴以报怨，亮留守成都。明年春，亮闻帝兵败还永安，叹曰：'使法孝直在，必能谏上不东行也'"。"帝不豫，三年春，召亮会永安，亮至永安。""帝崩，亮奉遗诏，太子即位于成都，改元建兴。""夏，吴孙权僭称尊号。"③ 这些说法，都态度鲜明地昭显着他强烈的正统观念。

萧常继承父亲遗志，于1188年撰成《续后汉书》四十七卷。此书也是以刘备为正统，作帝纪二卷、年表二卷、列传十八卷，以吴、魏为载记二十卷。另有音义四卷、义例一卷。据欧阳守道为萧常裔孙萧梁孙代言献书时记载，萧常曾"慨然而叹曰：'曹操死且千年矣，犹得为地下之幸鬼乎？'于是取昭烈父子四十二年事收拾阙遗作续后汉书"④。萧常

---

① （宋）郑樵：《通志·总序》，第3页。
② 王记录：《两宋时期史学正统观念的发展》，《学习与探索》2010年第4期。
③ 王瑞功主编《诸葛亮研究集成》，第41、48页。
④ （宋）欧阳守道：《巽斋文集》，《景印文渊阁四库全书》，台湾商务印书馆，1983，第513页。

还在书中愤愤不平地议论说："昭烈虽疏陋，要为帝室之胄……今不以正统系之帝室之胄，而乃归之篡国之贼，其可哉？"①《续后汉书》中的《诸葛亮传》系改《三国志·诸葛亮传》而修成。萧常深受当时义理史学之风，特别是其同乡先贤欧阳修的影响，表现出强烈的正统观念，这当然也与当时宋金对峙的政治形势密切相关。萧常《诸葛亮传》同样是站在寄寓褒贬的角度，取舍与重组传世史料，在写法上虽有不同，但基本绍续了张栻的主张："赞曰：广汉张栻有言，三代衰，五霸起，而功利之说盈天下，谋国者不复知正义、明道之为贵。亮当汉祚之季，乃能执其机而用之。其言曰'汉贼不两立'，'臣鞠躬尽力，死而后已'。呜呼！此夏少康四十年经营宗祀而卒以配天之本心也。若亮者，可谓有正大之体矣。"《诸葛亮传》中称刘备："帝又为诏敕皇太子，曰：'汝与丞相从事，事之如父。'""夏，孙权僭号。"② 纪昀也曾指出："曹操封魏公加九锡等事，《陈志》皆称天子命，而此乃书操自为云云。"③ 曹鹏程在研究中也发现，此书"融入了新的现实关怀，从而构建了属于南宋这一特色时代的三国历史。……是史家自身观念的更新和语境的转换。……更为符合当时的认识水平和时代要求，也更能承担起指导社会实践的任务"④。

三　选择"片传"内容来丰富新的历史著作内涵

资料是史书存在的基础和价值的根本之所在，资料性是史书最基本的属性，也是史书的生命力之所在。修史过程中如何运用好丰富的资料，是确保史书质量的关键。资料运用是在资料收集和整理的基础上实现的，史家应该从支离破碎中理出全面，从错讹纰缪中理出准确来。

在纪传体史学名著"前四史"中，陈寿所著的《三国志》与前三史一样，同样是私人修史。《三国志》书成之后，因叙事简略、很少重复受到当时人的好评。《三国志》在材料的取舍上十分严慎，写得精审凝练，为历代史学家所重视。但是，陈寿的《诸葛亮传》最大的问题是对

① 萧常：《续后汉书》，第 37 页。
② 王瑞功主编《诸葛亮研究集成》，第 67—68、60、65 页。
③ （清）纪昀等纂《武英殿本四库全书总目》卷五十"史部六别传类"，第 171 页。
④ 曹鹏程：《萧常及其〈续后汉书〉初探》，《江西社会科学》2013 年第 6 期，第 140 页。

有些重要事件纪事不够详细，交代也不十分清楚，更没有对传主展开详细描写。如对诸葛亮南征的描写，仅用 12 个字来叙述，就把一场历时半年的重要征战一带而过了，没有这次战争的起因和经过，更缺少很多历史细节。清代李慈铭在《越缦堂日记》"咸末二月初三日"中说："承祚固称良史，然其意务精洁，故裁制有余，文采不足。当时人物，不减秦汉之际，乃子长《史记》声色百倍，承祚此书，暗然无华。"① 这种评价，说得切中弊端，是非常有道理和具有启发意义的。

为了更好地传达出时代精神，两宋诸葛亮传的书写，必须进一步塑造好诸葛亮的形象，让读者看到更加真实、丰满的诸葛亮，同时还要从诸葛亮身上看到时代需要的是什么。这样，就必须注重认真吸收裴注以及其他一些"片传"资料，来进一步丰富诸葛亮的形象。我们发现，宋代诸葛亮书写，明显突破了陈寿《诸葛亮传》的简略问题，在多个方面做出了可圈可点的成绩。

张栻在《汉丞相诸葛忠武侯传》中说："幸杂见于他传及裴松之所注，因衷而集之，不敢饰辞以忘其实；其妄载非实者，则删之；庶几读者可以得侯之心。"② 这说明，他十分重视选择"片传"资料。我们看到，胡寅《诸葛孔明传》、郑樵《诸葛亮传》、张栻《汉丞相诸葛忠武侯传》、萧常《诸葛亮传》都选择了一些陈寿弃而不用或未见过的资料，写入了自己的著作。

如诸葛亮的"中国饶士大夫，游邀何必故乡邪！"一句是来源于《魏略》的一个"片传"："亮在荆州，以建安初与颍川石广元、徐元直、汝南孟公威等俱游学，三人务于精熟，而亮独观其大略。每晨夜从容，常抱膝长啸，而谓三人曰：'卿诸人仕进可至刺史郡守也。'三人问其所至，亮但笑而不言。后公威思乡里，欲北归，亮谓之曰：'中国饶士大夫，邀游何必故乡邪！'"裴松之曾辨析说："臣松之以为《魏略》此言，谓诸葛亮为公威计者可也，若谓兼为己言，可谓未达其心矣。"③ 笔者觉得，这种辨析显得十分勉强，既然言为心声，诸葛亮的这些话怎么会不"兼为己言"呢？这一"片传"明明能体现出诸葛亮志向远大、四海为

---

① （清）李慈铭撰，由云龙辑《越缦堂读书记》，商务印书馆，1959，第 195 页。
② 王瑞功主编《诸葛亮研究集成》，第 53 页。
③ （晋）陈寿：《三国志》裴注引，中华书局，1982，第 911—912 页。

家、公忠体国的博大胸怀，是一个能典型地显示诸葛亮性格特色的重要细节，所以郑樵、张栻、萧常都在写作中摄取了这一重要"片传"材料。

在晋人习凿齿撰写的《襄阳耆旧记》"黄承彦"中有这样的"片传"记载："黄承彦，高爽开朗，为沔南名士。谓孔明曰：'闻君择妇，身有丑女，黄头黑面，才堪相配。'孔明许，即载送之。时人以为笑乐，乡里为之谚曰：'莫作孔明择妇，正得阿承丑女！'"① 张栻将其采信并写入《汉丞相诸葛忠武侯传》："沔南名士黄承彦谓亮：'闻君择妇，身有丑女，才堪相配。'亮许，即载送之。时人为之谚曰：'莫学孔明择妇，正得阿承丑女。'"② 这个"片传"中"才堪相配"四个字写出了黄承彦对女儿德行和才学的自信，更凸显出诸葛亮在择偶方面的"重德"品格，生活气息浓郁，读来引人入胜，为传记增色不少。同时，在传记中明确写出了诸葛亮的夫人是黄氏，这能让后人更加全面地了解诸葛亮。

诸葛亮被称为"卧龙"，但陈寿《诸葛亮传》中只有徐庶一个人的介绍："诸葛孔明者，卧龙也。"一条没有别人佐证的孤证，又缺少前因后果，在传记中显得有些突兀。其实，这一"片传"来源于《襄阳耆旧记》"庞德公"条："《先贤传》云：'乡里旧语，目诸葛孔明为卧龙，庞士元为凤雏，司马德操为水镜，皆德公之题也。'"③ 写出了这种评价的来源和传播经过，这样就由干巴巴的一句话变成了有源头、有过程的声情并茂的生动叙述。这说明正是庞德公此举，使荆襄学术圈中很快便熟知了诸葛亮的"卧龙"（伏龙）这一称号，并被传播到民间且得到广泛认可。后来司马徽向刘备举荐诸葛亮、庞统时，才会称他们为卧龙、凤雏。徐庶对刘备说的"诸葛孔明者，卧龙也"就顺理成章了。正因为众人异口同声地述说诸葛亮的杰出才华，才有了后来的刘备三顾茅庐。

关于诸葛亮举荐人才的情况，《三国志·蒋琬传》记载："亮每言：'公琰托志忠雅，当与吾共赞王业者也。'密表后主曰：'臣若不幸，后事宜以付琬。'"④《资治通鉴》载："亮病笃，汉使尚书仆射李福省侍，因谘以国家大计。福至，与亮语已，别去，数日还。亮曰：'孤知君还意，

① （东晋）习凿齿撰，黄惠贤校补《校补襄阳耆旧记》，中州古籍出版社，1987，第 20 页。
② 王瑞功主编《诸葛亮研究集成》，第 38 页。
③ （东晋）习凿齿撰，黄惠贤校补《校补襄阳耆旧记》，第 6 页。
④ （晋）陈寿：《三国志》，第 1157—1158 页。

近日言语谘弥日，有所不尽，更来求决耳。公所问者，公琰其宜也。'福谢：'前实失不谘请，如公百年后，谁可任大事者，故辄还耳。乞复请蒋琬之后，谁可任者？'亮曰：'文伟可以继之。'又问其次，亮不答。"① 萧常《诸葛亮传》综合这些"片传"资料，进一步诠释了诸葛亮操劳国事、鞠躬尽瘁、死而后已的精神："会亮有疾日侵，密表帝曰：'臣若不幸，后事宜付蒋琬。'时帝亦遣尚书仆射李福省疾，因咨以国家大计。别去数日，复还。亮曰：'知君还意，所问者，公琰其宜也。'福复请，亮曰：'文伟可以继之。'又问其次，亮不答。后相继为相，皆称贤云。"②

再如为诸葛亮立庙的经过，陈寿《诸葛亮传》简单记曰："景耀六年春，诏为亮立庙于沔阳。"③ 此时距离诸葛亮去世已经过去了许多年，立庙的前后到底是什么情况？为何延宕了几十年？挖掘新史料、对此做出新阐释的实践显得尤为必要。在《襄阳记》中有一"片传"云："（诸葛）亮初亡，所在各求为立庙，朝议以礼秩不听，百姓遂因时节私祭之于道陌上。言事者或以为可听立庙于成都者，后主不从。步兵校尉习隆、中书郎向充等共上表曰：'臣闻周人怀召伯之德，甘棠为之不伐；越王思范蠡之功，铸金以存其像。自汉兴以来，小善小德而图形立庙者多矣。况亮德范遐迩，勋盖季世，王室之不坏，实斯人是赖，而蒸尝止于私门，庙像阙而莫立，使百姓巷祭，戎夷野祀，非所以存德念功，述追在昔者也。今若尽顺民心，则渎而无典，建之京师，又逼宗庙，此圣怀所以惟疑也。臣愚以为宜因近其墓，立之于沔阳，使所亲属以时赐祭，凡其臣故吏欲奉祠者，皆限至庙。断其私祀，以崇正礼。'于是始从之。"④ 胡寅《诸葛孔明传》云："景耀六年春，诏立亮庙于沔阳。初，亮亡，所在各求为立庙，时议以礼秩不听，民间遂因时节私祭之于道陌之上。校尉习隆等上言：'……今若尽顺民心，则渎而无典；建于京师，又逼宗庙；宜因其墓立之沔阳，使亲属以时赐祭。凡亮故时臣吏欲奉祀者，令至庙所，断其私祀，以崇正礼。'于是始从之。"⑤ 郑樵《诸葛亮传》云：

---

① （宋）司马光：《资治通鉴》（一），第846页。

② 王瑞功主编《诸葛亮研究集成》，第66页。

③ （晋）陈寿：《三国志》，第928页。

④ （晋）陈寿《三国志·诸葛亮传》裴注引《襄阳记》，第928—929页。

⑤ 王瑞功主编《诸葛亮研究集成》，第23页。

"景耀六年春，诏为亮立庙于沔阳。亮初亡，所在求立庙，朝议以礼秩不听，于是百姓祭于巷陌，夷戎祀于郊野。至是，步兵校尉习隆、中书郎向充等表请乞于近墓立庙，断其私祭，以崇正礼，从之。"① 张栻《汉丞相诸葛忠武侯传》云："亮既没，吏民歌思不忘，多请为亮立庙，朝议以礼秩不听，百姓因时节私祭之于道陌上。言事者或以为可听立庙成都，后主不听。步兵校尉习隆等表曰：'亮德范遐遐，……以崇正礼。'于是始从之。时亮薨二十有八年矣。"② 这几位作者不约而同地将目光转向这一"片传"，并予以认真辨析，然后用自己的笔触写入自己构筑的诸葛亮传记之中，这一"片传"的史料价值也就更加凸显。可见，借鉴"片传"资料能为拓展传记写作思路打下坚实的材料基础和表现内容基础，是开拓传记新空间的一个有效路径。

当然，宋代《诸葛亮传》写作在选用"片传"的时候也存在一些问题。朱熹就曾不客气地指出："胡致堂……只是不通检点，如何做得事成？"③ 萧常《续后汉书·义例》中说："凡事之不系乎治乱，不关乎名教，与夫迹涉怪诞者，皆略而不书。"④ "不通检点""略而不书"都可能会有失公正，造成偏颇。纪昀在评价萧常《诸葛亮传》时，说有些地方"盖其大旨在书法，不在事实也"⑤，可谓一针见血，点中了问题的关键之所在。由于过分强调"义理"，就会出现如果具体的历史事实适合于发挥理论预设就采信，义理与史实相抵牾就舍弃的情况，这种想当然的不正确的历史哲学观是十分有害的。应该坚持"通变"的认识传统，在纷繁复杂的历史现象中，努力找出历史发展的内在逻辑，抽丝剥茧，融会贯通。材料的取舍问题，是对传主理解程度的一种表现，作者应以敏锐的眼光、公正的态度，选择那些使人物性格突出、形象更加生动的材料，组织到传记中去。陈寿《诸葛亮传》写诸葛亮"每自比于管仲、乐毅"，除郑樵《诸葛亮传》写为"每自方于管仲、乐毅"，萧常《诸葛亮传》写为"每自比管仲、乐毅"外，胡寅《诸葛孔明传》、张栻《汉

---

① 王瑞功主编《诸葛亮研究集成》，第 35 页。
② 王瑞功主编《诸葛亮研究集成》，第 51 页。
③ （宋）黎靖德编《朱子语类》第 7 册，第 1956 页。
④ 萧常：《续后汉书》，第 305 页。
⑤ （清）纪昀等纂《武英殿本四库全书总目》卷五十"史部六别传类"，第 172 页。

丞相诸葛忠武侯传》都将其弃而不用。胡寅、郑樵不写诸葛亮为后主抄写《申》《韩》之类为谋取功利的"杂驳"之书，张栻、萧常还专门申明了不写的原因。张栻的说法是其中的代表："侯在隆中，传称以管、乐自许。予谓侯盖师慕王者之佐，其步趋则然，岂与管、乐同在功利之域者哉！意其传者之误，故不复云。"① 诸葛亮为后主刘禅写《申》《韩》《管子》《六韬》这一史实，实出于刘备遗诏，根本毋庸置疑。而张栻却绝对不采信这一"片传"，因为他心目中提前认定和固化了诸葛亮儒者楷模的形象，就固执地认为诸葛亮不会为后主抄写这些书，因而对确凿的历史事实不管不顾绝对不采用。由此可见他不是根据史料，而是出于贬损管、乐的目的，出于对诸葛亮符合"纯儒"标准的嘉言懿行竭力发挥彰扬来选择史料的。但是，诸葛亮写《申》《韩》《管子》《六韬》这个问题，涉及诸葛亮的法家思想问题，不写绝对是不准确的，甚至是错误的。

　　史学精神是一个宏大的话题，宋代《诸葛亮传》中显示出的时代史学精神丰富而驳杂，这里初步做了一些肤浅分析。但尚智是历史学的一种基本精神，司马迁"稽其成败兴衰之理""前事不忘，后世之师也"等论述，是历史学存在的内在要求。关于宋代《诸葛亮传》书写体现的时代史学精神，值得继续进行深入探讨。

---

① （宋）张栻：《汉丞相诸葛忠武侯传》，见王瑞功主编《诸葛亮研究集成》，第53页。

浅论"述而不作"的崇古思维
与独断型阐释模式[*]

钟厚涛^{**}

摘　要　"述而不作"造就了中国文化发展史上强大的注、疏、传、训、义解传统,从"孔子删诗"到汉代今文、古文经学再到清代乾嘉学派,绵延数千年的注解文化传承背后是要回归文本的召唤,期许能够再现"圣人之意"。与此同时,"述而不作"的崇古思维,即"信而好古"也直接催生了后世的"托古改制"。但"述而不作"的本质其实并非真正的"不作",而是要"以述为作",以"述"来统摄"作",表面上"我注六经",实则"六经注我",通过自我理解的投射和文本意义的封闭,来完成对经典文本语义阐释空间的话语垄断。

关键词　述而不作　孔子　崇古　独断型阐释

"述而不作"意旨丰富,在中国文化史上一直众说纷纭,莫衷一是。对于这一概念的解释,有必要首先从语义学上对其进行纵向的时间追溯。

*　基金项目:本文系北京市青年英才项目"中国文化对外传播话语创新研究"(项目编号:2022BJSWXCB104)的阶段性成果。

**　作者简介:钟厚涛,文学博士,国际关系学院文化与传播系副教授。主要研究领域:中国文化与跨文化传播。

"述而不作"作为原始儒家的阐释原则，最早见于《论语·述而》篇："述而不作，信而好古，窃比于我老彭。"① 从中可以看出，"述而不作"最初是孔子面对周王朝礼崩乐坏时文化重建的方式和立场，是一种阐释原则的外在化呈现。而从后世的发展脉络来分析，对于何谓"述"和"作"，则直接构成了研究者争论的起点和焦点。

就字面意义而言，东汉著名文字学家许慎在《说文解字》中，曾对"述"和"作"分别进行了较为简单的解释，即"述，循也"，②"作，起也"。③"循"乃因循承传之意，"作"则意味着从无到有的生发与创新。《汉书·礼乐志》载："作者谓之圣，述者谓之明。"④《汉书》在这里进一步把"述"与"作"的差别定位在对儒家元典是纯粹字义的解读，还是对元典精髓义理的阐发这两个不同层面。清代著名学者焦循则阐述得更为清晰："天下之知觉自我始，是为'作'……有明之者，用以教人，而作者之意复明，是谓'述'。"⑤ 由此可见，上述材料都把"作"视为有原创性的动作，而"述"更多是知识的延续与承传。对此，司马迁在《史记·孔子世家》中曾有过这样的背景描述："孔子之时，周室微而礼乐废，《诗》、《书》缺。追迹三代之礼，序《书传》，上纪唐、虞之际，下至秦缪，编次其事。"⑥

"述"与"作"在"述而不作"中表面上是对立且对等的关系，但背后隐藏着差异化的等级序列，即"作"的位阶要高于"述"。⑦ 对此，朱熹在《四书章句集注》中曾有过非常清晰的揭示："述，传旧而已。作，则创始也。"⑧ 朱熹认为只有圣人才有资格去"作"，而常人或贤人只能"述"。清人刘宝楠曾对"述""作"之间的关系进行了更为深入的区分："述是循旧，作是创始……议礼、制度、考文皆作者之事，然必天

---

① （魏）何晏注，（宋）邢昺疏《论语注疏》下册，见于（清）阮元校刻《十三经注疏》，影印世界书局本，中华书局，1980，第2481页。

② （汉）许慎：《说文解字》，中华书局，1963，第39页。

③ （汉）许慎：《说文解字》，第165页。

④ 《汉书》，中华书局，1997，第762页。

⑤ （清）焦循：《雕菰集》，中华书局，1963，第87页。

⑥ 《史记》，韩兆琦评注，岳麓书社，2011，第774页。

⑦ 郭西安：《缺席之"作"与替补之"述"——孔子"述而不作"说的解构维度》，《中国比较文学》2015年第2期。

⑧ （宋）朱熹：《四书章句集注》，中华书局，1983，第93页。

子乃得为之。"① 将"作"与天子之事强行关联，这背后折射的是对"作"之原创性的膜拜和神圣化心理。

由此可见，凡是民众所需，皆为圣人所作，如此一来，"作"也就被圣化，从而产生了尊卑对立和二元等差叙事，即只有圣人才能"作"，若非圣人则无法或者根本没有资格去"作"。由此可见，"述而不作"并非现代人通常理解的"只是阐述前人而不进行自我创作"，它背后其实隐含了意涵非常丰富的中国传统阐释学思想，值得深入探讨。

一 崇古心理与对经典文本意义的独断型阐释

《汉书·儒林传》对于孔子"述而不作"的产生语境曾有过这样的分析："盖（孔子）晚而好《易》，读之韦编三绝而为之传，皆因近圣之事以立先王之教。故曰：'述而不作。'"② 后来宋人陈栎对此做如下分析："'信而好古'乃'述而不作'之本……所以述古不敢自作古焉。"③ 显然，"述"首先展现的是一种崇古思维，即对历史典籍近乎毋庸置疑、不加反思乃至于无须反思的崇尚与膜拜，也正是在这个意义上，《诗》才被赋予了"兴、观、群、怨"的功能。④ 与此同时，"述"还彰显了阐释者的存在方式，在某种意义上讲，后世的阐释者是以对历史元典的解读和阐发来作为自己安身立命之所在的。对此，孔子曾特别强调，"我非生而知之者；好古，敏以求之者也"。⑤ 又曰："十室之邑必有忠信如丘者焉，不如丘好学也。"⑥ 显而易见，无论是孔子的"好学"还是"敏以求之"，其"学"和"求"的客体与对象都是前人的典籍。这种思维方式的本质乃是"读经为本、解经为事和依经立义"，即借助经典引证来

---

① （清）刘宝楠：《论语正义》，中华书局，1990，第 251—252 页。

② 《汉书》，第 1004 页。

③ （宋）陈栎：《四书发明》，见于程树德《论语集释》，程俊英、蒋见元点校，中华书局，1990，第 436 页。

④ （魏）何晏注，（宋）邢昺疏《论语注疏》，见于（清）阮元校刻《十三经注疏》，影印世界书局本，第 2525 页。

⑤ （魏）何晏注，（宋）邢昺疏《论语注疏》，见于（清）阮元校刻《十三经注疏》，影印世界书局本，第 2483 页。

⑥ （魏）何晏注，（宋）邢昺疏《论语注疏》，见于（清）阮元校刻《十三经注疏》，影印世界书局本，第 2475 页。

表达自己意欲表达的内容。"依经立义"虽然在东汉著名文学家王逸的《楚辞章句序》中才首次出现，但与"述而不作"以及由此引发的"注不离经，疏不破注"等传统却遥相呼应。

黑格尔曾把西方哲学史比喻成一个"厮杀的战场"，认为西方哲学的发展历程呈现为一种新的思想取代原有的思想。① 与黑格尔"丛林法则""厮杀战场""后胜于今"的论述不同，中国诗学思想发展史大多是在一种因循承传中创新前行，因而不是后取代前的问题，而是后从前中开创而来，追求守正创新、返本开新。南朝梁皇侃对"述而不作，信而好古，窃比于我老彭"曾有过这样一段极其精彩的解释："述者，将传于旧章也；作者，新制作礼乐也……孔子是有德无位，故述而不作也。"②

此后，北宋邢昺也对"述而不作，信而好古，窃比于我老彭"进行了注解，视角与皇侃略有不同，更关注为何是"窃比于我老彭"。现将原文录抄如下："作者之谓圣，述者之谓明……孔子言，今我亦尔，故云比老彭。犹不敢显言，故云窃。"③ 由此可见，"不作"不是真的"不作"，而是避免在没有任何思想原创基础上的空谈或妄作。也正是由于此，《论语·述而》篇中才会记载，"子曰：盖有不知而作之者，我无是也"。④ 孔子毕生所愿就是要继承周公和文王的文化余脉，自觉扛起文化传承的使命担当大旗，也正是在这个意义上，他才强调："文王既末，文不在兹乎？"⑤ 孔子认为，如若自己能够有挥洒才华、施展本领的舞台和空间，一定可以重振周公和文王时期的文化鼎盛风貌，即如其自己所言："如有用我者，吾其为东周乎？"⑥

孔子对于儒家典籍的阐释，是以道德政治作为最重要依据的，这也

---

① 〔德〕黑格尔：《哲学史讲演录》第1卷，贺麟、王太庆译，商务印书馆，1959，第21页。
② （南朝梁）皇侃义疏《论语集解义疏》，商务印书馆，1937，第85页。
③ （魏）何晏注，（宋）邢昺疏《论语注疏》，见于（清）阮元校刻《十三经注疏》，影印世界书局本，第2481页。
④ （魏）何晏注，（宋）邢昺疏《论语注疏》，见于（清）阮元校刻《十三经注疏》，影印世界书局本，第2483页。
⑤ （魏）何晏注，（宋）邢昺疏《论语注疏》，见于（清）阮元校刻《十三经注疏》，影印世界书局本，第2090页。
⑥ （魏）何晏注，（宋）邢昺疏《论语注疏》，见于（清）阮元校刻《十三经注疏》，影印世界书局本，第2524页。

会走向一种封闭的独断论阐释。① 但无论怎样，"述而不作"都不是简单的传统"复原"，而是对历史资源的一种激活，即在古与今的对话中，实现文化的传承与更新。而这也成为此后中国学术话语的重要思维方式之一，甚至在不经意间还闯入了，或者说是渗透到了政治话语圈层。例如，关于在朝廷上是否以及如何遵循前贤之道，当时的文人士大夫就展开了激烈的辩论纷争。桓宽在《盐铁论·卷五》中做如下论述："故或作之，或述之，然后法令调于民，而器械便于用也。"②

二 以真理面目示人的儒家经典与以目的论
为旨归的诠释模式

在夏商周乃至更上古时代，"诗乐舞"三位一体，并行不悖，缺一不可。但随着时间的推演，乐与舞逐渐退场，只留下诗（文本）的延续。在孔子看来，只从诗（文本）来"述"也即追溯至古人、与古人进行跨时空的沟通，显然是远远不够的。在诗（文本）之外，还需要以乐与舞为媒介，来尽可能地还原原初意义的出场方式。事实上，虽然孔子坚持"述而不作"的立场，但其实他也曾经从"诗乐舞"的路径进行过创作。根据《史记·孔子世家》的记载，孔子曾经创作琴曲《陬操》，当时的语境是这样的："乃还息乎陬乡，作为《陬操》以哀之。"③《陬操》是琴曲之名，即《孔子家语》中所出现的《盘琴》。司马迁这里用"作为"二字来描述孔子创作这首琴曲，显示这是孔子的"作"而非"述"，更重要的是，这首琴曲在文字与音乐方面应该是同时存在的。

需要强调的是，孔子虽然偶尔为"作"，但在"述"与"作"之间，孔子更为倚重的是"述"，即对前人的回溯与征引。对此，《论语》中有多处记载，如"夏礼吾能言之，杞不足征也"。④ 由此可见，孔子既是传统的"复述者"与延续者，更是传统的形塑者与规则制定者。在孔子所

① 杨乃乔：《中国经学诠释学及其释经的自解原则——论孔子"述而不作，信而好古"的独断论诠释学思想》，《中国比较文学》2015 年第 2 期。
② 王利器校注《盐铁论校注》，中华书局，1992，第 292—293 页。
③ 《史记》，第 775 页。
④ （魏）何晏注，（宋）邢昺疏《论语注疏》，见于（清）阮元校刻《十三经注疏》，影印世界书局本，第 2466 页。

创设的这种"述而不作"传统规训下，后来者也往往更注重于返本开新与守正创新，在对传统经典的意义解读中开掘新意。对此，清代学者张岱在《四书遇》的"述而不作"条目下，留下这样的注解："荀子法后王，只是于古处信不及，圣人看得世间事事端正，不费手脚，羲皇衍《易》已是效天法地，何况竟列圣人裁成，尚有破绽去处否？"①

清代著名学者焦循后来在《雕菰集》中对其又有进一步的解释：已有知之觉之者，自我而损益之；或其意久而不明，有明之者，用以教人，而作者之意复明，是谓"述"。② 显而易见，"述"已非"述"这么简单，而是成为"明理"与"教人"的基础。所谓"教"即指"上所施下所效也"，在此过程中，"教"也就成了"述"的具体呈现方式，并在此过程中产生了强烈的话语主导与话语规训功能，使后世往往对于"教"也即"述"的内容自觉服膺，不敢越雷池半步。

当然，这并不意味着后世的"述"者在面对前人的"历史流传物"时，就只能被动地接受。事实上，后世阐释者在理解这些经典，包括《诗》的过程中，也需要换位思考，以"同情心"和"同理心"来看待经典，不能简单地将它们当作冰冷的客体，而应该带着自己的心性去感悟和认知。即如《孟子·告子章句上》中所分析的："故曰：口之于味也，有同耆焉；耳之于声也，有同听焉；目之于色也，有同美焉。至于心，独无所同然乎？心之所同然者何也？谓理也，义也。圣人先得我心之所同然耳。故理义之悦我心，犹刍豢之悦我口。"

当代新儒家学者对此也有过精彩的论述："只有由我们的生命心灵……去同情体验其依于什么一种人类之生命心灵而有，然后能有真实的了解。"③ 所以，在"述而不作"的时候，不是简单地将典籍"为我所用"，而是要带着自己的温情、关怀和敬意与典籍对话，与古人沟通，进而形成一种"主体间性"，即孔子所谓的"若仁与圣，则吾岂敢？"④ 在对古人的敬畏和对自我的谦卑中，在对典籍带有某种意义上的"神圣

---

① （清）张岱：《四书遇》，浙江古籍出版社，1983，第 89 页。

② （清）焦循：《雕菰集》，第 73 页。

③ 牟宗三等：《为中国文化敬告世界人士宣言》，香港《民主评论》1958 年元旦号。

④ （魏）何晏注，（宋）邢昺疏《论语注疏》，见于（清）阮元校刻《十三经注疏》，影印世界书局本，第 2484 页。

化"色彩的理解过程中，实现古与今的跨时空互动。

需要特别强调的是，这种"主体间性"的形塑，并不是以完全意义上的主体对等作为立论基础的，很多时候，对话的主体基于其自身的目的性对对话的客体进行强加性的意义解读，在这个意义上讲，"述者"也就变成了"作者"。在此过程中，对话的客体虽然在场，但对话的主体更倾向于对其选择性解读，视其为"缺席的在场"。这在孔子与《春秋》的关系中，体现得最为淋漓尽致。"至于为《春秋》，笔则笔，削则削。"一句"笔则笔，削则削"，透露出孔子曾对《春秋》进行了大刀阔斧的文字改动，进而建立了一套强大的话语管控与方向导引机制。"笔则笔"，很显然就是文字的增补，而"削则削"则是文字的删减。这说明，孔子在其内心深处，对于《春秋》已经具有了某种意义上"所有权"的认定，也正因如此，孔子才会说"后世知丘者以《春秋》，而罪丘者亦以《春秋》"，如此一来，孔子就把自己和《春秋》进行了价值意义上的捆绑与连接。所以孔子不是纯粹意义上的以匿名方式进行"修《春秋》"，而是采用实名制来"作《春秋》"，背后既有自己的理想担当，更有直接的目的诉求，当原初意义上的《春秋》与孔子的阐释无法完全契合时，孔子在推崇《春秋》权威性的同时，也有可能对《春秋》进行一定限度的文本调适与语义增补。也正是由于此，后世才有学者认为，孔子绝非简单的"述"《春秋》或"修"春秋，而是"作"《春秋》，[1]也即对《春秋》的"据旧事而发义"，从现代阐释学来讲这就是一种"再加工"。由此可见，孔子与《春秋》的关系，不是简单的"述者"与传统典籍的关系，不是简单的"传声筒"，而是"作者"与文本的关系。钱穆对此就认为，孔子不但是《春秋》的作者，而且是《春秋》的唯一作者。[2] 所以，孔子所谓的"述而不作"绝非简单的"陈述"或"复述"，也不是简单的"编辑"与"整理"，亦非简单的"替补"与"重新出场"，而是带着自我的意义理解进行的二次加工、再度创作和文本重构，是一种典型的"明述实作"，也即在"述"的遮掩下进行实质性的"作"。

---

① 朱松美：《也谈孔子"作"〈春秋〉——孔子"作"〈春秋〉的诠释学解析》，《济南大学学报》2017 年第 6 期，第 81 页。

② 钱穆：《两汉经学今古文平议》，联经出版事业公司，1998，第 263 页。

三 "以经解经""明述暗作"与问答的闭环逻辑

由于"作者"（Author）本身就自带"权威"（Authority）的光环，所以，"作"不是文本书写，而更多的是一种思想原创或是理念创生（Creation），具有"本源"、"起源"或"源头"（Origin）的光环。"述而不作"也不是"只述不作"，二者不是简单的二元对立关系，而是"明述暗作"或是"以述为作"，略类似于明人李贽在《焚书·杂说》中所说的"借他人酒杯，浇自己块垒"，在与典籍故人的对话中，来催化和激发自己的思想。从这个意义上讲的话，"述"其实是对"作"的一种回应和超越，是对"作"之文本意义空间的再度开启，即如南宋著名思想家叶适所言：

> 述而不作，信而好古，孔子之道所以载于后世者在此。盖自尧舜至于周公有作矣，而未有述也。天下之事变虽无穷，天下之义理固有止。故后世患于不能述，而无所为作也。虽然，学者不述乎孔子，而述其所述，不信乎孔，而信其所信，则尧舜周孔之道终以不明慎之哉。①

李泽厚也有类似的论述，认为"任何'述'中都有'作'。孔子以'仁'解'礼'，便是'作'。实际上孔子是'述而又作'。'述'者'礼'也；'作'者'仁'也。'作'是为了'述'，结果却超出了'述'"。② 如此一来，"述"在某种意义上也就具有了本体论的意味，即如学者所分析的，"本是根源……体是外在"。③"述"既是作为根源的"本"，又是作为外在呈现的"体"。

孔子"述而不作"的价值与意义就在于，既完成了对周朝礼乐的传承，又实现了对于历史的激活，在"古"与"今"、"我"与"他"的对话中达到了思想的圆融。即如伽达默尔所说，"历史的思维总是已经包

---

① （宋）叶适：《习学记言序目》卷十三，中华书局，1977，第182—183页。

② 李泽厚：《论语今读》，三联书店，2004，第188页。

③ 成中英：《本体与诠释》，三联书店，2000，第267页。

含着过去的概念和我们自己的思想之间的一种中介"。① 章学诚对于"诗"（文）和"史"中关于"述而不作"的区分也曾有过非常精彩的论述："文士撰文，惟恐不自己出，史家之文，惟恐出之于己。"② 章学诚认为"诗"与"史"中对于"述而不作"这一传统的解读各不相同，史应该"述而不作"，"诗"则应该"力求出于己"。而当引"诗"者无法"力求出于己"时，引"述"者出于自身的焦虑，往往倾向于直接将自己的本意强加于"诗"，即孔子所谓："诗三百，一言以蔽之，曰：'思无邪。'"③ 至于《诗》的原初意义究竟是否"思无邪"已经无关紧要，重要的是作为"述"者也即阐释者的孔子认为其"思无邪"，并由此建立了一套话语统摄与权威体系，认为《诗》只能从"思无邪"的方向阐释，而任何偏离这一方向的解读，都有可能被视为"偏其本"的"邪说"或"异端"。所以孔子删《诗》一方面是"去其重"，"编次其事"；另一方面也是价值意义的重构与阐释议题的重新设置。而章学诚所做的这种区分只是在相对意义上而言的，在"六经皆史"的语境下，"述而不作"往往容易演变成普泛的共识。在这种情势下，儒家的各种经典之作也就成为"不刊之论"和"恒久经典"，例如，刘勰在《文心雕龙》中指出的，儒家经典的价值意义在于"并穷高以树表，极远以启疆，所以百家腾跃，终入环内者也"。④

从上述引文中可以看出，儒家各种经典已经被当作"赋颂歌赞"的后世楷模，如果偏离了这一楷模，就成了"谬体"和"讹体"。由此，儒家经典就逐渐开启了其被经学化也即被定于一尊的道路。在此情势下，在"述"与"作"之间，"述"的位阶和价值意义也就远远高于"作"。也正是因为这种原样，苏洵在去世前，才要求苏轼潜心注解《周易》、《尚书》和《论语》，而苏轼也以此为安身立命之本，专心于"以述为作"，晚年曾慨叹，"某凡百如昨，但抚视《易》《书》《论语》三书，即觉此生不虚过。如来书所谕，其他何足道"。⑤

① 〔德〕伽达默尔：《真理与方法》，洪汉鼎译，商务印书馆，2007，第 400 页。
② （清）章学诚著，仓修良编注《文史通义新编新注》，浙江古籍出版社，2005，第 404 页。
③ （魏）何晏注，（宋）邢昺疏《论语注疏》，见于（清）阮元校刻《十三经注疏》，影印世界书局本，第 2461 页。
④ 范文澜注《文心雕龙注》，人民文学出版社，1958，第 22 页。
⑤ 张春林主编《苏轼全集》（下），中国文史出版社，1999，第 1231 页。

结　语

孔子在《论语·述而》篇中所说的"述而不作，信而好古，窃比于我老彭"，其背后隐含了强烈的等级结构，即"作"优于"述"，"作者"优于"述者"，唯有圣人方能成为"作者"，而贤人或常人只能是"述者"。这表面上是对"作者"的膜拜和推崇，也容易催生"圣贤遗教"与"祖宗成法"，甚至"祖宗法度不容有变"，但后世的"述者"往往在"六经注我"的阐释过程中，有意或无意地进行了对于"作者"的取代和消解，而让"述者"的意义占据垄断地位。此外，还需要特别关注的是，"述而不作"的目的并不完全是要回溯既往，建立话语禁锢，而是要以历史为殷鉴，在对历史的洞察中来前瞻未来，即孔子所谓"后虽百世可知也"。① 这种"以述为作"的阐释模式和实践智慧，既深刻地规训了中国的注经传统，也对中华文化中鉴古知今、察往知来、返本开新的思维导向产生了深远影响。

---

① （魏）何晏注，（宋）邢昺疏《论语注疏》，见于（清）阮元校刻《十三经注疏》，影印世界书局本，第2467页。

尽伦尽制，由圣入王[*]

——荀子对孔子圣人观的继承与改造

宫浩然　郑治文^{**}

摘　要　"圣人"是儒家的重要观念，儒学即一套以希圣、成圣为最高精神追求的修身治世之学。在儒家创始人孔子那里，"圣人"是德行完满、"博施于民而能济众"的至高理想人格，一般人难以企及，故其本人不敢以"圣"自居。孔子之后，孟荀分别从仁学和礼学不同哲学进路深化发展了孔子的圣人思想。孔荀之间，荀子以礼学为本，继承和改造了孔学：一方面继承了孔子对圣人"内圣外王"的基本理解；另一方面又强调"尽伦尽制""由圣入王"，从圣人之德通向圣王之制，将圣人之德与圣人之制统一，使儒家圣人观在先秦历史中呈现越来越现实化、政治化的外在权威趋向。由是，荀子在很大程度上重新建构了儒家圣人观内圣与外王的统一，道德与政治的统一，由此确立了其道德理想主义与政治现实主义相统一的精神特质。荀子对孔子圣人观的这种政治化改造，为汉代以后儒学实现官学化发展做了思想准备。

关键词　孔子　荀子　圣人观　圣王合一　尽伦尽制

---

* 基金项目：山东省社科规划研究项目"儒学事件研究"（项目编号：20CWTJ14）。

** 作者简介：宫浩然，青岛农业大学教师。主要研究领域：儒家文化。郑治文，曲阜师范大学孔子文化研究院副教授、硕士生导师。主要研究领域：先秦儒学、宋明理学。

先秦儒家的圣人理想在战乱四起、民不聊生、社会混乱的时代背景下提出，儒家寄希望于出现像尧、舜、禹、汤、文、武和周公一样的理想人物来平定战乱纷争，匡正社会秩序，使天下重归于"治"。孔子所处的春秋晚期，礼坏乐崩，"天下无道，则礼乐征伐自诸侯出"（《论语·季氏》）的乱政之象迭出，① 孔子主张恢复周初创制的重德的礼乐文化，殷切盼望天下重新出现作为道德理想、治世榜样的圣人，"道之以德，齐之以礼"（《论语·为政》），用道德教化百姓，以德政施行于社会，使礼乐并行于天下。孔子心中的圣人形象既有崇高完备的道德修养，又具备使天下大治、民心归属的政治事功。孔子认为，圣人境界一般人难以达到，不可冀求，因为圣人的超高道德修养和超凡政治才能，以及创下的济世救民、治世化民的功德一般人难以期成。

战国时期，列国纷争愈演愈烈，社会愈加动荡不安。到了荀子所处的战国末期，长期的战乱流离使人们饱受折磨、患难深重，更加迫切地渴望出现平乱世、开治世的圣人。作为先秦儒家最后的集大成者，荀子接续孔子，并依据时势演进，改造和发挥了儒家的圣人观念。荀子直承孔子那种追求德行完满、政治事功的圣人观，继而又创造性地提出"由圣入王""尽伦尽制"的观点，将"尽伦"的道德理想与"尽制"的政治作为统一起来，最终完成了先秦儒家圣人观从"内修圣人之德"的道德人伦建设向"外施王者之政"的王道礼制建构。

身处战国晚期的荀子，在天下即将"定于一"的时代大势下，顺应历史发展的需要，一改儒家自孔孟以来所构建的道德政治哲学中一贯存在的道德理想主义的"迂阔"特点，转而在社会政治的现实语境下，开始进一步思考儒学接下来的发展方向问题，从而打开了儒学政治化的大门。正是这种"直承孔孟"和"迎合时代"内外合力的作用，促成了荀子政治哲学（尤其是圣王思想）道德理想主义与政治现实主义相统一的

---

① 天下无道的表现为王道衰微，诸侯迭起，"礼乐征伐"之出由天子下移至方伯，天子"统而不治"，诸侯"尊王攘夷"，导致天子权威不断衰落，方伯权势交替上升，形成了"王伯共治"的局面。春秋时期政局的混乱、权力的争夺，使植根于西周分封统治秩序的礼乐制度和文化遭受到了严重的挑战与破坏，但客观地为包括早期儒家在内的先秦诸子修身治世之学的开创和繁荣提供了契机，以"治"为中心命题的诸子学兴起，仰慕和效仿圣人之治则成了先秦时代百家学说中的题中应有之义。

思想特质。^①在圣人观上，这种思想特质主要表现为"圣"与"王"的合一、"尽伦"与"尽制"的并重。以"圣王合一""尽伦尽制"为思想要求来重新建构孔子圣人观中的"内圣外王"之道，看重圣人"尽伦"的道德表现，更看重圣人"尽制"的政治作为，这在很大程度上强化了儒家圣人思想的政治化取向。荀子对儒家圣人理想的重新建构，带来了儒学精神的巨大革新，而也正是这种革新才让秦汉以后儒学走向政治历史舞台成为可能。

一　孔子：圣人之德与"博施广济"

"圣人"观念在孔子思想中尤为突出，被奉为有极高道德修养和极大政治作为的最高人格典范。"仲尼祖述尧舜，宪章文武"（《礼记·中庸》），在孔子看来只有上古三代的先王能够称得上"圣人"，其圣人谱系不出尧、舜、禹、汤、文、武、周公的范围。在《论语》末篇《尧曰》中，孔子提到了尧、舜、禹之间一脉相承的禅让关系，其中特别尊崇尧帝，^②其后还有关于汤、武的记述。至于文王和周公，则见于《论语》其他篇章中，孔子还尤其偏好和推崇周公。^③总之，在孔子看来，上古先王是德行完满、功德无量的道德楷模和治世榜样，他们无疑才是孔子所期盼和追求的崇高"圣人"。

"子贡曰：'如有博施于民而能济众，何如？可谓仁乎？'子曰：'何事于仁，必也圣乎！尧舜其犹病诸！'"（《论语·雍也》）孔子所认知的"圣"远高于其思想核心概念的"仁"，即便是极大造福于民众的先王尧、舜都未完全达到"圣"的境界，与"圣人"尚有一间之未达。"尧舜其犹病诸"的表述意在凸显圣人所需具备的不仅是至善至美的仁德，更重要的是至高至大的"博施于民而能济众"的功德。修养崇高的仁

---

① 郑治文：《道德理想主义与政治现实主义的统一：荀子政治哲学思想特质研究》，山东大学出版社，2020，第 11 页。

② 《论语·泰伯》中有孔子以尧帝为至尊的赞述："子曰：'大哉，尧之为君也！巍巍乎！唯天为大，唯尧则之。荡荡乎！民无能名焉。巍巍乎！其有成功也；焕乎，其有文章！'"（参阅杨朝明主编《论语诠解》，山东友谊出版社，2013，第 146 页）

③ 《论语·述而》中出现了孔子以周公为精神偶像的誉论："子曰：'甚矣吾衰也！久矣吾不复梦见周公。'"（参阅杨朝明主编《论语诠解》，第 113 页）

德，再建立起广博的功德，如此才具有了圣人的完备表现，才能够成为"博施广济"的圣人。具体而言，圣人是在自身仁德基础上能够创造"博施广济"功德的道德理想人格：先具备完善的仁德修养才可承担起施行仁政、泽被生民的政治责任和社会担当，以建成完满的功德业绩。所以，孔子对圣人的基本规定是至善至美的仁德和至高至大的功德两个主要方面，此二者缺一不可。具备修己以敬、推己及人的仁爱道德，当仁不让、义不容辞地担当起济世救民、治世化民的天下大任，成就恩施天下、惠及众生的千古功德，最终才可成为孔子心目中的理想圣人。归结起来可以说，孔子认为，只有那种德行完满、"博施济众"的圣人，才能使天下大治而民心所归。

"圣人，吾不得而见之矣"（《论语·述而》），其实可以说，孔子已经否认了现实中能有任何人成圣的事实：绝大多数人都未曾达到"仁"（君子），更无可能以成"圣"。其原因在于，极少有人既具备至善的仁德，又能够成就至高的功德。所以孔子强调"圣人从天"，称赞尧帝"唯天为大"："大哉，尧之为君也！巍巍乎！唯天为大，唯尧则之。"（《论语·泰伯》）尧帝的圣德多么广大；只有天是那么高大，只有尧能够效法天。可见，孔子的圣人与天道同体，圣人之德也如同上天一般高巍广大，只有圣人才能够真正地效法于天。由此，凸显了孔子圣人观的超越性维度。故尊天希圣的孔子告诫世人君子："君子有三畏：畏天命，畏大人，畏圣人之言。"（《论语·季氏》）在孔子看来，圣人是与天道同体的超越的道德理想，现实中绝大多数人无法企及，只有先立足于修养现实性的仁德，才能慢慢期求同上天般广博的功德，进而达至圣人的理想境界。

既然未曾达到"仁"的世人无以成圣，那么，努力践行"仁"的孔子是否就能够成为圣人呢？孔子在其是否为圣的问题上，亦予以了自我否定："大宰问于子贡曰：'夫子圣者与？何其多能也？'子贡曰：'固天纵之将圣，又多能也。'子闻之，曰：'大宰知我乎！吾少也贱，故多能鄙事。君子多乎哉？不多也。'"（《论语·子罕》）具备了超高道德修养（"仁"）和超凡政治才能（"能"）的孔子，并不敢以圣自居。其原因或正在于，孔子认为君子"有德无位"，无"位"亦就难有所为。"君子去仁，恶乎成名？君子无终食之间违仁，造次必于是，颠沛必于是。"

（《论语·里仁》）这阐明了君子与"仁"的关系：君子须时刻以"仁"来要求自己。达至"仁"的君子理想人格尚且不易，何况"圣人"理想还远远高于"仁"（君子）。不仅如此，圣人在君子求仁的至高道德修养基础之上，还须拥有君子所不具备的"位"，有"位"而后能有功。孔子认为，君子"有德无位"，修养完备的仁德却无法施展和推行仁政，无法积累完满的功德，因无"位"而无为，最终亦难以成圣。圣人所成，不只在于"仁"的道德修养，也不只在于"能"的智慧才能，关键还在于是否能够获得"位"以承担"博施于民而能济众"的政治责任和社会担当，建立仁政广施、泽及百姓的丰伟功绩。概括起来说，成圣不仅要有"德"（仁）、有"才"（能），亦需要有"位"。"君子多乎哉？不多也"也正说明了，世间的君子，在孔子看来其实本就并不多见，更何况是比君子要求更高更难的圣人呢？因此，孔子即便具备仁德又"何其多能"，也顶多只以君子自勉而不敢以圣人自诩，因其毕竟无"位"，难以建立圣人之功德。《淮南子·主术训》篇言："孔子之通，智过于苌宏，勇服于孟贲……然而勇力不闻，伎巧不知，专行教道，以成素王。"这里将孔子称为有治理天下之德才而不居君王之位的"素王"，是因为孔子难以像有大位之君王那样"立功"。孔子的"素王"形象其实也正反映了当时天下"德"与"位"分离的现实性问题，而像其所期盼的德业兼备的"圣人"对于一般人来说，注定也只能是超越性的崇高道德理想。

那么，兼备"德""才""位"三位一体，是否就一定能够成为"博施广济"的圣人？在孔子看来，答案依旧是否定的。"子贡曰：'如有博施于民而能济众，何如？可谓仁乎？'子曰：'何事于仁，必也圣乎！尧舜其犹病诸！'"这说明圣人的主要评判标准在于"博施于民而能济众"，而"博施广济"的圣人功德就连兼备了"德""才""位"的先王尧舜都"其犹病诸"，他们与圣人的最高境界仍有一间之未达。其实，"博施广济"的圣人功德对应的就是孔子所追求的尧舜同样"其犹病诸"的"安人安百姓"的政治理想。"子路问君子。子曰：'修己以敬。'曰：'如斯而已乎？'曰：'修己以安人。'曰：'如斯而已乎？'曰：'修己以安百姓。修己以安百姓，尧舜其犹病诸！'"（《论语·宪问》）在孔子那里，人格修养的最低层次在于"修己"，其更高的层次是"安人"和

"安百姓"。由此可以看出，孔子所追求的理想人格的实现有一个从君子到圣人的跃进，呈现为从内圣到外王的过程。

"若圣与仁，则吾岂敢？抑为之不厌，诲人不倦，则可谓云尔已矣。"（《论语·述而》）孔子明确表示"圣"与"仁"己虽不能，但却"为之不厌，诲人不倦"，以此来追求崇高的仁德乃至广博的功德，追求效仿尽备的圣人之德。"为之不厌，诲人不倦"同"修己"一般，为孔子开创的儒家修身治教的内圣之学，以期达成于"仁"；"博施于民而能济众"如"安百姓"所往，追求的是治国平天下的外王之功，以求成就为"圣"。可以说，孔子所期许的圣人是在为"仁"的基础之上再向外施展以希成"圣"，仁德与功德皆尽完备，最终契合于"内修圣人之德，外施王者之政"的"内圣外王"之道。

概言之，在孔子那里，圣人难以企及，不仅在于"修己"（内圣）之仁德难于达成，还在于即便具备了至高道德，因其无"位"，一般人亦难成"安人安百姓""博施广济"外王之功德。对于一般人而言，即便至德可成，然受无"位"条件的限制，实在无法企及圣人，故孔子对成圣难免持悲观态度，而多鼓励修德、修身以成君子。由是，孔子积极强调内圣修德的崇高，注重于对君子仁德的追求，而对外王事功的圣人功德的追求则稍显消极。孔荀相比，荀子承继了孔子奉"内圣外王"之道为圭臬的圣人观念，同样注重圣人在内圣修德上"尽伦"的崇高表现；但是不同的是，孔子对追求圣人由"仁德"（内圣）开出"仁政"（外王）的政治表现略显悲观，而且也没有像荀子那样把圣人外王事功的政治表现主要引向"尽制"的方面。

二 荀子：圣王之制与"正理平治"

在荀子的圣人谱系中，不仅上古三代的先王尧、舜、禹、汤、文、武、周公赫然在列，大儒孔子、子弓也位列其中，这就与孔子相比发生了改变，无疑是继孔子而后作，进行了发展和补充。对于舜、禹等先王，荀子认为其"一天下，财万物，长养人民，兼利天下，通达之属，莫不从服"（《荀子·非十二子》），"则圣人之得势者，舜禹是也"（《荀子·非十二子》），此和孔子观点持同。"是圣人之不得势者也，仲尼、子弓是也"（《荀子·非十二子》）则明确地指出了孔子和子弓的圣人地位。荀子认为舜、禹等先王是"得势"的圣人，孔子、子弓等大儒为"不得势"的圣人，这就打破了孔子以"博施广济"的功德来界定圣人的标准。荀子由是明确提出了"圣王"的概念："圣也者，尽伦者也；王也者，尽制者也。两尽者，足以为天下极矣。"（《荀子·解蔽》）他认为圣人是具备最高道德修养的人，王者则是制备最全礼制法度的人，而圣王则是既"尽伦"又"尽制"的最高道德理想和政治权威。

荀子首先将"圣王"拆开来分别定义，"圣"既指道德修养的最高境界，比如"尽之而后圣"（《荀子·儒效》），也指智慧才能的最高水平，比如"齐明而不竭"（《荀子·修身》），所以称为"圣人备道全美者也"（《荀子·正论》），显然荀子"圣"的观点完全是从孔子处继承而来；"王"，对于其人格内涵而言，谓"饰动以礼义，听断以类，明振毫末，举措应变而不穷"（《荀子·王制》），对于其功化效用而论，按其在《荀子》中出现的先后顺序，谓"能用天下之谓王"（《荀子·正论》），"天下归之之谓王"（《荀子·正论》），"王者必居天下之中"（《荀子·大略》）。然后，综"圣""王"所论，荀子又谓"非圣人莫之能王"（《荀子·正论》），明确指出圣人是圣王的必要条件，由"圣"才可入"王"；落到最终之处，再将"圣""王"合一而论，强调只有伦制两尽的"圣王"才是天下之极。"圣王"是圣人与王者的合而为一，或"德"与"位"的两位一体，二者紧密相连、息息相关而缺一不可。如是，圣王作为"圣"与"王"兼具的至高理想人格，无论是在语意层面还是逻辑角度，皆表明现实中道德榜样与政治权威的相互统一。[1]"圣王"的出现即荀子对孔子圣人观政治化改造的突出贡献。这恰好落到了刘泽华所主张的中国古代前贤的思考都是在一种"阴阳组合结构"中进行的观点框架之上：如圣人与圣王等"阴阳结构"是观念形态上的，其为一种偏正结构，有偏有正，有先有后，有主有次，有暗有明，而一切又皆以"王"为核心。[2]荀子继承并政治化改造孔子的圣人思想的一大核心观念就是"圣王合一"。

---

① 东方朔：《荀子的"圣王"概念》，《杭州师范大学学报》（社会科学版）2018 年第 6 期。
② 刘泽华：《传统政治思维的阴阳组合结构》，《南开学报》2006 年第 5 期。

　　从荀子"圣王合一"的观念出发，舜禹和孔子、子弓首先都是"尽伦"之"圣"，亦都为"尽制"之"王"，皆为"尽伦""尽制"的"圣王"，其中所异只不过为是否"得势"。"得势"可以理解为有机会以制礼作乐的形式来完成"尽制"，"不得势"则为虽无法亲身创作礼乐制度，但却能够继承和发展礼乐文化来达到"尽制"。荀子同孔子一样亦推崇无王之冕却功被万世的周公，认为周公所为"非圣人莫之能为，夫是之谓大儒之效"（《荀子·儒效》）。周公是圣人亦为圣王，虽无王之冠冕，却实现了王道主义的理想政治：制分封，作礼乐，出征平定叛乱，匡正天下秩序，圣人之德是为完满，圣王之制由是完备。孔子、子弓对周制（圣王之制）与礼乐文化的肯定和为之重兴而所做出的贡献，亦使周公虽无王位但仍被列于圣王之位。

　　荀子"圣王合一"的政治哲学思想的基石是其主张性恶的人性论。荀子人性论提出"人之性恶，其善者伪也"（《荀子·性恶》），认为圣人与众人一样性恶，之所以不同于众人而为圣，缘于其具备后天的修为"伪"："故圣人之所以同于众，其不异于众者，性也；所以异而过众者，伪也。"（《荀子·性恶》）通过后天人为的"伪"变化先天生来的"性"，"性伪合，然后圣人之名一，天下之功于是就也"（《荀子·礼论》），化性起伪、性伪相合者即为圣人。

　　"凡礼义者，是生于圣人之伪"（《荀子·性恶》），"礼义者，圣人之所生也，人之所学而能，所事而成者也"（《荀子·性恶》），荀子将"所学而能，所事而成"的礼义归结为来源于圣人之"伪"，由是提出了圣"伪"生"礼"、圣人由"伪"制"礼"的观点。圣人之"伪"是后天的道德修为，即圣人之"德"，由"伪"而生的"礼"是创制的礼义法度，即圣王之"制"。圣王所成的就是由"尽人伦之德"生出了"尽制度之礼"，从"内修圣人之德"的道德人伦建设通向了"外施王者之政"的王道礼制建构。

　　"内修圣人之德"的道德人伦建设是惩恶扬善的修身实践，首先要解决的是分清善恶概念的问题，荀子的道德哲学中的"善"与"恶"的说法颇多，但最为经典的莫过于《性恶》篇中提到的：

　　　　凡古今天下之所谓善者，正理平治也；所谓恶者，偏险悖乱也：

是善恶之分也已。今诚以人之性固正理平治邪？则有恶用圣王，恶用礼义哉！虽有圣王礼义，将曷加于正理平治也哉！（《荀子·性恶》）

在这里，荀子将"善"定义为"正理平治"，即所谓"善"是合乎正道、使社会安定有序的礼法规范。荀子以政治学意义上的"正理平治"解释道德伦理学中的"善"，显然蕴含着从政治的角度出发评判道德的韵味。如是，道德与政治的关系是，政治（"正理平治"）规定了道德（"善"），道德是由从政治角度出发来理解的，由此荀子给予了伦理以政治化的明确定位，凸显了政治的功化效用。① 道德的首要意义并不是个人善的完成，而是群体的"公共善"（Common Good）的实现，所以要由集体的政治说道德，道德要由政治来规定和理解，伦理要被赋予政治化的定位。②

接着《性恶》篇又写道：

今不然，人之性恶。故古者圣人以人之性恶，以为偏险而不正，悖乱而不治，故为之立君上之势以临之，明礼义以化之，起法正以治之，重刑罚以禁之，使天下皆出于治，合于善也。是圣王之治，而礼义之化也。（《荀子·性恶》）

此阐明了圣王是能"明礼义""起法正"，以矫饰人之情性，使之"出于治""合于善"的权威，只有在圣王之制下才可实现"正理平治"的圣王之治。"善"的道德人伦建设通向的即"正理平治"的王道礼制建构，荀子的道德哲学由此延伸出了政治哲学，儒家的"内圣"修德"尽伦"由是开出了新的"外王"事功"尽制"。

圣王是能"尽伦""尽制"的人。所谓"尽伦""尽制"，是由"尽人伦之德"生出"尽制度之礼"，从"内修圣人之德"的道德人伦建设通向"外施王者之政"的王道礼制建构，融道德楷模与政治权威为一体，是道德理想主义与政治现实主义的统一。荀子道德哲学中的"善"

---

① 东方朔：《差等秩序与公道世界——荀子思想研究》，上海人民出版社，2016，第 183 页。
② 潘小慧：《荀子以"君—群"为架构的政治哲学思考》，《哲学与文化》第 9 期，2013 年。

指向的正是政治哲学中的"正理平治"，由圣人"尽伦"之"化性起伪"所开出的"礼义"规范，也即圣王"尽制"之表现，"尽伦"是"尽制"的基础，"尽制"是"尽伦"之目的，"圣"的意义主要在于通过"尽伦"所表现的道德价值与道德规范来为生民立制、为人群立法，此谓"尽制"。尽伦尽制，由圣入王，此之谓也。

三　从圣人之"德"到王者之"制"——由圣入王

在孔子那里，圣人难以企及，因为极高的道德修养（内圣、修己）已难达到，即便可至，因为无"位"，一般人也难成"博施广济"的功业（外王、安人安百姓）。一般人无"位"，如何成圣？故孔子对成圣未免悲观，而多鼓励吾人修德、修己以成君子。由是，孔子之治术倾向于扩大道德教化之效用，对道德的态度甚为积极，强调内圣修德的一面，注重于对圣人之德的追求，而对圣人在外王事功方面的追求则稍显消极。孔荀相比，其圣人观其实都以"内圣外王"之道为圭臬，都注重圣人在内圣修德上的至高表现，不同的是，孔子对圣人在外王事功上的政治表现略显悲观，而且没有像荀子那样直接把圣人外王事功的政治表现主要引向"尽制"的方面。

荀子之所以强调"伦制两尽""德位一体"的圣王，根源在于其深切地体会到"德"与"位"之间的分离已严重地影响到作为道德理想的圣人对于重整政治秩序的作用。自春秋时期以来，天子权威日趋衰落，维系天下统治秩序的礼乐制度也逐渐崩坏，诸侯为争夺霸主地位连年征战，导致天下大乱而民心不知所向，大争之世背景下"德"与"位"的分离问题尤为凸显，成为包括儒家在内的先秦诸子共同面对、亟待解决的时代课题。"有德者无位"或"有位者无德"一直就是儒家所面临的一个不可回避的现实问题，孔子云："虽有其位，苟无其德，不敢作礼乐焉；虽有其德，苟无其位，亦不敢作礼乐焉。"（《礼记·中庸》）自孔子开始儒家就主张"德""位"并重，"位"以"德"兴：有德之人，得居王位，方能叙其圣德，济育天下。荀子所看重并且从孔子处继承的也是这种以"德"居"位"的主张，但要改变的也正是一直困扰着孔子的"有德者无位"和"有位者无德"的窘境。在某种程度上，正是因为

"德""位"分离的问题突出，才导致孔子以来的儒学一直在凸显道德的崇高，倾向于扩大教化之效用，注重对圣人之德的追求，强调道德修养建设"内圣"的一面，而对礼制规范建设的"外王"一面相对重视不够甚至忽略，所以孔孟儒学才表现出那种所谓"迂阔"而不切实用的特点。所谓"迂阔"，其实正是道德理想主义之基调太高使然。

到战国晚期，"德""位"分离的问题愈发严重，这就催发了荀子对于"德位合一"的圣王理想和权威的期盼和呼唤。荀子称"非圣人莫之能王"，强调圣人是圣王的必要条件，提出了"由圣入王"的观点，是对孔子以"德"居"位"主张的权威性提升和对孔子圣人思想的政治化改造。与孟子不同，[①] 荀子关注的是道德理想与政治现实的关联和互动，以为具备礼制设计之能力的仁人"在上"才是实现理想的关键，遵循的是"由圣入王"或"有德者得位"的"圣王"路线。[②] 从最终诉求来看，"由圣入王"的具体过程完全落到了"圣人""王道"所代表的理想秩序架构之上：荀子要求有"德"之人首先"尽伦"成为"圣人"，然后有"位"之圣人"尽制"而成为"圣王"。其中，"伦"即圣人之"德"，"制"即为王者之"制"，"由圣入王"的转进就是从圣人之"德"到王者之"制"的提升。

"由圣入王"表明先秦儒学从孔子到荀子的一种向外转向，"圣王"成为现实中最高的道德理想和政治权威，儒家圣人观在先秦历史中呈现出现实化、政治化的外在权威趋向，由此确立了儒家圣人思想道德理想主义与政治现实主义相统一的基本特点。"由圣入王"是荀子对孔子圣人观的一种政治化改造，既与孔子原始儒学精神一脉相承，此所承继的是儒家"内圣外王"的修身治世之学，又为即将"定于一"的时代大势所迫而对早期儒学过于注重道德修养的学术取向进行了外王性的提升和政治化的改造。就荀子政治哲学而言，"由圣入王"既延续了孔子圣人思想中以道德转化政治的"德治"理想追求，又在"重建秩序"的问题

---

① 孟子在此与荀子完全相背，他把理想实现主要寄望于人君之仁心的觉醒与运用，遵循的是"由王而圣"或"有位者有德"的"王圣"路线，即孟子是与荀子"由圣入王"截然相反的由王入圣路线。孟子的观点与"人格本位的政治观"相联系，侧重"内圣"的心性修养；荀子的观点则与"客观礼治的政治观"相联系，倾向于"外王"的礼制规范。参阅王光松《在"德""位"之间》，华东师范大学出版社，2010，第40—41 页。
② 王光松：《在"德""位"之间》，第40—41 页。

意识和时代背景下强化了儒学经世、应世的现实精神，呈现出既凸显崇高道德理想又注重政治效用的思想特质。其道德理想精神是对孔孟儒学的拓展和深化，而其政治现实精神则是顺应时代大势，援引诸子百家（尤其是法家）之说对儒家治政品格的彰显和强化。①

总之，荀子以"伦""制"两尽的思想重构了孔子圣人思想中的"内圣外王"之道，这在一定程度上淡化了孔子圣人观崇高的道德理想主义色彩，强化了其直面客观政治问题的现实性内涵。荀子主张"尽伦尽制""由圣入王"，从"内圣"修德之"尽伦"，开出了新的"外王"事功之"尽制"，从圣人之"德"通向了王者之"制"。他在承继孔子开创的儒家"内圣外王"之学的基础上对其进行了新的建构：他以"尽伦"阐发"内圣"，是对孔子的继承；以"尽制"阐释"外王"，则是对孔子圣人观的改造。这种改造的基本方向是，赋予伦理以政治化的定位，凸显了圣王之制的政治实效性。如是，先秦儒家至此完成了从"内修圣人之德"的道德人伦建设，通向了"外施王者之政"的王道礼制建构，由此打开了儒学政治化建设的大门，为汉代以后儒学的政治化发展指明了方向。

结　语

"尽伦尽制""圣王合一"是荀子圣人观的基本内容，它是对孔子圣人观中儒家内圣外王之道的重新理解，它既与孔子一脉相承重视圣人的道德表现和政治作为，又进一步将圣人的政治作为引向"尽制"方面，强化了圣人的政治化内涵。从孔子的圣人之"德"转进荀子的圣王之"制"，由"内修圣人之德"的道德人伦构建"外施王者之政"的王道礼制，先秦儒家由是真正完成了内圣和外王的统一，道德和政治的统一，确立了儒家圣人观既凸显崇高道德理想又注重政治治理效用的重要思想特点。由"圣"通向"王"，明言"王也者，尽制者也"，荀子对孔子圣人观的政治化提升和改造，在很大程度上也为汉代以后儒学实现政治化、官学化做了思想准备。所谓儒学的政治化和官学化是指早期儒家文化精

① 郑治文：《道德理想主义与政治现实主义的统一：荀子政治哲学思想特质研究》，第25页。

神经过改造后为秦汉以后的皇权专制体制所接受和认可，成为古代中国主流意识形态的过程，这一过程以汉代"表彰六经"为主要标志。汉代儒学的"独尊"地位在董仲舒的最终推动下取得，而荀子"尽伦尽制""由圣入王"的圣王观念对董仲舒政治化儒学中大一统、王道理想、礼法合用等思想主张产生了直接而深刻的影响。事实上，从荀子到董仲舒，大体上就是"政治儒学"的确立过程，而这一过程从荀子对孔子圣人观的重新建构中足以见其端倪。孔子创立儒学、开风气之先，董子再造儒学、促成其官学化发展，而荀子正好居其间，处于先秦儒学向秦汉儒学转轨的关键位置。故梁启超认为："两千年政治，既皆出荀子矣；而所谓学术者，不外汉学、宋学两大派，而实皆出于荀子。然则两千年来，只能为荀学世界，不能谓之孔学世界也。"[1] 郭齐勇先生也说："荀子是现实主义儒学传统的奠定者，在外王学，即统一中国及其制度文明的理论设计方面发挥了较为重大的作用。"[2]

---

① 梁启超：《饮冰室文集之三论支那宗教改革》，《饮冰室合集》第 1 册，中华书局，1989，第 57 页。

② 郭齐勇：《荀子：儒学思想史上的重要开拓者》，《河北学刊》2012 年第 5 期。

《中庸》政治理想的困境与启示

汪进超[*]

摘　要　《中庸》的政治理想大致可以"秩序"与"通贯"而蔽之。
"秩序"即"天—地—人"的政治架构之确立，以及万物于
此间的各在其位与各得其所。"通贯"则是"天地人"三才
的沟通以及作为"人极"的圣王对此架构的维系。但在具
体的政治实践中，居于王位的君主往往违背"天命在民"
的理论规定，转而肆行扩大权力之事。君主非圣王，天命
不在民，实为《中庸》政治理想所面临的最大现实困境。
在具体的时空语境下，欲突破这一困境，则须关注《中庸》
在"标举天命""强调教化""以时措之"等方面的启示。

关键词　《中庸》　政治理想　天命　"天—地—人"

　　《中庸》在儒学话语体系中有着极其重要的地位，它不仅关乎道统
之赓续，也包含了儒家心性学的本体、工夫之论和政治学的王道与教化
等思想，可谓"内圣外王"之统合。实际上，"内圣"与"外王"本就
是一贯而不可分割的，是故《中庸》从"慎独""明诚"的个体工夫论
而导向"尽性""参化"的圣人理想，由"致中和"的政治工夫论引至
"天地位焉，万物育焉"的王道理想也是融会贯通的。理解《中庸》要

---

　　* 作者简介：汪进超，同济大学人文学院博士研究生。主要研究领域：儒家思想、诗经学。

义，就是要求在"内圣外王"的一贯中，在"天—地—人"的整体框架下，思考个人之成立、秩序之确立，以及人与天地万物之一体而生等问题。可以说，早期儒家对于政治的思考涵括"内圣外王"的整全体系，这是儒家思想"致广大而尽精微"的表现。

当然，过于全面而理想化的政治理论往往只能作为"蓝图"，在实际操作中的最大问题在于其本身实践性的限度。① 《中庸》的政治理想也是如此，现实的种种困境使"天—地—人"的框架难以确立，秩序的厘定、万物的一体通贯也难以实现。在某种意义上，《中庸》的困境代表了儒家思想的困境，甚至也可以说是中国政治理论的困境。因此，如何突破这一困境，也就显得意义重大了。《中庸》"诚之"的教化思想和"时措之"的政治原则，或许是其自我突破的关键点。而理解《中庸》政治理想的确立，以及早期儒家对于现实困境的突破，对于思考当代中国之为"中"国，庶可有一定之助益。以下从《中庸》的政治理想、理想之现实困境、《中庸》政治理论对于现实困境的应对等方面详论之。

一 秩序与通贯：《中庸》的政治理想

《中庸》的政治理想即儒家历来主张的以三代之治为参照的"王道"理想。这一理想在《礼记·礼运》中表述为"大同"，在《礼记·王制》中是细化的具体法度，在《尚书》中是"天工人其代之"（《皋陶谟》）的告勉，在《诗经》则是"上天之载，无声无臭。仪刑文王，万邦作孚"（《大雅·文王》）的咏赞。而在《中庸》中，儒家的王道理想则可以概括为"秩序"与"通贯"。《中庸》所反复申论的，就是天地万物之秩序的确立，以及圣王对于处于秩序中的天地万物进行联结的通贯之功。

从以上的表述来看，似乎王道理想的核心是圣王，但究其本源，则在于"天"。盖天地之间，阴阳二气而已。二气交感，阴阳和合，"阳之始命以成性，阴之始性以成形"，② 万物由此而生。"天地之大德曰生"（《周易·系辞下》），故而万物之所生，皆本于天之施化与地之长养。

---

① 干春松：《儒学小史》，上海人民出版社，2019，第 92 页。
② （明）王夫之：《周易内传》，《船山全书》第 1 册，岳麓书社，2011，第 74 页。

《诗》所云"天生烝民，有物有则。民之秉彝，好是懿德"（《大雅·烝民》）即此义。本原意义上的"天"，因其"生生"的本质规定，而化生万物于天地之间。且天生万物，有其物必有其则。人作为万物之有灵者，其所秉彝而内化为性的，便是"天命"。《诗》云"维天之命，於穆不已"（《周颂·维天之命》），故天地万物亦生生不已。又云"天命靡常""惟德是辅"，故而君子当自强不息，"聿修厥德"。可见在《诗》《易》等先秦儒家经典中，天命有着最高的地位和本原的意义。唐君毅曾言周初之"天命"大致有三重内涵：

> 一、天命之周遍义，言其非眷顾于某一民族或个人，而无所不在，且无私载、无私覆；二、天命与人德之互相回应义，言天命降于人，后于人之修德。因而承接天命，不在祈祷，而在先尽人事，敬修其德；三、天命不已义，言天之降命与人之修德，同其继续不已。[1]

而《中庸》首章首句即"天命之谓性"。故而理解《中庸》的政治理想，或曰儒家的王道理想，当首先认识到"天命"的重要性。圣王之治、礼乐之兴、百姓之日用、万物之生长，无不本于天命。

确认了"天"之最高规定性，便能够在此基础上继续分析《中庸》的政治表达。其首章次句为"率性之谓道"，郑玄注曰"率，循也"，[2]朱子亦如此注。可知"率性"即人、物各依循其所受之天命而行，如此则可谓之"道"。道者，犹路也，"人、物各循其性之自然，则其日用事物之间，莫不各有当行之路，是则所谓道也"（《中庸章句》）。故而在《中庸》的表述中，人与物、人与人、物与物皆各有其当处之位，亦各有其当行之路。此即"万物并育而不相害，道并行而不相悖"之义。故人、物各率其性，则万物于天地间便会形成一种秩序。这一秩序的形成即"天命"之显现。同时，人间秩序的确立是在天覆、地载的"天—地"格局中完成的。故而《中庸》将理想的秩序表达为："天地位焉，

---

[1] 唐君毅：《中国哲学原论·导论篇》，中国社会科学出版社，2015，第327页。

[2] （汉）郑玄注，（唐）孔颖达疏《礼记正义》，李学勤主编《十三经注疏》，北京大学出版社，2000，第1661页。

万物育焉。"（《中庸·第一章》）天在上，地在下，人、物生于其间，各循其本性而行，此即《中庸》的政治秩序。就人而言，因其循性有"中"、"过"与"不及"之异，故又有圣王、君子、小人等分别。"盖自天降生民，则既莫不与之以仁义礼智之性矣，然其气质之禀或不能齐，是以不能皆有以知其性之所有而全之也。"（《大学章句序》）其中，能全其性者，即圣王；不能全其性而力求复之者，则为君子；性既不全而不思复之者，便是小人。可见圣王、君子、小人等分别亦是人间秩序的一种表现。《中庸》第十四章曰："君子素其位而行，不愿乎其外。素富贵，行乎富贵；素贫贱，行乎贫贱；素夷狄，行乎夷狄；素患难，行乎患难。"即强调秩序的重要性。盖"一日有一日之位，一位有一位之行"，① 君子当循其性而安其位。但既定之秩序亦非僵死不变，是故君子在素位而行时，又当日进其德。此是"天"在维持现有秩序的前提下保留的上下之通道。"天之生物，必因其材而笃焉"，因此当君子之德有所逾进时，又会使其脱颖于上位。此即"大德必得其位，必得其禄，必得其名，必得其寿"（《中庸·第十七章》）之义。但需要注意的是，秩序虽有调整的可能，但在修德未足之时，君子则仍当安其当下之位。概言之，"率性之谓道"所体现的是《中庸》的政治理想中"天地位焉，万物育焉""君子素位而行"的秩序。

秩序既已确立，人、物在天地间各安其位而行，则会不可避免地产生种种联系。就人而言，人与天地、人与人、人与物之间的不同关系应当如何维系与处理，都是需要思考与解决的问题。故而《中庸》首章第三句又言："修道之谓教。"郑玄注曰："修，治也，治而广之，人放效之，是曰'教'。"② 朱子则注曰："修，品节之也。性道虽同，而气禀或异，故不能无过不及之差，圣人因人物之所当行者而品节之，以为法于天下，则谓之教，若礼、乐、刑、政之属是也。"③ 二人对其解释稍有差别，但皆以"修道"之主体为圣王。可见，无论是自修其道以教下，还是制定礼、乐、刑、政等内容以品节之，皆须由圣王来完成。圣王者，

---

① （明）孙奇逢：《四书近指》，《景印文渊阁四库全书》第 208 册，台湾商务印书馆，1986，第 662 页。

② （汉）郑玄注，（唐）孔颖达疏《礼记正义》，李学勤主编《十三经注疏》，第 1661 页。

③ （宋）朱熹：《四书章句集注》，中华书局，2016，第 17 页。

人极也。《说文解字·木部》云：“极，栋也。”故而可以说圣王是人中之至高而统率者。因其为“聪明睿智能尽其性者”，所以“天必命之以为亿兆之君师，使之治而教之”（《大学章句序》）。圣王之治的内容虽巨细兼杂，但概括而言，便是在天地万物秩序化的基础上对其关系进行联结与疏通，亦即“通贯”。《说文解字》云：“中内也。从口。丨，上下通。”又“圣，通也”。可见“中”与“圣”皆有“通”义，此为理解“中庸”的真正内涵指明了方向。也就是说，应当从“通”的角度理解其政治理想。董仲舒尝言：“古之造文者，三画而连其中，谓之王。三画者，天、地与人也，而连其中者，通其道也。取天、地与人之中以为贯而参通之，非王者孰能当是？”（《春秋繁露·王道通》）因而，“中庸”之“中”与“圣”、“王”三字之义皆指向“通”，亦即天地万物之通贯。在“天地位焉，万物育焉”的前提下，圣王的“用中”首先是完成自己与天地的贯通。进而作为“人极”而贯通“天地人”三才，再由三才而通贯万物。故而《中庸》第二十二章曰：“唯天下至诚，为能尽其性；能尽其性，则能尽人之性；能尽人之性，则能尽物之性；能尽物之性，则可以赞天地之化育；可以赞天地之化育，则可以与天地参矣。”非唯如此，“中庸”之通贯还“展开在家庭、社群、国家、天下之中”。①故而《中庸》的政治理想所要求的通贯，应当是一种包括内外、上下、古今、人神、人与物以及人与人等维度的全面的联结与贯通。第十六章所云“鬼神”，是人神之通贯；第十七章所云“无忧者其惟文王乎！以王季为父，以武王为子，父作之，子述之”，是代际之通贯；第十八章所云“郊社之礼，所以事上帝也”，是天人之通贯；而第二十章所云“凡为天下国家有九经”，则囊括了个人心性、君臣、君民、天子与诸侯、中国与夷狄等维度的通贯……概言之，“修道”之教，乃圣王事业，而这一事业的重点，就是以相应方式处理好天地万物之间的各种关系，实现其通贯。

综上所述，《中庸》的政治理想集中体现在其首章的前三句中。其中，“天命之谓性”标识了“天命”对于政治的本质规定性；“率性之谓道”强调了天地与人以及万物间确立起秩序的重要性；而“修道之谓

① 陈赟：《中庸的思想》，浙江大学出版社，2017，第47页。

教"则申明了王道政治的核心在于圣王对于秩序化的不同主体进行通贯的事业。

二 道其不行："中庸"的困境

《中庸》的政治架构是一个全面而高远的理想蓝图，但其在现实的施行中则面临着严峻的考验。夫子尝云："道其不行矣夫。"（《中庸》第五章）又曰："天下国家可均也，爵禄可辞也，白刃可蹈也，中庸不可能也。"（《中庸》第九章）之所以如此说，就是因为现实中的人难以依循"中庸"之道而行，天下亦难以依照"中庸"之道而存在。中国历史上的政治实践也表明，"中庸"的政治理想殊难成为现实。理想与现实的张力，也就构成了"中庸"之道的困境。

上文所论似乎表明，《中庸》的政治理想主要在于"天命"与"圣王"两极的确立。圣王统率众人及万物的合法性来自"天"，故其似乎拥有绝对统治权。然而这仅是在"天"与"民"的联结被遮蔽的情况下而产生的假象。实际上，圣王同样是"人"，来自"民"，他拥有参赞之责与统率之权的原因，是其"能尽其性"而堪为"人极"。但在儒家经典的表述中，"天"所真正代表的，实则是"民"。此为早期儒家思想的共识，故而《中庸》未特别彰明。但在理解其政治理想时，则必须将"人"，或曰"民"，置于"天命"和"圣王"之间，方能获得其整全意蕴。天所命，民为本，君主之，方是儒家政治的基本架构。梁任公尝言：

> 天也者，非能谆谆然命之者也。于是乎有代表之者，厥惟我民。《书》曰："天聪明，自我民聪明；天明畏，自我民明畏。"又曰："天视自我民视，天听自我民听。"又曰："天矜下民，民之所欲，天必从之。"于是无形之天，忽变为有形之天。他国所谓天帝化身者君主也，而吾中国所谓天帝化身者人民也。……所谓君主对于天而负责任者，实无异对于民而负责任也。①

---

① 梁启超：《论中国学术思想变迁之大势》，上海古籍出版社，2001，第12页。

可见天命之所在，实则为"民"。圣王听命于天，而天命又表现为民意，故圣王须对民负责，其参赞天地、实现万物的通贯等事业，也主要是从民之所愿。就此而言，在儒家的政治理念中，"民"当为实际的政治主体。但从中国历史上的政治实践来看，"民"在政治活动中往往隐没不见。这一方面说明了"民"的政治主体意识不够自觉，故而参与度不高；另一方面也表明，理想中的"圣王"不再出现，而作为实际权力所有者的"君主"并未完全依循天命而对民负责。在《中庸》的政治理论中，君主即圣王，合"德"与"位"，或曰"道"与"势"而为一。因其"能尽其性"，故而能尽"人之性""物之性"，进而可参赞天地之化育。因其有是德，故而有是位。然而在现实境域中，"势"与"道"乃是分离的。君主仍然存在，但其"德"则往往难孚其"位"。在这样的情况下，现实之君主仍然掌握最高的政治权力，故其难免会出于一己之私而无限扩大其统治权，因而上逆天命，下违民意，遂有"专制王权支配社会"[①]的政治事实。徐复观将其概括为中国古代政治的"二重主体性"：

> 在中国过去，政治中存有一个基本的矛盾问题。政治的理念，民才是主体；而政治的现实，则君又是主体。这种二重的主体性，便是无可调和的对立。对立程度表现的大小，即形成历史上的治乱兴衰。[②]

在《中庸》的政治理想中，君主即圣王，其来自"民"而听从民意。故君、民是一体的。但在中国的政治现实中，理论上的政治主体"民"与实际的政治主体"君"之间往往表现出一种难以调和的对立。因此，"中庸"之道的困境就在于现实之君主非理想之圣王，无法代表天命和民意。这也就造成了"天命在民"与"权力在君"的矛盾。圣王不再，"天—地—人"之政治架构亦随之溃散，天地之间的秩序便无法真正确立，天地万物亦难以真正实现通贯。因此，如何弥缝理论与现实的分裂，调和君、民之间的矛盾，使"中庸"的政治理想得以实现，是历来儒家

---

① 刘泽华：《中国的王权主义》，上海人民出版社，2000，第 69 页。
② 徐复观：《学术与政治之间》，九州出版社，2014，第 88 页。

学者所思考的重要问题。先儒的"士志于道"、"道尊于势"、"天人合一"及"天理、人欲"之辨等理论的提出，即对解决此问题的努力。近代港台新儒家对此也多有思考，如徐复观呼吁放弃"格君心之非"的幻想，主张民主政治观念及民主政治制度的确立；牟宗三反思儒学的架构，提出"道德理性之自我坎陷"，以期开出民主与科学的"新外王"等。但不可否认的是，就政治而言，企图以观念转移现实，其成效往往微乎其微。

对于近代新儒家所提出的相关政治理论，身处于当代中国的蒋庆指出他们的弊端在于未从"政道"，即政治合法性的角度入手，而仅在政治制度等"治道"方面空言，因此其学说自然无法真正地开出"新外王"。在《再论政治儒学》一书中，蒋庆首先援引《中庸》"王天下有三重焉"之论，强调了传统儒学视域下中国政治的"三重合法性"，即"超越神圣的天的合法性、历史文化的地的合法性、人民心意的人的合法性"。① 这是对《中庸》"天—地—人"的政治架构的确认，也是对儒学当代使命的申明。如其所言，"政道"若不能从政治本体上确立，则"天—地—人"的政治结构将彻底瓦解，"天命"的约束意义便也不复存在。以"人"为"政道"之根本的必然结果，便是"天""地"的双重陷落，随之发生的还有"人极"，亦即"圣王"理想的消失。但需要意识到，现实政治中总不可避免地存在最高执政者，若此掌有最高权力之人没有了"君"的名义，而依然行过往"君主"之事，则其所受的限制可能会进一步缩小，其权力的扩大便会更加容易。"天人合一""天命谴告"等政治话语表明了古代君主尚有权力天赋之意识，对于"天命"或多或少尚存畏惧之意，故"士"与"民"可对其不端行为进行批评。然而，"天—地—人"架构的瓦解，意味着这种批判的合理性也随之消失。而从"通贯"的角度来说，中国之为"中"国，与中庸之为"中"庸，在一定程度上有相关性，即皆有通贯之义。故而至少从政治理论上说，古代中国在王道理想的指引下，不断地追求天地万物通贯的实现。时至今日，政治架构既已发生改变，则《中庸》的政治理想，"天—地—人"架构的实际建立，以及三者之间的通贯等问题，便也面临是否需要进一

① 蒋庆：《再论政治儒学》，华东师范大学出版社，2011，第 4 页。

步"讨论"的窘境。此外，当代中国之于世界，与古代中国之于天下有着完全不同的意义，故而中国与其他国家的关系也同样需要重新调适，因此"内外"，或曰"天下"维度上的通贯也面临困境。非唯如此，无论是从政治理论还是政治实践的层面来看，人与物、人与人、人与族群、人与"鬼神"之间的关系也都有所改变，因而，这些维度上的通贯亦皆面临严峻挑战。从某种意义上说，当代中国的政治实践一方面有其作为民族国家的存在而面临的困境，另一方面也进一步凸显了王道理想和中庸之道的困境。因此，当代中国和中庸之道皆有自我"反思"之必要，而二者如何结合以转化出更为符合实际的"政道"与"治道"，则是当前中国和当代儒家所需要思考的问题。

三　诚之与时措："中庸"的启示

面对这些问题，不仅需要借鉴西方思想与制度的有益方面，使其中国化，进而起到"他山之石"的作用；同时，也有必要沿坡探源，在返本中开新。毕竟，中国化的前提，是有一个特色鲜明的"中国"。实际上，《中庸》的政治困境是理论与现实的冲突。但作为一个圆融的政治理论体系，《中庸》也为打破现实桎梏提供了一些可供尝试的途径，即"标举天命"、"强调教化"和"以时措之"。这三条路径无论是对古代中国的政治实践还是对当下中国的政治探索，都有一定的启发意义。

在中国政治史上，《中庸》对于天命之标举以及"天—地—人"的政治架构的确立，对君权之扩大有着一定的限制作用。自董仲舒提出"天人合一"学说之后，大一统时代的君主对于"天命"都有或多或少的敬畏。如汉宣帝本始四年（公元前 70 年），郡国四十九地震，宣帝下诏曰："盖灾异者，天地之戒也。朕承洪业，奉宗庙，托于士民之上，未能和群生。乃者地震北海、琅琊，坏祖宗庙，朕甚惧焉。"（《汉书·宣帝纪》）同时还采取了免除灾区税赋、大赦天下等措施，并素服而避正殿五日，以示悔过。历代史书所载的类似事件不胜枚举，表明了古代君主即使德不配位，但仍对天命心存畏惧，故而在自然灾害发生时会对自己的行为进行一定约束。此外，孟子还认为君民关系为一种交互责任之关系，若人君无德，则民有权力对其进行"革命"。故而当齐宣王问

"汤放桀，武王伐纣"之事时，孟子答曰："贼仁者谓之贼，贼义者谓之残。残贼之人谓之一夫。闻诛一夫纣矣，未闻弑君也。"（《孟子·梁惠王下》）盖君之所以为君，乃是天因民意而任之。若其德行有极大缺陷，与"民"极端对立，则民尽可起而革其所有之天"命"。这就从理论上论证了"革命"之合法性。后世儒者也反复申论"汤、武革命"的意义，以警示君主重视天命民意。当代中国政权与政治制度作为"人民的选择"与"历史的选择"，亦合此意。此是《中庸》"天命"论的政治启示。

此外，《中庸》还反复强调了教化的重要性。其言"自明诚，谓之教"，又曰"诚之者，人之道也"。故而在《中庸》的政治设计中，还为士君子留出了一条上升的进路，即通过德行的修养而不断提升其所处之位。这一方面是对"斯文"和"道统"的承继，在理论上保留了"圣王"出现的可能；另一方面，也能够在现实君主暂非圣王的情况下，对其权力进行制约。士君子通过"致曲"的方式，择善固执，不断提高自己的德行，并通过察举、科举等选拔机制进入国家政治体制中，成为官僚之一员，从而成了民意的代表。正如钱穆所言："考试制度之用意，即在'公开政权，选贤与能'。夫真能代表民意者，就实论之，并不在人民中之多数，而实在人民中之贤者。中国传统考试制度，即在以客观方法选拔贤能，而使在政府中直接操政。"① 可见，通过特定选拔而脱颖者，能够在一定程度上代表民意，至少能够代表其乡里与家族之意志。因而，《中庸》所留出的这一条上升之进路便也就成为儒家式的"民主"通道。贝淡宁对当代中国进行了考察，从干部选拔机制及绩效合法性层面解读"贤能政治"，并认为此政治模式有其古典渊源。② 这也表明当代中国在"民本"的实现方面有相当之成效。当然，对于先进性政治团体的组建，则需从德行和能力等方面进行考量，而非其他。但若其对某一理论有极深信仰，并能够将其作为自身行为准则与终生奋斗目标，从而与其理论之内在要求一样代表人民之利益，则亦值得推崇。可以说，中国式或曰儒家式的"贤能政治"理论，对于"民本"理念的实现有重要

---

① 钱穆：《政学私言》，九州出版社，2010，第 5 页。

② 〔加〕贝淡宁：《贤能政治——为什么尚贤制比选举民主制更适合中国》，吴万伟译，中信出版社，2016。

意义。这是《中庸》"诚之"论的政治启示。

最后，"中庸"之道最核心的品格，或曰《中庸》最本质的要求在于"时"。故孔子言："君子之中庸也，君子而时中。"（《中庸》第二章）时中即无时不中之义。从政治层面来说，时中所要求的是"时措之宜"的政治实践，亦即"以时措之，而皆得其宜"。《礼记·礼器》言："礼，时为大。"非独"礼"以"时"为大，政治亦然。因此，具体的政治制度当在政治理想的基础上因时而损益之，不可仅泥于古而忘于今。因此，当代中国的政治探索，亦有必要在"中庸"之秩序与通贯的政治理想的指引下，结合当下实际，对礼乐、制度、内外关系进行综合调适，使政治中国不断融摄文化中国，进而臻于"中庸"之中国。此是《中庸》"时措"论的政治启示。

《礼记·乐记》载："礼以道其志，乐以和其声，政以一其行，刑以防其奸。礼乐刑政，其极一也，所以同民心而出治道也。"这一论断充分表明，儒家政治理念的核心是"同民心"，亦即"天视自我民视，天听自我民听"之义。"民"生养于"地"，又代表"天"的意志，合而视之，便是"天—地—人"的政治架构及其秩序之通贯。这既是《中庸》的政治理想，也是政治儒学之"政道"。"同民心"与"出治道"，二者并无先后，乃是即体即用、体用不二：由"政道"出"治道"，以"治道"明"政道"。此理想之实现虽殊为不易，孔子甚至叹息道："天下国家可均也，爵禄可辞也，白刃可蹈也，中庸不可能也。"（《中庸》第九章）然自孔子以迄于今，无数仁人志士并未因中庸之不可能、道之不行，而放弃对道之行与中庸之可能的追求。在某种意义上，或许这种"明理待势"与"知其不可而为之"的精神，才是《中庸》，或曰儒学，对于后来者最重要的启示。

鲁迅视野中的侠文化

陈夫龙 *

摘　要　侠文化是鲁迅切入思想革命的一个角度，他在对侠文化的审视、反思和批判中呈现一种客观、辩证的态度。对于历史上的实存侠，鲁迅以发展的眼光，通过对侠的历史演变过程的客观呈现揭示了侠的历史命运，并剖析其本质特征；对于社会上流行的江湖义气，鲁迅坚持以清醒的理性深入其内在肌理，不仅揭示其本来面目，而且对其社会危害进行了严厉批判；对于侠文化的载体侠义小说和武侠小说，鲁迅从思想革命的高度来审视其思想倾向和艺术价值，并作出了客观辩证的分析和评判。鲁迅对侠文化的现代性思考与他的国民性改造、理想人格重塑和民族文化重建的价值理想是一致的，具有鲜明的启蒙主义色彩和社会改造意义。

关键词　鲁迅　侠文化　思想革命　国民性

在现代中国，知识分子与侠文化似乎存在一种不解之缘。早在 20 世纪初，梁启超就开始注重尚武任侠思潮的提倡与国民性研究之间的关系，他推崇侠文化的目的在于新民强国，而前提就是认清当时中国的现实国

* 作者简介：陈夫龙，文学博士，山东师范大学文学院教授、博士研究生导师。主要研究领域：中国现当代文学与文化。

情和国民性弱点。梁启超不仅发现了中国人存在"奴性""愚昧""为我""好伪""怯懦""无动"① 等六大国民性痼疾，而且认为其中的"怯懦"是造成中国人勇武侠义精神丧失的重要因素之一，而"怯懦"的形成源于中国民俗，即"欧、日尚武，中国右文是也"②，这种"右文"的民俗长期以来销蚀了国人的勇猛刚强的个性，造成国民猥琐怯懦的性格。在《新民说》中，梁启超将"尚武"视为理想国民的重要精神特征，他认为："不速拔文弱之恶根，一雪不武之积耻，二十世纪竞争之场，宁复有支那人种立足之地哉！"③ 从而将国民性改造和尚武精神的提倡提升到了国家利益的高度。同时，梁启超在《中国之武士道》中将国外的"尚武"精神与我国战国时代尚气任侠的民情风俗紧密联系，执着探求改造国民性、提振民气、复兴民族国家的积极文化因子。

梁启超提倡尚武任侠精神与改造国民性的思考对鲁迅是有很大启示的，而鲁迅也接续了梁启超和章太炎等主导的晚清尚武任侠思潮的精神血脉，并有了更深入的思考。梁启超主要立足于现代民族国家的高度，从政治革命的角度来回眸和重新审视侠文化传统；鲁迅则主要立足于民间立场，从个体生存和生命尊严出发，从思想革命的角度接受了晚清以来先驱者改造国民性、重塑国民理想人格的人学思想，尽力摆脱笼罩在"自我"或"个人"头上的专制制度和无物之阵特别是奴性意识的阴影，以现代意识对侠文化给予全新观照并汲取其积极的文化因子，将国民性改造和个性解放、人格独立、社会解放、民族解放统一起来，从而将国民性批判和改造的任务推向深入。

作为一个现代启蒙作家，鲁迅对待侠文化的态度，主要以民间立场将其置于现代性视野，以现代知识分子的精英意识对其进行审视、反思和批判，并从中汲取国民理想人格和现代民族文化建构所需要的精神资源。因此，在鲁迅的价值视野中，侠文化成为他切入思想革命的一个角度，而他对侠文化的关注和研究，也主要从思想革命的角度出发，注重同国民性揭示及其病根探源相结合，从而有着鲜明的启蒙主义特征和社会改造意义。

---

① 《中国积弱溯源论》第 2 节"积弱之源于风俗者"，《梁启超全集》第 1 册，北京出版社，1999，第 415—419 页。
② 《中国积弱溯源论》第 2 节"积弱之源于风俗者"，《梁启超全集》第 1 册，第 418 页。
③ 《新民说》第 17 节"论尚武"，《梁启超全集》第 2 册，第 712 页。

一

对于历史上的实存侠，鲁迅以发展的眼光，通过对侠的历史演变过程的客观呈现揭示了侠的历史命运，并剖析其本质特征。

历史上的侠出现于春秋战国时代，《韩非子》一书写到了先秦游侠及其活动特征，但因侠者无书，历史上缺乏具体而明确的记载，所以司马迁才大发感慨："古布衣之侠，靡得而闻已。"① 关于先秦之侠的起源问题，鲁迅主张侠出于墨家。历史上的墨子及其门徒胸怀拯世济民的信念，有过赴汤蹈火、死不还踵的大义之举，具有趋人之急、牺牲自我的精神。以此观照鲁迅的观点，是颇有道理的。在《流氓的变迁》中，鲁迅肯定了墨家之侠的精神行为，他认为："惟侠老实，所以墨者的末流，至于以'死'为终极的目的。"② 并且他在小说《非攻》中塑造了侠之大者——墨子的伟岸形象。在墨子身上，的确体现了先秦之侠的本真风貌。但同时鲁迅也发现，随着大一统的社会局面和封建专制制度的形成，实存侠也悄然出现变质现象："到后来，真老实的逐渐死完，止留下取巧的侠，汉的大侠，就已和公侯权贵相馈赠，以备危急时来作护符之用了。"③ 为了维护大一统的政治统治，切实确立绝对权威地位的需要，秦始皇时代开始捕杀游侠，汉代则延续了秦代的高压政策，特别是汉武帝"罢黜百家，独尊儒术"政策的实施，使自掌正义、以武犯禁的游侠时刻面临生命的威胁。现实中的游侠为了生存需要，奔走于王侯权贵之门，或交游，或依附，或受招安，竭尽所能，以求自保。与先秦之侠的特立独行相比较，汉代游侠的确发生了变质。特别是有些地方豪强、流氓地痞、凶顽恶霸、贪官污吏，打着侠的旗帜，做尽坏事恶事，极大地玷污了侠的名声，降低了侠在民众中的信誉和威望，这也是造成侠之变质的现实的另一面。历史上侠的蜕变是不争的事实，究其原因，关键在于"义"的削弱和"奴性"的加强，鲁迅指出："'侠'字渐消，强盗起了，但也是侠之流，他们的旗帜是'替天行道'。他们所反对的是奸臣，

---

① 《史记》卷一百二十四《游侠列传》，岳麓书社，1988，第 897 页。

② 《三闲集·流氓的变迁》，《鲁迅全集》第 4 卷，人民文学出版社，2005，第 159 页。

③ 《三闲集·流氓的变迁》，《鲁迅全集》第 4 卷，第 159 页。

不是天子，他们所打劫的是平民，不是将相。李逵劫法场时，抢起板斧来排头砍去，而所砍的是看客。一部《水浒》，说得很分明：因为不反对天子，所以大军一到，便受招安，替国家打别的强盗——不'替天行道'的强盗去了。终于是奴才。"① 封建时代的愚民政策和怀柔手段，造成了人们的奴性意识和愚忠心理，使得侠也不断发生分化。尽管有的侠仍然冠以侠名，但其作为侠之根本的"义"已经削弱甚至缺失。而"义"的削弱或缺失必然导致侠精神萎靡、斗志丧失、人格堕落，直至沦为不折不扣的奴才，这就是侠之变质的血淋淋的现实。随着中国封建专制统治日益强化，特别是明朝灭亡以后，"满洲入关，中国渐被压服了，连有'侠气'的人，也不敢再起盗心，不敢指斥奸臣，不敢直接为天子效力，于是跟一个好官员或钦差大臣，给他保镖，替他捕盗，一部《施公案》，也说得很分明，还有《彭公案》，《七侠五义》之流，至今没有穷尽。他们出身清白，连先前也并无坏处，虽在钦差之下，究居平民之上，对一方面固然必须听命，对别方面还是大可逞雄，安全之度增多了，奴性也跟着加足"②。就这样，在漫长的封建社会，随着侠的奴性的加深加足，先秦意义上的"侠"逐渐丧失了原初本质，也失去了现实的生存土壤，而日益走向堕落和没落，甚至走向了反面，成为以武效忠的封建专制统治的走狗和鹰犬。最后，变质之侠陷入生存的艰难与尴尬，"为盗要被官兵所打，捕盗也要被强盗所打，要十分安全的侠客，是觉得都不妥当的，于是有流氓"③。在步履维艰的困境下，变质之侠为求生存而终成为流氓，侠也就完成了蜕变的历程。整体观之，鲁迅为我们清晰地勾勒出了"侠"的演变轨迹，他们由"老实"的侠变为"取巧的侠"，由反对"奸臣"的侠而变为"奴才"，再变为"流氓"，比较全面地揭示了实存侠的本质异化和身份蜕变的过程。在鲁迅看来，侠之为侠，义字当先，他非常看重侠的武德，他认为："东瀛的'武士道'，是指武士应守的道德，与技击无关。武士单能技击，不守这道德，便是没有武士道。"④ 这里的"武士道"就是一种武德或侠义精神，作为一个武士或侠

---

① 《三闲集·流氓的变迁》，《鲁迅全集》第4卷，第159页。

② 《三闲集·流氓的变迁》，《鲁迅全集》第4卷，第159—160页。

③ 《三闲集·流氓的变迁》，《鲁迅全集》第4卷，第160页。

④ 《集外集拾遗补编·关于〈拳术与拳匪〉》，《鲁迅全集》第8卷，第100页。

客，如果连起码的武德都没有，那么他就丧失了"武士道"或侠义精神，不再是一个武士或侠客了。可以看出，鲁迅激赏的是能够自掌正义、勇于反抗复仇、坚持精神自由和人格独立的原侠，他对变质的侠之末流是批判甚至否定的。当然，鲁迅清醒地认识到，侠之变质及侠之奴性的形成与加强，是与几千年来的封建专制统治密不可分的。可以说"中国之侠的坎坷命运，是由封建专制制度所决定的"①。这是鲁迅将侠文化的考察研究与国民性改造相联系的立论基础。

鲁迅通过对侠的演变历史的考察，揭示了奴性意识形成的制度基础和文化根源。在他看来，不批判和祛除奴性，中国是没有希望的。《铸剑》中黑色人和眉间尺的伟大复仇不为庸众理解，甚至遭到愚忠的义民的愤恨，这是对复仇行为有效性的一种质疑。复仇者和先驱者夏瑜有相似的命运，牺牲自我却无法唤醒愚昧的民众。黑色人以自我生命毁灭为代价诛杀暴君的壮举不仅没有激起反抗的波澜，反而使得庸众更加缅怀欺压他们的暴君，黑色人和眉间尺的头颅与楚王一同享受祭礼，反被忠愤的义民视为大逆不道的逆贼的魂灵，这本身既鞭挞了愚弱的国民性，也消解了复仇的意义。诛杀暴君的结果是民众的不理解，并未唤起他们的反抗精神，他们仍然陷入不觉悟的愚昧状态，这是无益于整个社会变革的。如果不从思想上改造国民性，提振民气，开启民智，促其觉醒，奋起反抗，这样的个人复仇和个人英雄主义无济于世道的变化。这既体现了鲁迅对清末革命党人搞个人暗杀行为的反思，也表达了他对黑色人拯世济民的复仇不为庸众所理解甚至愤恨的历史悲剧的深切同情。鲁迅对侠文化精神的积极因子是充分肯定的，但他的现代性批判意识使他对侠文化并不抱过高的期望。在鲁迅的批判视野中，侠文化史就是一部侠的堕落史，而侠的堕落正是传统文化非人道本质及其遗毒长期侵蚀的结果，这就意味着侠的堕落与国民劣根性存在必然联系。《非攻》中墨子返回宋国所遭遇的尴尬，体现了外部环境对真侠精神的扼杀。《理水》中禹自身的变化，反映了侠文化精神内部蜕变的严酷现实，展现了社会秩序和正统文化对侠文化的招安。禹被尊奉为墨家的源头，是侠文化精神的始祖。他在骂杀中特立独行，埋头苦干，坚守着侠者为民的精神；

---

① 曹正文：《中国侠文化史》，上海文艺出版社，1994，第 1 页。

在捧杀中陷入了庸常，歌舞升平，滑入了统治秩序的泥淖。禹被同化的过程与侠的逐渐被奴化是相似的。鲁迅对历史上侠者的行为和蜕变有所警惕，对现实中的侠也有一种反感。在小说《明天》中，当单四嫂子需要别人助她一臂之力，却不愿是阿五时，"但阿五有点侠气，无论如何，总是偏要帮忙"，得到许可后，"他便伸开臂膊，从单四嫂子的乳房和孩子中间，直伸下去，抱去了孩子。单四嫂子便觉乳房上发了一条热，刹时间直热到脸上和耳根"①。在这里，一个"但"字就足以揭示阿五强人所难的无赖性，再加上细致的白描和辛辣的反讽手法的运用，更将阿五借侠之名占尽便宜的丑态揭露得淋漓尽致。很显然，阿五的那点"侠气"已经不是一个侠者的"侠气"了，而是一种"流氓气"。主持公道、锄强扶弱、追求正义的侠文化精神在走向反面，国民的"侠性"已经堕落成"流氓性"了。难怪鲁迅在1921年就郑重宣布有四类署名他不看，第一种就是"自称'铁血''侠魂''古狂''怪侠''亚雄'之类"②署名。话语之间透露出鲁迅对现实社会中侠之变质后侠的泛滥和人性堕落是根本否定的；而这种情感态度上的根本否定，恰恰彰显出他对真正的侠和侠文化精神肯定、坚守与张扬的价值立场。

二

对于社会上流行的江湖义气，鲁迅坚持以清醒的理性深入其内在肌理，不仅揭示其本来面目，而且对其社会危害进行了严厉批判。

鲁迅在其文学史著作《中国小说史略》和《中国小说的历史的变迁》中，以史家的眼光给予中国古典名著《三国演义》和《水浒传》以高度评价，充分肯定了它们崇高的文学史地位和不朽的艺术价值，但对其思想的局限和在现实生活中的消极影响，毫不留情地提出批评。除了《流氓的变迁》中对《水浒传》奴才哲学的批判之外，鲁迅还对这两部名著中流露出来的"三国气"和"水浒气"进行了尖锐批评。在《叶紫作〈丰收〉序》一文中，鲁迅认为："中国确也还盛行着《三国志演义》

---

① 《呐喊·明天》，《鲁迅全集》第1卷，第475页。
② 《集外集拾遗补编·名字》，《鲁迅全集》第8卷，第123页。

和《水浒传》，但这是为了社会还有三国气和水浒气的缘故。"① 奴才哲学与侠的堕落和侠文化的衰落存在必然联系，"三国气"和"水浒气"是否与侠文化有着必然联系呢？答案是肯定的。这里的"三国气"和"水浒气"，实质上就是流行于社会的江湖义气，这是民间社会恪守的伦理准则和道德规范，一定程度上决定着民间的人心走向。刘、关、张遵照江湖规则，桃园结义，患难与共，在群雄竞起、逐鹿中原的乱世，凭着惺惺相惜、肝胆相照的义气和出生入死、无所畏惧的勇气，创下了蜀汉的基业，千百年来成为民间尊奉的侠义楷模。但恰恰又是这种江湖义气，使刘备为报关羽之仇而倾举国之力伐吴，遭惨败而终丧命，从此蜀国元气大伤，每况愈下。《水浒传》中的侠客义士由被逼上梁山反贪官到走下梁山接受招安，由自掌正义、替天行道的侠者到供朝廷驱使的走卒，一步步走向奴化，这是侠义削弱的结果。同时，水浒英雄从聚义到忠义的价值转换，从啸聚梁山行侠仗义反朝廷到葬送梁山以武效忠报宋家的行为变化，正揭示了江湖义气的双刃剑本质。梁山聚义大业的风生水起表明江湖义气的侠肝义胆、豪气干云之正面积极意义，梁山英雄的悲剧结局体现了江湖义气极度膨胀的负面消极影响。江湖义气极度膨胀的结果是倒回了忠孝节义的封建伦理的樊笼，一切手足之情、兄弟之义都要高度服从于封建的统治秩序和伦理道德。设若当时的宋首领稍微有些理性思维，也绝不至于造成对皇权的愚忠和梁山聚义事业的葬送。鲁迅对这种封建愚忠的"三国气"和"水浒气"是反对的、批判的。侠文化发展到了近代，由于侠的变质和侠之末流的作祟以及历史环境的错综复杂，一些帮会组织和黑社会团体也打着行侠仗义和替天行道的旗号，杀人越货，为非作歹。于是，江湖队伍鱼龙混杂，江湖义气泛滥成灾，出现了大量的侠之末流，按照鲁迅的说法，侠沦落为流氓。在这种复杂的情势下，甚至地痞无赖也以侠的名义招摇撞骗，混淆视听，这极大地扭曲了侠的本质，破坏了侠的声誉。侠之末流已经不再是严格意义上的侠了，他们以江湖义气相号召，做着不义的事情。江湖义气已经褪尽了其积极本色，而不断走向反面，那些以此相号召的黑帮组织也日益堕落为流氓团体甚至犯罪集团。对侠的变质后的走向和当时中国社会出现的

---

① 《且介亭杂文二集·叶紫作〈丰收〉序》，《鲁迅全集》第 6 卷，第 228 页。

这种现象，鲁迅是明察秋毫的。他将侠之末流称为流氓，并对他们的流氓行为作了形象的描绘：

> 和尚喝酒他来打，男女通奸他来捉，私娼私贩他来凌辱，为的是维持风化；乡下人不懂租界章程他来欺侮，为的是看不起无知；剪发女人他来嘲骂，社会改革者他来憎恶，为的是宝爱秩序。但后面是传统的靠山，对手又都非浩荡的强敌，他就在其间横行过去。①

这些侠之末流丧失了侠的本质，堕落为社会渣滓，成为社会的危害因素。特别是对于那些假借侠之名而在社会上招摇撞骗、横行无忌的丑恶行径，鲁迅是深恶痛绝且严厉批判的。在鲁迅看来，西洋武士道的没落产生了堂·吉诃德那样的戆大，他是个老实的书呆子，却是真正的吉诃德。而中国侠文化的没落却产生了伪侠，这是假吉诃德。鲁迅指出："中国的江湖派和流氓种子，却会愚弄吉诃德式的老实人，而自己又假装着堂·吉诃德的姿态。《儒林外史》上的几位公子，慕游侠剑仙之为人，结果是被这种假吉诃德骗去了几百两银子，换来了一颗血淋淋的猪头，——那猪算是侠客的'君父之仇'了。"② 因此，鲁迅对江湖义气的泛滥成灾的社会现实是批判的，但同时却恰恰体现了他对原侠精神的坚守和珍视。这是一种辩证的侠文化观，在批判和否定的剑刃边缘积极寻求建构的锋芒，这种方法论带来了鲁迅文本中对侠文化精神的开掘，形成了诗学正义书写的冲动。

三

对于侠文化的载体侠义小说和武侠小说，鲁迅以思想革命的高度来审视其思想倾向和艺术价值，并作出了客观辩证的分析和评判。

鲁迅在《中国小说史略》和《中国小说的历史的变迁》这两部文学史著作中，都设专门章节论述了清代小说，着重介绍和分析了清代的侠

---

① 《三闲集·流氓的变迁》，《鲁迅全集》第4卷，第160页。
② 《南强北调集·真假堂吉诃德》，《鲁迅全集》第4卷，第534页。

义小说，如《儿女英雄传》《三侠五义》《七侠五义》等。在鲁迅看来，清代侠义小说的出现是文学和社会文化交互作用之下，随着读者阅读期待的变化，发展到一定历史阶段的产物：

> 明季以来，世目《三国》《水浒》《西游》《金瓶梅》为"四大奇书"，居说部上首，比清乾隆中，《红楼梦》盛行，遂夺《三国》之席，而尤见称于文人。惟细民所嗜，则仍在《三国》《水浒》。时势屡更，人情日异于昔，久亦稍厌，渐生别流，虽故发源于前数书，而精神或至正反，大旨在揄扬勇侠，赞美粗豪，然又必不背于忠义。其所以然者，即一缘文人或有憾于《红楼》，其代表为《儿女英雄传》；一缘民心已不通于《水浒》，其代表为《三侠五义》。①

时至清代，中国人的尚武精神逐渐走向没落，义勇之气也在专制强权压制下日趋减弱。皇权统治需要的是顺民和鹰犬，反清复明的现实反抗也在高压和怀柔交织的政策下趋于湮灭，歌舞升平和社会稳定成为统治者需要的现实秩序。无论是《儿女英雄传》还是《三侠五义》《七侠五义》，最终都归结于效忠皇权的政治目的和维护纲纪的伦理需求。这一方面起到了维护统治和稳定社会人心的作用，另一方面也满足了坐稳奴隶和甘当顺民的心理。同时在阅读期待视野的拓展上，满足了人们的审美需要，在侠客梦的幻想中暂时忘却现实的苦痛和不幸，丧失了叛逆和复仇的勇气，从而放弃反抗强权压迫的斗争。

对于清代侠义小说，鲁迅有自己清醒的独到认识。他一方面称道侠义小说中塑造的侠客英雄粗豪侠义，别开生面，很是新奇，满足了市民的阅读期待；同时也肯定了侠义小说的"平话习气"和"'演说'流风"，这就是"侠义小说之在清，正接宋人话本正脉，固平民文学之历七百余年而再兴者也"②。但在鲁迅的思想视野中，"《三侠五义》为市井细民写心，乃似较有《水浒》余韵，然亦仅其外貌，而非精神。时去明亡已久远，说书之地又为北京，其先又屡平内乱，游民辄以从军得功名，

---

① 《中国小说史略·第二十七篇　清之侠义小说及公案》，《鲁迅全集》第 9 卷，第 278 页。
② 《中国小说史略·第二十七篇　清之侠义小说及公案》，《鲁迅全集》第 9 卷，第 287 页。

归耀其乡里，亦甚动野人歆羡，故凡侠义小说中之英雄，在民间每极粗豪，大有绿林结习，而终必为一大僚隶卒，供使令奔走以为宠荣，此盖非心悦诚服，乐为臣仆之时不办也"①。由此可见，在适应和迎合读者的阅读期待方面，鲁迅肯定了侠义小说的文学史价值和艺术成就，但对侠义小说的思想倾向基本上持反对态度。对于侠义小说的现代变种——武侠小说，鲁迅的态度也显得不满意甚至不屑一顾："上边所讲的四派小说（指拟古派、讽刺派、人情派、侠义派——引者注），到现在还很通行。此外零碎小派的作品也还有，只好都略去了它们。至于民国以来所发生的新派的小说，还很年幼——正在发达创造之中，没有很大的著作，所以也姑且不提起它们了。"② 在这里，"新派的小说"是指民国武侠小说。20 世纪 20 年代，平江不肖生（向恺然）的《江湖奇侠传》和赵焕亭的《奇侠精忠传》横空出世，一度轰动大江南北，形成"南向北赵"的武侠格局，带来了现代中国武侠小说创作的第一波高潮，但这种武侠小说的发展势头并未引起鲁迅足够的关注。而根据《江湖奇侠传》改编的武侠电影《火烧红莲寺》上映之后，立马轰动上海滩，却遭到社会舆论的谴责和国民党政府的取缔，一些进步革命作家也撰文进行笔伐。鲁迅没有加入这类笔伐的行列，但他在一次演讲中表明了自己的态度："所谓民族主义文学，和闹得已经很久了的武侠小说之类，是也还应该详细解剖的。但现在时间已经不够，只得待将来有机会再讲了。今天就这样为止罢。"③ 鲁迅把轰动已久的武侠小说和他所憎恶的"民族主义文学"相提并论，并将这种轰动效应称为"闹得已经很久了"，由此可见他对武侠小说的态度之不满。这种不满态度在杂文《新的"女将"》中更得到了进一步发挥：

> 练了多年的军人，一声鼓响，突然都变了无抵抗主义者。于是
> 远路的文人学士，便大谈什么"乞丐杀敌"，"屠夫成仁"，"奇女子

---

① 《中国小说史略·第二十七篇　清之侠义小说及公案》，《鲁迅全集》第 9 卷，第 287—288 页。

② 《中国小说的历史的变迁·第六讲　清小说之四派及其末流》，《鲁迅全集》第 9 卷，第 350 页。

③ 《二心集·上海文艺之一瞥——八月十二日在社会科学研究会讲》，《鲁迅全集》第 4 卷，第 310 页。

救国"一流的传奇式古典，想一声锣响，出于意料之外的人物来"为国增光"。而同时，画报上也就出现了这些传奇的插画。但还没有提起剑仙的一道白光，总算还是切实的。①

对待武侠小说的不满态度，并不意味着鲁迅对之全盘否定，这需要实事求是地辩证地理解和分析。在一个广大民众遭受几千年精神奴役创伤的国度，在国难当头、民族危亡的时期，武侠小说的流行固然可以慰安创伤的心灵，但无疑也会助长人们沉溺于虚幻的侠客梦之中而无法自拔的心理，使他们在渴望拯救的幻想中丧失斗争精神和反抗意志。在思想启蒙、阶级革命和民族救亡的语境中，武侠小说的流行特别是其负面作用和消极影响往往会带来严重的危害，不利于个性解放、思想进步、社会发展和民族独立。从这种意义上讲，鲁迅对武侠小说的流行不屑一顾甚至不满，是可以理解的。

结　语

从整体上看，鲁迅对待侠文化的态度是客观的、辩证的。他一方面认识到，实存侠的变质带来了侠的堕落和侠文化的没落，随着侠义小说和公案小说的合流，小说中的侠客也逐渐丧失了独立人格，成为统治阶级的御用工具，"凡此流著作，虽意在叙勇侠之士，游行村市，安良除暴，为国立功，而必以一名臣大吏为中枢，以总领一切豪俊"②。这就使得鲁迅在思想倾向上，对侠文化、侠义小说和武侠小说是基本否定的。但同时，"在艺术上，鲁迅对武侠小说有进一步的肯定，他不仅肯定了它们所采用的文体，而且肯定了其艺术成就"③。当然，这种对待侠文化的客观辩证的态度与鲁迅改造国民性、重塑国民理想人格、建构新的民族文化、重铸民族精神的价值理想是一致的。

鲁迅认为："中国一向就少有失败的英雄，少有韧性的反抗，少有敢单身鏖战的武人，少有敢抚哭叛徒的吊客；见胜兆则纷纷聚集，见败兆

---

① 《二心集·新的"女将"》，《鲁迅全集》第 4 卷，第 344 页。
② 《中国小说史略·第二十七篇　清之侠义小说及公案》，《鲁迅全集》第 9 卷，第 281 页。
③ 周葱秀：《瞿秋白鲁迅论侠文化》，《鲁迅研究月刊》1995 年第 4 期。

则纷纷逃亡。"① 他以睿智的史识发现了中国国民性中勇武、果敢、反抗、侠义等硬气品质和刚健人格的缺失，洞见了人性中卑劣自私、见利忘义的一面。面对愚弱的国民性现实，鲁迅并没有绝望，他主张："倘有敌人，我们就早该抽刃而起，要求'以血偿血'了。"② 意在给愚弱的国民注入少年血性汤，使他们振作起来，高扬敢爱敢恨、勇于反抗复仇的精神意志。同时，鲁迅看清了"中国现在的社会情状，止有实地的革命战争，一首诗吓不走孙传芳，一炮就把孙传芳轰走了。自然也有人以为文学于革命是有伟力的，但我个人总觉得怀疑，文学总是一种余裕的产物，可以表示一民族的文化，倒是真的"③。这告诉人们武力革命的重要性和文学对于一个民族文化的价值意义。所有的这些认识和主张，都灌注着鲁迅清醒的现代革命理性和自觉的启蒙意识。他对侠文化的批判性改造和对侠文化精神的发掘与张扬，无不印证着这些认识和主张的合理性与可行性。鲁迅不仅在现实中身体力行侠义主张，而且更重要的是，他以现代性视野重新审视传统侠文化，在对侠文化的批判性改造中不断反思、探索其精神价值和现实意义，以建构起足以与西方强国竞雄于世的新人格和新文化。可以说，侠文化是鲁迅切入思想革命的一个角度，对侠文化的改造、反思和批判都不过是其思想启蒙的一种策略与手段，通过对侠文化的批判性改造和现代性反思逐渐深入对国民性的根本性改造，目的在于建构新的文化精神和理想人格，最终建立一个个性自由张扬、人性健全发展的理想国。

---

① 《华盖集·这个与那个》，《鲁迅全集》第 3 卷，第 152—153 页。

② 《华盖集·忽然想到十》，《鲁迅全集》第 3 卷，第 95 页。

③ 《而已集·革命时代的文学》，《鲁迅全集》第 3 卷，第 442 页。

论辜鸿铭批判西方汉学不足
及其文化发展意义

黄 涛 黄千容*

摘 要 辜鸿铭是清末民初兼容中西文化的一代思想家、翻译家和学术精英，在近代以降中西文明冲突的洪流中，深谙西学的他却转向了儒学尊荣而终身致力于中学西传的文化使命。其中，他始终批判西方汉学不足的文化作为，不仅具有捍卫中华文化尊严的华侨爱国主义情感，而且具有纠正西方汉学本身的民族歧视和文化偏见的正义精神，同时更坚持民族平等和世界文化交流的文明共享传承的互惠价值观念。

关键词 辜鸿铭 中国文化 西方汉学

辜鸿铭（1857.7.18—1928.4.30），祖籍福建省惠安县，生于南洋英属马来亚槟榔屿，英文名字 Tomson，名汤生，字鸿铭，自称东西南北人、汉滨读易者。辜氏精通英、法、德、拉丁、希腊、马来亚等 9 种语言，获 13 个博士学位，学博中西，号称"清末怪杰"。他曾翻译了中国"四书"中的三部（《论语》《中庸》《大学》），创获甚巨，并著有《中国的牛津运动》（原名《清流传》）和《中国人的精神》（原名《春秋大

---

* 作者简介：黄涛，安徽师范大学马克思主义学院副教授。主要研究领域：历史、哲学和国际关系。黄千容，北京语言大学硕士研究生。主要研究领域：古代文学和文化交流。

义》）等英文书，热衷向西方人宣传东方的文化和精神，并产生了重大的影响，西方曾流传一句话：到中国可以不看三大殿，不可不看辜鸿铭。作为中西文化碰撞、交融背景下的知识精英，辜鸿铭无疑是文化保守主义阵营中的一位代表。他凭借学贯中西的文化内涵和中西文明比较的逻辑能力，强调中国文化优越于西方文化，并视之为拯救中国和克服西方文明弊端的药方，深刻体现出他的民族主义情结和爱国主义精神。在近乎著作等身的中英文论著中，辜鸿铭的一个重要文化方向，就是严正批判西方汉学的学术不端和文化歧视。从27岁发表在上海英文期刊《字林西报》上的《中国学》一文，到一战爆发后的《中国人的精神》一书，再到晚年英译儒家经典中的三部，无不体现了辜鸿铭学贯中西的文化素养和深厚的爱国主义感情。他在西方汉学问题上拨乱反正的学术观点，具有积极的文化发展意义："辜鸿铭对中国学作了最早的批评，而且用中国学（Chinese Scholarship）取代了'汉学'（Sinology）的概念，扩大了这门学科的研究领域。他的中国学批评，对纠正西方人的中国观有很大的影响，对我们今天的传统文化研究也不无意义，这一点我们是不应该忘记的。"①

一　明确批判西方汉学的缺陷

辜鸿铭对中国传统文化的盛赞与嘲讽鞭笞西方文化和严厉批判西方汉学相伴而生，甚或说以后者为立论之基。西方汉学家有关中国国民特性和中国文化的论著虽部分描述了中国人的真实状况，但都程度不同地渗透着西方中心论和优越感。针对这种情形，有着强烈民族自尊心和文化自信力的辜鸿铭，从捍卫传统文化的立场出发，撰写了《约翰·史密斯在中国》《一个大汉学家》《中国学》等文章，对西方汉学提出了全面而深刻的批评。辜鸿铭发表的第一篇文章，是在上海的英文期刊《字林西报》（*North China Daily News*）上连载的《中国学》（Chinese Scholarship）一文（1883年10月31日和11月7日），后来被收录于《中国人的精神》（*The Spirit of Chinese People*）一书中。该文陈述了西方19世纪以来的汉学发展状况，严厉批评了西方汉学家们的治学态度和学术不足。

---

① 孔庆茂：《辜鸿铭评传》，百花洲文艺出版社，1996，第184页。

他指出，西方汉学家并没有正确认识中国人与中国文化，他们的研究存在很大偏颇。他认为西方汉学界存在自以为是、妄自尊大的不良习气，总体水平非常低；西方汉学家没有运用正确的方法来研究中国的文化；西方汉学家研究中国的动机不纯，并非出于内心的真诚愿望，也没有把中国文化的研究作为一种事业；西方汉学家是带着一种民族优越感来认识中国、中国人及中国文化的，明显抱有成见，有意无意地歪曲了中国人的形象、中国文化的本来面目。① 从某种意义上讲，到清末，传教士垄断了中国文化的西传。由于传教士能够居住在华，甚至能与中国上层社会接触，他们对中国传统文化的了解必然深刻于其他外国人。然而，"从理雅各先生开始翻译《中国经书》到现在已有四十年了。不管是谁，也不管他对汉语会不会熟悉，只要花点时间去翻翻理雅各先生的译著，他就会感到不满意"②。有鉴于此，辜鸿铭不屑于西方汉学家的中国研究成果，觉得作为一个中国人，他有责任向西方传播真正的中国传统文化，他花费很大精力和十余年时间从事儒家经典的翻译，"辜氏是五四时期以前唯一有分量的向西方积极弘扬中国文化的中国学者，是'中学西渐'史上一个独特的代表。只有他，硬是在传教士的垄断中挤得了一席之地"③。辜鸿铭先后翻译出版了《论语》（1898 年）和《中庸》（1906年），《大学》翻译后未出版，儒家"四书"中的三部被中国人首度译出，堪有开路先夫之功。

中国学又叫汉学，是外国人研究中国问题的总称，在近代以前是西方人认识和了解中国人及其文明的重要途径。然而，对于认识和了解中国文明的中国学（汉学），辜鸿铭从踏上文化之旅开始，便表现出了不信任态度。批判西方汉学成为他一生文化活动的起点，而且延续终身。用英文写作批评西方中国学和中国学家，是辜鸿铭一生重要的文化活动之一，这在近代中西文化交流史上独此一家。④ 辜鸿铭在香港用英文写成的《中国学》，首次以"一个中国人"的名义，对西方中国学作了宏

① 黄兴涛：《文化怪杰辜鸿铭》，中华书局，1995，第 44—57 页。
② Ku Hung-Ming, *The Discourses and Sayings of Confucius*：*A New Special Translation. Illustrated with Quotations from Goethe and Other Writers*, Shanghai：Kelly and Aalsh, Limited, 1898, Preface, p. viii.
③ 黄兴涛：《文化怪杰辜鸿铭》，导言第 11 页。
④ 黄兴涛：《文化怪杰辜鸿铭》，第 40 页。

观的探讨，在此基础上提出了严厉的批评。首先，辜鸿铭对 1883 年以前的西方中国学进行了鸟瞰，作出了阶段划分，认为继早期的耶稣会传教士之后，西方的中国学大致可分为两个阶段。第一阶段开始于马礼逊编纂的《华英字典》的出版（1814 年）；第二阶段的开始以威妥玛的《自迩集》（1867 年）和理雅各英译的《中国经典》（1861—1886 年陆续出版）两部著作为标志。在他看来，马礼逊的字典"无疑留下了一座早期新教传教士那种严肃认真、热情诚挚和良心从事的纪念碑"，从而成为中国学研究向近代迈进的转折点；威妥玛的《自迩集》是已经出版的关于中国语言的英文著作中，在力所能及范围内的一部最完善的大著；理雅各英译的《中国经典》，工作是认真的、辛苦的、有贡献和值得钦敬的，还把中国学进一步引入了儒家经典的领域。此外，他还概述了英法德美等国的汉学进展情况，列举了英国汉学家德庇时、郭实腊、麦多士，法国汉学家古伯察、雷慕莎、儒莲和波茨尔等，德国汉学家帕拉特、德理文，美国汉学家卫三畏，还有伟烈亚力、梅辉立、翟理斯、巴尔福、花之安等汉学家，对他们的研究工作进行简略的评价，从而能基本反映出西方中国学研究的概貌，也表明他对西方汉学家个体进行过广泛而认真的比较，这种研究是具有开拓意义的。辜鸿铭不仅没有直接指出西方汉学研究的历史功绩，反而指出西方汉学并不显示其进步，而是缺陷很多，不容回避。他批评西方汉学关于中国学问和中国文学的研究作品对人类缺乏实际意义，其错并不在中国学问和文学本身，而在于传教士和汉学家的所谓研究内容和方法。这实际上就指出了他撰刊《中国学》一文的旨趣所在。

在辜鸿铭看来，西方汉学存在严重不足或重大缺陷，大致表现在以下方面。（1）西方汉学的总体水平出奇地低下。他认为西方中国学的确较过去有了发展，但这种发展只意味着他们仅仅部分地排除了学习汉学的基本困难，即仅能了解中国语言的最一般知识。他还愤然讥笑那些不知高低的汉学家："在中国，那些欧洲人只出版了几本关于中国各省的地方土语录，或百来条谚语集，就立即被冠以一个中国学家的美誉。当然，只取一个名目倒也无妨，凭着条约中的领事裁判权，一个在中国的英国人，只要他愿意，随时都可以泰然自若地自称为孔子的。"① 他后来干脆

---

① 辜鸿铭：《一个大汉学家》，转引自黄兴涛《文化怪杰辜鸿铭》，第 44 页。

就把这些自称"大师"和中国学家的西方人称为"傻瓜"。（2）西方汉学家对中国研究的动机不纯，他们缺乏真正发自内心的热望，或只是为混饭吃，或赚钱，或出风头，很少有人将中国文化研究作为终生不渝的事业。他在《告欧美人》中曾严肃地告诫西方人，要想学习中国语言、中国文学，首先必须拥有学习、研究它们的意愿。如果单纯是为了混碗饭吃，为了赚钱，那是不行的。他强调，要想真正研究中国语言、中国文学的底蕴，并能像理解莎士比亚和华兹华斯一样理解它们，就必须有一个高贵的灵魂。（3）西方汉学家常带着西方中心主义观念来认识和研究中国及其文明，其著作有意地歪曲中国人的形象、中国历史文化的本来面目与价值，以服务于西方列强的政治索求。辜鸿铭抨击美国传教士汉学家明恩溥的《中国人的特征》最为著名，还批评过英国人弗里德尼克·特力乌斯的《灯笼的另一面》，认为他们不能透过中国人的表面看到其内在的道德和精神价值，即看不到"黄皮肤后面有一个美好的世界"，在这个世界里有道教、佛教和儒教的"君子之道"，而道教里又有胜过希腊男女之神仙群像，佛教里有像但丁诗歌那样美妙、伤悲、悲天悯人的诗歌，儒教的"君子之道"总有一天将拯救欧洲文明，等等。①在《中国人的精神》一书中，辜鸿铭总结了真正的中国人的四大特征——"纯朴""细腻""深沉""富于远见"，而英美德法诸国的人不是缺此就是缺彼，因而他们是无法了解中国人及中国文明的。

《中国学》一文是辜鸿铭一生批评西方汉学和汉学家最集中、最重要的代表作，此后他对西方汉学的发展一直保持关注，并随时随地发表评论，俨然以"中国学"批评权威自居，他在《论语》英译、《中庸》英译的序文和注释里，以及晚年在日本讲学时，都专门谈论过西方汉学的问题，并在总体上全面否定。尽管有所偏颇，但辜氏对西方汉学成就和现状的批判并非空穴来风，而是据理力争的一场雄辩。为促进西方汉学的健康发展，辜鸿铭不辞辛劳地为西方汉学提供良方。首先，辜鸿铭指出西方译介中国文化的非整体性偏差，例如中国文学译介体现在选本有限和方法单一上，造成了西方对中国文学的评价极低。他认为西方所

---

① 《中国牛津运动故事》1912 年英文版第 44 页，转引自黄兴涛《文化怪杰辜鸿铭》，第 59—60 页。

依据的材料本身就有问题，这与客观文化现象相符。从文学作品载体上延伸而观中国文化，自然是文化误读的咎由之一，"西方多借助翻译过来的资料了解中国，容易使欧洲人对中国文化产生偏颇的认识，而忽略它的多元性，如忽视释、道两家，导致西方人一般都非常蔑视道家学说"①。其次，辜鸿铭的批判超越了文本和学术层面，扩展到人文精神和文化视点上，他强烈指出，西方中心论和文化偏见是导致西方汉学不足的根源，张狂为西方文化优越感。辜氏认为西方对华的过度贬低并非意味着西方的文明高尚，这显然是一种不对等的文化关系。对强盗逻辑下的极度扭曲的中西关系，文化界正义的声音消失了，中西文化关系依附于强权政治，是否意味着西方人堕落了、道德沦丧了？显然这是肯定的结论："我告诫想研究中国语言、中国文学的欧美人：你们必须抛弃物质主义的骄傲自大，应该学会透过人的穿着和肤色来认识社会价值和人格价值。"② 最后，辜鸿铭指出，在端正对中国人及中国文明研究的态度和择取中国文明精髓而阐释的前提下，西方汉学要想取得更多更好的进步，主要在于研究方法的得当。方法不当是西方汉学家在各种具体中国研究上出现错误的根源，逐渐造成了西方汉学的总体水平低下。所谓方法不当的西方汉学欠缺，在辜鸿铭这里，就是指没有把一个民族文化作为一个有机的整体来研究，即没有掌握中国"文学和哲学的原理"："无论是整个文学——人类精神的全部历史，还是一部伟大的文学作品，只有将其视作一个有机的整体来认识和理解，文学的真正力量才能显示出来。"因此，辜鸿铭强调，《大学》里修身、齐家、治国、平天下所昭示的程序，即先弄懂中国人个人行为的原则，"这是必要的和必不可少的"，然后再检查一下，看看这些原则如何运用和贯彻到中国人复杂的社会关系和家庭生活中，最后才能将注意力集中到自己的研究方向上，用于研究政治及国家的管理制度。这样的程序当然只能在大体上得到贯彻，要贯彻到底，学者必须付出毕生的精力去锲而不舍地追求。③ 在近代所有西方汉学家中，辜鸿铭相对看重的是德国人花之安，认为他在中国研究"有机整体"上做得较好："在目前所有的中国学家中，我们倾向于把广

---

① 〔美〕M. G. 马森：《西方的中华帝国观》，杨德山等译，时事出版社，1999，第 308 页。
② 《辜鸿铭文集》下册，黄兴涛等译，海南出版社，1996，第 327 页。
③ 黄兴涛：《文化怪杰辜鸿铭》，第 47 页。

东的花之安牧师放在首位。虽然我们并不认为花先生的成果比其他人更有学术或文学价值，但我们发现几乎他写的每一个句子都表明他抓住了文学和哲学的原则，而这一点，正是我们从同时代的其他中国学家的作品中所看不到的。"①

辜鸿铭 27 岁发表《中国学》一文，此后 30 余年一直关注中国学的发展和学术批判问题。作为文化传播者，他需要客观而准确地把握一种文化的全部内容，并抓住其精神核心。在鸟瞰迄至 19 世纪末的中国学史后，他对西方汉学的成就表示了极大遗憾。在批评西方汉学的种种不足之后，辜鸿铭还是给出了他推动汉学研究的心得。他认为对中国学研究的原则，其实在《大学》里已经出现，就是格物、致知、诚意、正心、修身、齐家、治国、平天下的"八条目"。《大学》对中国的影响深远，中国学的研究者应当重视这本书里的既定原则，即从个人入手研究，而后延续至家庭，再从家庭延伸到整个中国社会。首先，不可缺少的是，研究者应该力图对中国人个体行为的准则有一个充分的了解；其次，必须调查与观察这些准则在复杂的社会关系和家庭关系中是如何应用和实现的；最后，唯其如此，才能对政府及其管理制度加以关注和研究。这是一个最基本的、纲领性的准则。一个研究者如果对这些准则不熟悉，是不会成为一个真正的中国学学者的。在研究民族性的过程中，重要的不仅仅是研究人们的行为和做法，而且要研究他们的思想和理论，了解他们的好恶、审美观，了解他们对于正义和非正义、智慧和愚蠢的看法，即要研究民族的思想。② 当然，辜鸿铭对几百年来的西方汉学的批判，并非处处切中要害，甚至有删好留次之嫌。譬如在内容上，他虽然对西方汉学作了较广泛的了解，但总体来说还是缺乏深入研究，因此其批评在学术深度上显得不够；在方式上，他的批评有简单化倾向，往往抓住一点，不及其余，对某些西方汉学家个人如理雅各、翟理斯，乃至对整个西方汉学的总体评价，实不免偏低，从而在一定程度上削弱了批评的力量。③ 辜鸿铭批评西方汉学的不足，自然有着主观因素的限制，如偏激性格和保守文化思想取向，加之西方列强侵华引起的仇西思想的影响，

---

① 辜鸿铭：《中国人的精神》，黄兴涛、宋小庆译，古吴轩出版社，2009，第 126 页。

② 孔庆茂：《辜鸿铭评传》，第 183—184 页。

③ 黄兴涛：《文化怪杰辜鸿铭》，第 61 页。

使作为中国人的他难以做到对西方汉学有更客观冷静的学术评价。当然必须承认，随着年龄增长和阅历增加，辜鸿铭的中国学问得以登堂入室，他逐渐扩大所学范围，"四部书、骚赋、诗文，无所不览"①。与同时代的留学学者不同，辜鸿铭是在博通西学之后方始学习祖国传统文化的，正如国学大师罗振玉所云："其早岁游学欧洲列邦，精通别国方言及其政学，其声誉已藉甚。及返国，则反而求我六经子史……极有岁年而学以大成。"② 可以说，辜鸿铭是一个语言天才和文章大家，他的中英文章都同样引人入胜，晚年辜鸿铭曾教他的学生作文的方法，在于"物""事""理""情"须兼顾。③ 简言之，辜鸿铭的国学基础和汉书能力是在他进入张之洞幕府之后逐渐培养起来的，在 20 年后达到较高的水准。这种渐进的提升过程，证明了辜鸿铭 27 岁时发表的论文《中国学》难免存在国学基础和中西文化比较学诸方面的瑕疵。但他的正直、勇气和批判精神，使得这篇论文具有了瑕不掩瑜的美好品质，值得引起那些关注汉学发展和人类大同前景的西方汉学家、传教士等的反思。

从总体上看，辜鸿铭始终认为西方汉学自诞生之日起，就不是以客观公允的学术态度来研究中国，而是借考察中国以期利于西方文化的东渐，特别是近代以降的西方所谓物质文明席卷东方所造成的意识形态下的中国学研究，在任意歪曲和诋毁中国知识和中国形象诸方面无所不用其极，甚至有"黄祸论"的蔓延。自 1883 年《中国学》论文伊始，辜鸿铭终其一生对西方汉学持否定态度，多次敦促西方学界反省自身的学术缺陷，端正对华认识的态度，在研究时立足中国文化内在特质，而不应一味将东方文化视为所谓西方强势文化的附庸。其最具中华民族气节的战斗檄文《中国人的精神》一书，强烈地抨击了欧洲现代性物质实利主义的弊害，并将其归咎于西方汉学对中国乃至全体东方文化的偏见恶果。《中国人的精神》的中文书名是《春秋大义》，主旨在于呼吁推行儒家文化。在该书中，他对西方所谓的中国问题专家进行了严肃批评，揭露了普遍存在于西方关于中国和中国人的文本中把东西方完全对立起来

---

① 刘成禺：《辜先生鸿铭遗事》，载刘成禺《洪宪纪事诗三种》，张伯驹增补，上海古籍出版社，1983，第269—271 页。
② 《辜鸿铭文集·读易草堂文集》，冯天瑜标点，岳麓书社，1985，罗振玉序第 2 页。
③ 林斯陶：《辜鸿铭（汤生）》，《人间世》第 9 期，1934 年，第47—48 页。

的话语的荒谬，是一种典型的东方主义思维方式，他以亚里克西斯·克劳斯在《远东：它的历史和问题》中的一段话为例："影响远东西方列强的全部问题的症结，在于鉴别那东方精神的真正本质。东方人观察事物不仅与西方人有不同的立场，而且他的整个思维途径和推理方式也与西方人不同。那种植根于亚洲人中独特的感知，同我们所赋予的感知正相反！"① 辜鸿铭还批评了西方人带着偏见来描述或认识中国人及其文化，这些带有西方优越于东方的成见的人，在他那里，只有"2＋2＝4"的算术型智能，他们的头脑只适用于解决经济和实用智能的问题，例如中西方的贸易问题。有关中国人和中国文化的问题需要"a＋b＝c"的代数型智能，"a＋b＝c"涉及复杂的哲学命题，非约翰·史密斯们算术型头脑所能胜任。② 最后，辜鸿铭以中国语言的独特性和深刻内涵，隐喻告诫了西方学界和政界、军界吸纳中国优秀文化的必要性，因为这里面有消弭战争、维持和平和教化人其为人的精神元素，而这正是西方社会所缺乏的，所谓汉学家们不能放弃这样的人文努力。在辜鸿铭看来，汉语是一种心灵的语言，它分为口头的语言和书面的语言两种，而书面汉语是有教养的、真正受过教育的人所使用的语言，它可分为"简单欠修辞的语文、通行的语文和高度优雅的语文"三类。中国古典高级汉语写成的文学作品表现出中国语言能用极其简单的语言表达深刻的思想和深沉的情感，在这方面中国语言的表现力和希伯来语、古希腊语不相上下。而后两者是死去的语言，汉语却是活生生的语言。掌握汉语需要心灵和大脑、灵魂和智慧的协调并进。被西方人忽略的高级古典汉语学成的文学作品中蕴藏着对西方有益的财富，它将会"改变那些作为爱国者正带着野蛮动物的相争本能鏖战于欧洲的、尚处在自然毛坯状态的人，使他们变成和平的、文雅的和礼让的人"③。简言之，辜鸿铭通过《中国人的精神》中严谨的东西文明比较，向西方展示了远远优越于欧美人性和其文明的中国形象，严正驳斥了西方长期存在的对中国文明蔑视或者武断的看法，并试图以他心目中以儒家文化为核心的中华文明来拯救正

① Ku Hong Ming, *The Spirit of the Chinese People*, Peking: The Peking Daily News, 1915, p. 115.
② Ku Hong Ming, *The Spirit of the Chinese People*, p. 117.
③ Ku Hong Ming, *The Spirit of the Chinese People*, p. 104.

处于战乱中的欧洲，重建欧洲文明。

二 批判汉学不足的文化发展意义

辜鸿铭年方 27 岁便以雄阔视野展开了对东西方文化的自我认知，这种对西方隔靴搔痒式的中国文化解读的公开批判显示了他作为一位学者登上文化舞台的最初惊世之举。欧洲游学十余年后，24 岁的辜鸿铭遵从父亲"回到东方来，做个中国人"的遗志，于 1880 年返回祖辈定居的华侨聚居地马来亚，不久被英国殖民政府派往新加坡，在辅政司任职。1881 年岁末，辜鸿铭偶遇清廷国学大家马建忠，三日晤谈使他的人生观产生了对西化生活方式逆转的文化择选。他决心学习中国语言和遵从中国人的生活方式，随后前往香港，埋头苦读汉学著作和中国经典。1883年，他撰写了平生第一篇有关中国的英文论文《中国学》，并在上海的英文报刊《字林西报》上发表。从此，他开始了学贯中西与嘲讽西学和西方文明、终身宣扬中国文化的人生之路。

辜鸿铭的选择并没有错，先看他对他的文化之路的坚持。1885 年，他进入张之洞幕府，追随幕主由广州到武汉、南京，北调京都，历时 20余年，构成了他的"生在南洋、学在西洋、婚在东洋、仕在北洋"的人生旅程。在长期博览中国传统文化和处理邦交事务的过程中，他据理力争，并用西方人所能理解的方式伸张正义于天下，公开宣扬效忠清廷。一战爆发后，他多次应邀发表英文演讲，并在 1915 年将这些演讲结集成英文版《中国人的精神》一书出版，宣扬儒家文明救世论，在西方世界引起轰动。1920 年，辜鸿铭把其有关战争和中西文明问题的部分文章结集为《呐喊》，并译成德文在德国莱比锡出版。1924 年，辜鸿铭应邀前往日本讲学三年，继续批评西方文化，宣扬东方文化的优越性。1928年，张宗昌任命他为山东大学校长，但未到任，后于 1928 年 4 月 30 日病逝于北京，享年 72 岁。这位学贯中西的一代学者，虽在国内受到冷遇，但受到西方人的高度重视，甚至在 1913 年成为我国最早获得诺贝尔文学奖提名的人。辜氏的思想与历史趋势的矛盾是他被国人"遗忘"的一个原因。再看辜鸿铭的文化救世论。他虽在 1915 年出版的《中国人的精神》一书中公开提出"儒教文明救世论"，但自 1883 年发表《中国学》一文起，就在酝酿自己的文化救世主张，至死不渝。尽管文化救世是一种乌托邦的理论，但其中深含着政治、经济、军事、外交等解决社会问题的手段所不具备的思想力量。尽管声嘶力竭，但是辜鸿铭儒教救西的"呐喊"最终还是淹没在国内知识界趋向"西化"的潮声中。辜鸿铭在近代思想文化史上很落寞，他走了，走得也很潇洒，因为他坚信生前无传奇的形象，身后必有神话的回归效应。辜鸿铭试图以个人之力来阻止近代中国的一种旧文化模式的消解和另一种新文化模式的形成，虽不合时宜且徒劳，但他毕竟以他个人的方式保存了一种文化精神——只要这种文化精神至今没有完全丧失其价值——因此他的中国文化优越思想是不能被彻底否定的。中国文化在自身出现危机和遭遇西方文化挑战的双重情境下，其由传统向现代的转变不是主动进行，而更多是被动的结果，而且进展缓慢，"欧风美雨"对中国文化更多的是冲击，而不是帮助推陈出新。与中国文化的"外源性危机"相比，西方文化的"内源性危机"或许更严重些。早在欧洲游学期间，辜鸿铭就顿悟到了西方文化"内源性危机"的严重后果，归国后便致力在稳定而恬静的中国文化中寻觅一种道德文化，以救治西方文化的物化之弊。"文化建设"成为辜鸿铭"文化批判"的最终归宿，而"文化批判"首先成为他的文化之旅的明显而长期的思想课题。在他这里，文明就是文化，而文化作为一种展示人的丰富生存情景的社会产物，有着自身独特的结构，即自在性和超越性。这两种特征之间的张力所构成的矛盾恰恰源于人的本性。由人性所导致的这种矛盾，正是文化转型的内在机制：当文化的自在性大于超越性时，文化就会呈现出稳定和保守的局面；当文化的超越性大于自在性时，文化的既定局面就会不断地得以突破和创新。辜鸿铭看到了文化的超越性大于自在性的欧洲秩序的混乱，也看到了文化的自在性大于超越性的中国秩序的稳定。在混乱和稳定之间，他明智地选择了稳定，故而他弘扬中国传统文化，特别是儒家文明的精髓"君子之道""礼义之教"："问题决不在于简单地抛弃这两千年的全部思想内容，而是要批判它，要从这个暂时的形式中，剥取那在错误的、但为时代和发展过程本身所不可避免的唯心主义形式中获得的成果。"[①] 最后看当代中国社会

① 黎澍、蒋大椿：《马克思恩格斯论历史科学》，人民出版社，1988，第 31 页。

的文化建设需求。我们知道，改革开放 40 余年来中国已经发生了举世瞩目的变化，这种变化主要表现在物质文明建设方面，同时中国特色社会主义文化建设也有了很大的发展。21 世纪之初，一股"文化回归"的潮流悄然而至，不少青年学者纷纷著书立说，他们通过借助对中国传统文化经典著作的解读，来向社会表达一种当今人们在精神上的回归和价值取向上的认同："文化传统或文明的积累则是千百年来人智慧的积累和结晶，是不可能也不应该彻底砸烂和抛弃的，而只能是在原有的基础上进行日新又新的创造。"① 实际上，在任何时代的社会中，文化效用的发挥都会对社会危机的改观从本质上产生积极的作用。要实现和平发展，就必须紧密结合中国的历史传统和现实国情，立足传统，发掘传统，超越传统，创造一种为时下人们所接受的"中国人的精神"，一种文化现实主义的精神。

辜鸿铭坚守中国文化的立场，甚至倡言儒家学说的普遍价值，使他在近代世界史上颇具传奇色彩。总体上看，他的名声和思想影响，在国内都不如国外，而就国内而言，他的名声显然比他的思想影响要大得多，因为辜鸿铭我行我素，睥睨一切，善辩骂人，诙谐不羁，总给人留下离奇怪诞的为人处世印象，有"辜疯子""辜老太""老怪物"等贬称，亦有"怪杰"之雅称，不一而足。而对这些贬称，辜鸿铭始终不置一词而"欣然"接受，偶尔有点回击。当人们不屑或无心窥探他的那些和寡之曲时，辜鸿铭的逸闻趣事就成了他最"可爱"的替身符号，不少得以流传于世，历代听者兴趣盎然，如辫子的故事，关于纳妾的茶壶茶杯理论，为八股、缠足、太监、姨太太、五世同堂大家庭、贞节牌坊、地狱活现的监狱、廷杖板子夹棍的法庭等辩护。而事实是，"长期以来，人们更多的只是关注他顽固的表面，满足于叙述他的逸闻趣事，流于诟病和嘲弄，不曾对他的文化活动和思想进行深入的研究，以致留给人们一个纯粹概念化、表面化而缺乏思想内涵的顽固小丑形象。这当然是有欠客观和公平的"②。正是这样掩耳盗铃式的文化人物研究，使得辜鸿铭的思想内涵和他的外表与性格混淆一体，以致主次不分、误解讹传不断。辜鸿铭的

① 何兆武：《文化漫谈：思想的近代化及其他》，中国人民大学出版社，2004，第 111 页。
② 黄兴涛：《文化怪杰辜鸿铭》，导言第 12 页。

中文著作甚少，两三本书不能全面系统地反映他的真正思想和他的阐释，而留存海外的大量外文著作，对于辜鸿铭时代乃至其后半个世纪内的中国人而言，都是一个巨大的认识难题，翻译途径也并不能完全揭示辜鸿铭的原本思想，中外文间的用词达意常常不能对等。辜鸿铭在写作外文著作时，没有对应的中文本。《中国学》这篇英文论文，就是我们慎读和理解辜鸿铭及其文化思想和中西文明的开篇之作，它显然是一种基础。但要读懂它，也是一个挑战。应该说，对当时汉学的现状介绍和不算深刻的批判，辜鸿铭已经将他的中国文化置于西方学者认知所能及的高度，暗示着中国人对于中国文化的不甚了了，遑论对汉语言和中国古籍所知甚少的所谓汉学家们的中国文化观的高妙之处了。我们知道，自鸦片战争以来的终清一代，西方人对中国、中国人和中国文化的研究，概多充满了贬斥的学术偏见。辜鸿铭《中国学》一文，可谓高屋建瓴地警醒国人要看到西方人的不恭之心和觊觎之志，也是对近代西方对华"傲慢与偏见"加以警醒的义正词严的一篇战斗檄文。

首先，辜鸿铭对西方汉学的严厉批判，具有很强的文化针对性，合理之处甚多，无论在汉学研究的宏观、微观方面，还是在文化交流的学术政治方面，都留下了很多的历史启迪，其中他对西方中心观和西方文化优越感的文化批评最为深刻，意义深远。实事求是地说，自鸦片战争以来的一个半多世纪内，甚至跨入 21 世纪以来，中国在世界上的地位常常遭遇西方中心主义的屏蔽而显得无足轻重，甚至没有恢复到隋唐时期海外"中国热"的水准，西方的文化僵化和不以进步为标准的文明观制约着对中国的认识能力。虽然我们不否认西方某些汉学家的某些公正的文化研究，但在总体上仍难以抚平由来已久的对中国文化不甚了解和对中国文明不公正看法的普遍现象，因而接踵于辜鸿铭的向西方传播中国优秀传统文化的使命，还是任重而道远的。

其次，出于对西方侵华的憎恶、对中国（儒教）文化的痴迷，或出于对人类进步的人文关怀，辜鸿铭的学术之心路历程始于他对西方汉学的评论或批判。年轻气盛的他著就《中国学》长文，在行文中不免有情绪性的发挥，并上升到儒教文明优于西方文明，乃至儒教救西的观点，往往造成西方汉学界对他的揶揄之词越来越严重。这种交恶的不断深化，自然引起本就不通畅的中西文化交流越发困难重重。辜鸿铭向欧洲建议的"中国人的精神",虽得到某种程度上的西方学界对其文化民族主义的认同,但并未形成一种要欧洲走儒家道路的普遍观点,因而辜鸿铭的理想没有变为现实。不过,东西方发展道路的差异性是历史文化过程,西方中心和儒教救西的思想,都颇具以一种极端反对另一种极端的文化论调。然而,在特定的民族救亡图存的近代中国环境下,这种"矫枉过正"可能说不上以其人之道还治其人之身,却可以彰显辜鸿铭对于儒家文明的忠诚和某种超越于世人的文化透视力,即道德重建远比物质功利有益于社会进步。而其中的韵律,不是中国儒家文明的缺憾,而是西方学界对于中国儒家思想领悟不透的缺憾。辜鸿铭脚踏中西两种文化背景,在相当程度上远比西方汉学家更能透彻地通晓儒家的精义,领悟中西文化的表内异同。翟理斯是英国著名汉学家,也是他评价最高的西方汉学家,但他依旧批评翟氏的中国经典翻译中的"形神"难以统一的学术弊端。辜鸿铭曾批判翟氏"缺乏哲学家的洞察力","能够翻译中国的句文,却不能理解和阐释中国的思想"①。在翻译问题上,尽管德国汉学泰斗福兰阁对辜鸿铭有冷淡的评价,却认同辜氏对西方翻译中国经典不足的批判,而这正是中国经典翻译所涉及的"形"似和"神"似的文化问题。形散而神不散,是中国韵文的高境界,没有深厚的中国文化根基是难以做到的,辜鸿铭在而立之年前后沉潜到中国传统文化的研读中,历时20余年,方能有此成绩,一般汉学家是难以企及的,故而翻译中国经典的困难就不能讳言了。因此,辜鸿铭亲自英译了《论语》《中庸》等儒经,既表达了对欧洲儒经翻译状况的不满,也展现了他对儒经的理解,并得到了中外学界的称誉。可惜的是,在20世纪初世界仍很纷乱的政治背景下,世界汉学界和辜鸿铭之间始终未出现良性的互动,双方各走偏锋的学术道路难有交集,特别是担负着沟通中西、促进交流与理解使命的西方汉学家目不识耳不闻辜鸿铭的翻译理念和成就,延误汉学事业的进程,是西方文化界不能回避的遗憾。

最后,中西文化是异质的,这是辜鸿铭在他的《中国学》一文中最有文化概念的定性认识。似乎"东方文明与西方文明根本不同"已成不争的思想结论,但文明孰优孰劣是否为文化的深意所在,可谓见仁见智。

---

① 《辜鸿铭文集》下册,黄兴涛等译,第108页。

辜氏此时的朦胧意念，概在东方文明优于西方文明的可能性大。他将西方文明分为三个阶段：异教文明（或古希腊罗马文明）、基督教文明（或中世纪文明）、文艺复兴以来的第三种文明（有时他也称其为西方近现代文明）。① 文艺复兴以后的西方文明是辜鸿铭的中西比较的关注核心，以此辨别其与中国儒家文明的差异。在他看来，"中国人的人性和欧洲人的人性是相同的"，"这两种文明的目的无疑是相同的，即保证人们道德的健全和在世界上维持国民秩序"，"中国文明的起源、发展乃至以存在的基础，同欧洲文明完全不相干"②。当然，站在不讳言辜鸿铭的东西文化根本差异的正确性的立场上，东西文明的共通性应是地球发展的终极的人类追求。以辜鸿铭为例，他就是兼顾东西方文化并将其糅合于一身的人类共通性的杰出代表。辜鸿铭是各种文化知识的汲汲吸收者，勤学善思是他的优良品质。他晚年授教北大时，常叮嘱学生对"学而不思则罔，思而不学则殆"这句孔子格言"尤应服膺而勿失"。③ 由"学"和"思"组成的学习性格，加强了辜鸿铭博闻强记的文化修炼，特别是他的西学修养为他认识中国传统文化提供了一个难得的参照系，反之亦然，而这种优势是晚清民初一般士人所无法企及的。因此，无论站在西方汉学对于中国文化或对或错的阐述立场，还是站在评论东西方文化差异的立场，辜鸿铭以学者胆识所刊《中国学》，表面是在阐述东西文化的差异，而本质上是在追求化合，是道者反之动的一种辩证共存，是在构建一种共通的文化模式，具有全球性的远见。这种远见或许还有比较学科上的价值，即辜鸿铭把传统汉学推进到"中国学"阶段，正如孔庆茂先生所言："辜鸿铭在刚回国伊始，即于 1883 年底在《华北日报》上发表《中国学（Chinese Scholarship）》一文，这为他以后 40 余年的研究写作定下了基调，他一生都献身于这一领域，向西方宣传中国传统文化，澄清西方人因不了解中国传统而产生的各种误解。这篇文章被补充修改后分为二部分附在 1915 年出版的《春秋大义》书后。在这篇文章中，他对'中国学'这门在当时几乎没有人注意到的学科的发展奠定了基础，他的《中国学》可以看成是'中国学'研究'发凡'，对它的范围界定、

---

① 《辜鸿铭文集》下册，黄兴涛等译，第 313 页。
② 辜鸿铭：《中国人的精神》，黄兴涛、宋小庆译，第 132、133 页。
③ 林斯陶：《辜鸿铭（汤生）》，《人间世》第 9 期，1934 年，第 48 页。

历史概况、研究现状、研究目的、态度、对象以及正确的做法等都有精辟的见解，已具备现代中国学的基本理论框架"，"辜鸿铭对中国学作了最早的批评，而且用中国学（Chinese Scholarship）取代了'汉学'（Sinology）的概念，扩大了这门学科的研究领域。他的中国学批评，对纠正西方人的中国观有很大的影响，对我们今天的传统文化研究也不无意义，这一点我们是不应该忘记的"①。

　　总之，辜鸿铭从 27 岁时发表的《中国学》一文起，对西方汉学的针砭就是持之有据的，这也表现了他厚积薄发的一种文化张扬，以及对维护祖国文化具有义正词严的精神气概。他游学欧洲所受到的民族歧视，使他感受到西方世界对中国文化的误解之深。具有文人式敏感的辜鸿铭，对于西方对华人的歧视是深恶痛绝的，这成为他后来"扬中挞西"的重要素材之一。1885 年初，辜鸿铭正式归国，进入张之洞幕府，主要原因是张之洞要利用他的"西学"，而辜鸿铭也要以所学报效国家。他在1883 年居留香港而撰写的批判西方汉学和汉学家的《中国学》一文，并非臆测之论，而是持之有据的犀利驳文，是他归服儒家文化和一贯对抗西方文化歧视的一种正义性的文化斗争的伊始之作。包括《中国学》在内的一系列尖锐批评西方汉学的论著，充分张扬了辜鸿铭具有的实事求是和有的放矢的文化精神，他批判西方汉学的历史缺陷和西方文化中心观的文化作为，充分体现了一种中华民族反抗文化歧视的民族正气，有助于维护中华民族尊严和他国文化价值，推动中西文化交流事业发展，其意义是深远的。

---

① 　孔庆茂：《辜鸿铭评传》，第 21、185 页。

魏晋时期士人的双重诉求

——以葛洪内神仙外儒术思想为研究对象

岳晓雨*

摘　要　葛洪创建的神仙道教，推动了中华民族本土宗教的发展。葛洪"内神仙外儒术"的道教思想，与其所处的时代背景和个人经历紧密相关，彰显了葛洪的士人品格。葛洪将道教教义系统化、理论化，加强了神仙道教和儒家纲常名教的联系，使道教成为信仰化的精神寄托。追求长生不死的理论是不切实际的，但在当时特殊的社会矛盾背景下，葛洪坚守士人传统，利用宗教缓和阶级矛盾，不失为一种积极探索。

关键词　葛洪　神仙道教　士人

引　言

葛洪，字稚川，自号抱朴子，[①] 丹阳句容人，东晋外丹学与神仙道

---

* 作者简介：岳晓雨，西北大学中国思想文化研究所硕士研究生。主要研究领域：中国古代思想史。

① 抱朴子，葛洪自称。见《老子》中"见素抱朴，少私寡欲"，葛洪以此为号，以言其志："洪期于守常，不随世变言则率实，杜绝嘲戏，不得其人，终日默然。"（《抱朴子外篇·自序》）

教的代表人物。道教是中国本土产生的宗教，葛洪承继秦汉方士神仙传统，对神仙道教的创建起到了不可磨灭的作用。由于种种原因，其著作大部分已经失传，可供后世参考的文献有《抱朴子》、《神仙传》10卷、《隐逸传》10卷等。其中《抱朴子》分外篇和内篇，是研究道教神仙理论的经典著作。《神仙传》试图用具体的神仙故事对葛洪个人的宗教观念进行证明和阐释，这些都集中体现了葛洪的思想。学术界对于葛洪的研究成果颇多，可将其大致分为四类。[①]

　　道学书目，卷帙浩繁，即使是专门研究者，也难以一一涉猎。葛洪继承并改造了早期道教的神仙理论，建立了完整的神仙道教体系，对道教理论的发展有总结性的贡献。道学杂而多端，旧时人多有诟病，然其作为中华民族本土宗教，成为中华民族文化的重要组成部分，原因何在？葛洪主张的儒道思想是否矛盾？学界关于葛洪的研究主要集中在他以道教为基础的一系列探究，但是关于葛洪承传传统文化和其自身独特士人品格方面鲜有论述。本文旨在以葛洪的生平和著作为切入点，挖掘葛洪品格与人生追求，对葛洪内神仙外儒术思想进行进一步的探究。

一　葛洪内神仙外儒术思想成因

　　据文献记载，葛洪的人生志趣与玄谈名士大为不同。一方面，葛洪

---

① 第一类是研究葛洪本人的作品。葛洪一生著作丰厚但留存较少，因此，要想研究葛洪道教思想，就需要对他的作品进行甄别和校勘。对葛洪个人作品的校正主要有王明的《抱朴子内篇校释》（中华书局，1986）；杨明照的《抱朴子外篇校笺》上、下册（中华书局，1997）；等等。第二类是从葛洪自撰的作品入手，通过文本研究葛洪道教思想包括的道教教义、道教宗派、道教人物等。较早的有卿希泰的《中国道教思想史纲》，研究道教派别在时代的政治背景下所形成与发展的思想（四川人民出版社，1980）；胡孚琛的《魏晋时期的神仙道教》，从《抱朴子·内篇》中研究魏晋时期神仙道教的形成原因（《中国社会科学院研究生院学报》1986年第2期）；此后还有金毅的《葛洪〈抱朴子外篇〉概论》，论述了葛洪的君臣之道和经国理事观念（《北京第二外国语学院学报》1997年第1期）。第三类是从文学、医学、美学等方面对葛洪的思想进行分析，如潘显一的《葛洪的神仙美学思想》（《世界宗教研究》2000年第1期），李泽厚、刘纲纪的《中国美学史》（安徽文艺出版社，1999）等。第四类是从葛洪的道教哲学思想上进行研究，特别是葛洪在宗教、哲学方面的贡献。就葛洪道家、道教这一方面的研究，学术界主要有卿希泰的《中国道教思想史纲》第1卷（四川人民出版社，1980），任继愈主编《中国道教史》（上海人民出版社，1990）等。

身上保留着恪守儒家思想的一面，几次步入仕途，反对空谈任诞之风；另一方面，他又笃信神仙道教，认为神仙实有、长生可致。葛洪这种内神仙外儒术的思想在其所著《抱朴子》中有明确的表现，"《内篇》言神仙方药、鬼怪变化、养生延年、禳邪却祸之事，属道家；《外篇》言人间得失，世事臧否，属儒家"（《抱朴子外篇·自叙》）。对葛洪内神仙外儒术思想的研究应将其放在当时所处的时代背景中，首先从葛洪的生平来了解其思想产生的原因。

（一）时代背景：葛洪思想产生的客观条件

葛洪生活在动荡不安的年代。东汉末年以来，世道陵夷、风俗颓败。直到司马氏家族建立政权带来了短暂的社会稳定，但是晋武帝死后，八王之乱兴起，社会黑暗动荡，民不聊生。葛洪身处乱世之中，研究其思想产生的动因，便无法摆脱社会这个大背景对他的影响。

魏晋时期，世风衰颓，道德伦理日渐沦丧，时人以纵情声色、放荡不羁为傲，统治者腐朽的政权加剧了社会风气的败坏，违背礼教、放浪形骸的行为充斥不绝。葛洪对此深恶痛绝，强烈抨击这些行为，在《抱朴子外篇》的《嘉遁》《逸民》等众多篇章中，他反复以世道多难、儒教沦丧批评时人沉溺声色、驱着竞逐，导致社会上不良风气的蔓延，伤风败俗。

他在《交际》篇中深刻地刻画了趋炎附势之人投奔权势的丑态："星言宵征，守其门庭，翕然谄笑，卑辞悦色，提壶执贽，时行索媚。"世人趋炎附势，不顾廉耻，葛洪有感于玄学名不副实的风气，反对时人空谈玄虚的作风，鄙夷社会上故弄玄虚之人。

汉末以迄两晋，早期道教取得了一定的发展，道教思想是在吸收了各家思想的基础上形成的，首先是对道家思想的吸收。"道家和道教，本身是有区别的。道家倡自然，道教重益生。与道家多强调自然、顺生不同，道教则往往执着于对生命形体的养护，并试图以把养护方法系统化、精致化的'益生'方式来实现肉体的长生不死，进而以之来化解因人之有限性所产生的困顿与悲剧性。"[①] 汉末年间，太平道和五斗米道兴起，

① 李友广：《自然与益生之间：道家道教生命态度比较的重要向度》，《现代哲学》2016 年第 3 期。

《太平经》被视为早期道教的代表著作之一，奠定了葛洪后期道教发展的基础。这些原始道教多在民间流行，采用祭祀和符水治病等方式，与当时黑暗年代中百姓渴求生存的心理紧密联系起来，深得民众信任，在苦难深重的百姓中广为传播。其中，有人借此教义妖言惑众，谋取钱财，葛洪对此强烈抨击。黄巾起义失败后，统治者对太平道等原始道教严令禁绝，道教必须改变自己原来的形式来适应封建帝王的需要，这样才能获得生存和发展。葛洪正是在此种形势下，积极寻求援儒入道的方法，为道教寻找新出路，将神仙之术与儒术相结合，形成了以长生不死为目的的道教教义。

葛洪目睹两晋名士裴顾、郭璞等人相继惨遭杀害，江南世家大族周氏等满门被灭口，深受触动，这些都对葛洪的内神仙外儒术思想产生影响。人活在世上已是不易，为何还要奔波于身外之物呢？生命的苦短使葛洪笃信金丹，追求长生之道；在动乱的年代，孙吴、西晋的短命而亡也引发了葛洪深深的思考。葛洪基于苦难现实，对社会风气予以强烈批判，自号"抱朴子"的葛洪，对士人不理朝政、放荡不羁、贪图安乐的做法深表不满，这也是他不与世俗同流合污、汲汲于巩固统治以救时弊独特品格的体现。

（二）个人经历：葛洪思想形成的主观条件

研究葛洪生平，最为可贵的是《抱朴子外篇·自叙》。《自叙》篇中有详细语句描写葛洪个人的经历。葛洪原本生于名门望族，先祖葛浦庐，官至骠骑大将军；祖父葛系，曾在三国吴任吏部侍郎、御史中丞；父亲葛悌先也在吴任五官郎、大中正等要职。然而葛洪十三岁时不幸丧父，家道败落，出生于名门的他，从小受到家族长辈教导等文化氛围的熏陶，虽遭遇不幸，但仍秉持读书好学的品质。这一点在《自叙》中有深刻体现：

> 年十有三，而慈父见背，夙失庭训。饥寒困瘁，躬执耕稼，承星履草，密勿畴垄。又累遭兵火，先人典籍荡尽，农隙之暇无所读。乃负笈徒步行借，又卒于一家，少得全部之书。益破功日，伐薪卖之，以给纸笔。昼就营田园，夜以柴火写书。坐此之故，不得早涉

艺文。常乏纸，每所写，反复有字，人鲜能读也。年十六，始读《孝经》《论语》《诗》《易》。贫乏无以远寻师友，孤陋寡闻，明浅思短，大义多所不通，但贪广览，于众书乃无不暗诵精持。曾所披涉，自正经诸史百家之言，下至短杂文章，近万卷。①

葛洪早年的人生际遇激励了他重振家业、承传家风的雄心；身处乱世，面对士大夫们放浪形骸、不学无术的风气，葛洪仍能坚守内心求学之道。葛洪早年习读儒家经典，"患弊俗舍本逐末、交游过差，故遂抚笔闲居，守静筚门，而无趋从之所；至于权豪之徒，虽在密迹，而莫或相识焉"（《抱朴子外篇·自叙》）。这些都体现了葛洪作为传统儒家士人的品格，也是他吸收儒家思想的原因之一。

葛洪之所以后期会成为著名的道士，不光因为战乱年代早期道教思想盛行，人们为了避世而崇尚长生不死；还由于他秉承师说，受其师郑隐、其曾祖父葛玄、其祖父葛奚等人的影响，这些人都和仙道有一定的联系。除了秉承师说之外，葛洪笃信神仙道教，还与他自己的体弱多病、性格内向、仕途坎坷以及对生命的珍视等有很大的关系。根据《自叙》，葛洪自幼体弱多病，"洪禀性羸，兼之多疾"，"少尝学射，但力少不能挽强"（《抱朴子外篇·自叙》）。葛洪疾病缠身，免不了和药物打交道，所以他十分关注生命长短、神仙方药、养生延年之事。不仅体弱多病，葛洪"言则率实，杜绝嘲戏，不得其人，终日默然"（《抱朴子外篇·自叙》）。这种内向的性格以及喜欢较真的个性，显然也是他能够静下心来炼丹、研制长生不老之药的性格条件。葛洪出身书香门第，从小得以博览群书。葛洪在二十岁时破石冰而立下功劳，被授伏波将军。但此后，他几次出仕为官，都十分坎坷。葛洪渐渐心灰意冷，最后决定归隐罗浮山，潜心炼丹。葛洪以毕生精力追求长生之道的原因，还在于他对生命的珍视。在《抱朴子内篇·勤求》中，葛洪反复强调生命的宝贵，他说："天地之大德曰生，生，好物者也。是以道家之所至秘而重者，莫过乎长生之方也。"又说："生之于我，利亦大焉。论其贵贱，虽爵为帝王，不足以此法比焉；论其轻重，虽富有天下，不足以此术易焉。故有

---

① 杨明照：《抱朴子外篇校笺》下册，第 652—655 页。

死王乐生鼠之喻也。"正因为生命宝贵而又短暂,所以葛洪认为教人以长生之道,其本身就是一件大有裨益的事情。

二 葛洪内神仙思想:尊道

关于"神仙"的定义,最早可以追溯到《汉书·艺文志》中的记载:"神仙者,所以保性命之真,而游求于外者也。"① 神仙,不外是道教信仰者所向往的超脱尘世、达到解脱,进而得道成仙的理想化追求者。葛洪论"道",沿用道家范畴,将之称为"玄"②、"一"。

(一)葛洪论"道"

关于葛洪对"道"的理解,《抱朴子内篇》中有详细的记叙:

> 玄者,自然之始祖,而万殊之大宗也。眇昧乎其深也故称微焉;绵邈乎其远也故称妙焉。③(《畅玄》)
>
> 道起于一,其贵无偶,各居一处,以象天地人,故曰三一也。天得一以清,地得一以宁,人得一以生,神得一以灵。……老君曰:忽兮恍兮,其中有象;恍兮忽兮,其中有物。一之谓也。④(《地真》)
>
> 道者,涵乾括坤,其本无名。论其无,则影响犹为有焉;论其有,则万物尚为无焉。……言乎迩,则周流秋毫而有余焉;以言乎远,则弥纶太虚而不足焉。⑤(《道意》)
>
> 道也者,所以陶冶百氏,范铸二仪,胞胎万类,酝酿彝伦者也⑥。(《明本》)

葛洪认为"玄""一"是自然的始祖,宇宙万物的本原;它高远渺

---

① 《汉书》,中华书局,1962,第1780页。
② 玄:道家术语,指精神性的宇宙本体,而非魏晋玄学之玄,既通过天地万物显现为有,又还原于虚静而归于无。
③ 王明:《抱朴子内篇校释》,第1页。
④ 王明:《抱朴子内篇校释》,第323页。
⑤ 王明:《抱朴子内篇校释》,第170页。
⑥ 王明:《抱朴子内篇校释》,第185页。

茫而又久远绵邈，可贵而独一无二，化生万物以及天地人。这样，天得到"一"就清明透彻，地得到"一"就安宁和谐，人得到"一"就得以生存，神得到"一"就彰显灵气。葛洪所认为的"道"作为自然万物的本原，可以陶冶百家，铸造天地，孕育万物，酝酿伦常。可以看出，葛洪对"道"的理解，没有完全脱离老子学说的烙印和范畴，是对老子学说的吸收和借鉴。然而，葛洪对"道"的解释也有与老子学说不同之处，在涉及生命长短的问题上，葛洪对道家的顺其自然和"齐生死"予以抨击。在《抱朴子内篇》中，葛洪认为《道德经》比较简略，其中自始至终完全没能讲明全部事理，提供可以考察的线索。[①] 葛洪的"道"有其自身独特的见解，既不完全等同于老庄道家之"道"，也不同于当时社会上流行的早期道教思想，而是一种追求得道成仙、长生不死之道。葛洪的道教思想是为宣传他本人的神仙学说服务的，他继承了前人的神仙方术思想，将道家思想与道教的方术、丹鼎等结合为一体确立了神仙道教体系。

（二）对神仙存在的论证

既然"玄""道"如此重要，那么神仙是否存在？倘若存在，如何能够证明神仙的存在呢？葛洪在《抱朴子内篇》中对神仙真实存在予以大篇幅概述，他坚信神仙是真实存在的。

> 若夫仙人，以药物养身，以术数延命，使内疾不生，外患不入，虽久视不死，而旧身不改，苟有其道，无以为难也。而浅识之徒，拘俗守常，咸曰世间不见仙人，便云天下必无此事。夫目之所曾见，当何足言哉？天地之间，无外之大，其中殊奇，岂遽有限？诣老戴天，而无知其上；终身履地，而莫识其下。形骸己所自有也，而莫知其心志之所以然焉；寿命在我者也，而莫知其修短之能至焉，况乎神仙之远理，道德之幽玄？伏其短浅之耳目，以断微妙之有无，岂不悲哉！[②]

---

① 见《抱朴子内篇·释滞》："又五千文虽出老子，然皆泛论较略耳。"
② 王明：《抱朴子内篇校释》，第 14 页。

葛洪描述了仙人的状态，他认为仙人用药物养身，用术数延长寿命，使体内疾病不生，体外侵患不入，长生久活，旧日的容颜也不见改变。如果按照仙人之道去做，并不难做到。而那些见识浅薄的人，偏执己见，固拘泥于世俗，墨守成规，不肯接受世间存在仙人的观点。这些目光短浅之人都说世间没有人见过仙人，便认为天下肯定不会有这种事。葛洪认为，如果人们都曾见过，那还有什么可说的呢？天地之间，辽阔广袤，其中奇形怪状、匪夷所思的东西，哪里会有限呢？人从生到死头顶青天，却不知天有多高；终生一直脚踏大地，却不知地有多厚；形骸是自己所有的，却不知自己的心志为什么会这样；寿命掌握在自己手中，却不知道它的长短。更何况成仙的道理高远而又幽深玄妙。葛洪认为神仙有着不同于凡人的神通之处，凭借人们自己短浅的见识，来判断细微玄妙之道的有无，实在是一件可悲之事。

总而言之，葛洪面对神仙是否存在的问题，给出了明确的答复：神仙确乎存在。综合《抱朴子内篇》中有关论仙的内容，葛洪认为世界之大，无所不有，不能因为没有亲眼见过神仙，就说神仙不存在；倘若没有神仙这一说法，史籍中就不会有关于神仙的论述了。神仙之所以是神仙，不是常人所能知晓或了解的，凡人难以识别神仙的存在。葛洪还著述《神仙传》，以此来说明神仙实有，论证神仙存在的可能性。葛洪列举了历来有关神仙故事的记载，在他看来，神仙不仅存在，还有上下等级之分。

（三）得道成仙之术

既然神仙存在，那么神仙是如何得道的呢？葛洪不仅力证神仙真实存在，而且号召人们得道成仙，葛洪对得道成仙、长生不死提出了自己的观点。他认为人可以通过自身修炼来达到成仙的目的。学习仙道，是一个循序渐进、由浅入深、由易及难的过程。首先要立下成仙志向，辅以坚强意志；炼就丹药，是得道成仙最关键的办法。

《微旨》篇中提到：

> 或曰："屡承嘉谈，足以不疑于有仙矣，但更自嫌于不能为耳。敢问更有要道，可得单行者否？"抱朴子曰："凡学道当阶浅以涉深，由易以及难，志诚坚果，无所不济，疑则无功，非一事也。夫

根荄不洞地，而求柯条干云，渊源不泓窈，而求汤流万里者，未之有也。是故非积善阴德，不足以感神明；非诚心款契，不足以结师友；非功劳不足以论大试；又未遇明师而求要道，未可得也。九丹金液，最是仙主。然事大费重，不可卒办也。宝精爱气，最其急也，并将服小药以延年命，学近术以辟邪恶，乃可渐阶精微矣。"①

对于他人提出的疑问，葛洪认为有简要的途径来进行修行。就心智来说，心智虔诚、坚定果断是修行的前提，这样就能无所不成；心存疑虑往往举步维艰，劳而无功。这个道理不光适用于修行，其他方面也是如此。譬如根不深入大地，而求枝条高入云霄；渊源不宏大深邃，而求疾流横荡万里：这种事是无法达成的。所以，葛洪积极倡导行善事积阴德以感动神明，诚心真挚地投合以结交师友，服食九丹金液来成仙，然而事业庞大，耗费人力，费用昂贵，不能一下子办到。宝精爱气，是最切近的方法，同时服食一些也有效益的药来延长寿命，学习浅近的法术来辟邪恶，这样才可以逐渐深入精深微妙的道术中。

与其他修道方法相比较，葛洪把服食金丹作为成仙的关键，将金丹视为上品神药，笃信金丹。人要借助外物以求自固，强身健体，但他也强调内外修炼，服食金丹让人成仙，同样配合行气进行修炼，这样才可以达到长生不死。葛洪的长生不死这一观点，显然是一种违反科学规律和人正常寿命的、不切实际的幻想，但是这也反映了葛洪对人自然寿命的积极求索，是其对人生命珍视的体现。

三　葛洪外儒术思想：崇儒

葛洪的道教学说融入了儒家的封建伦理观念，主张修道者必须遵循伦理法度，"欲求仙者，要当以忠孝、和顺、仁信为本。若德行不修，而但务方术，皆不得长生也"（《抱朴子内篇·对俗》）。葛洪对此有更详细的论述，他说："然览诸道戒，无不云欲求长生者，必欲积善立功，慈心于物，恕己及人，仁逮昆虫，乐人之吉，愍人之苦，周人之急，救人之

---

① 王明：《抱朴子内篇校释》，第 123 页。

穷，手不伤生，口不劝祸，见人之得如己之得，见人之失如己之失，不自贵，不自誉，不嫉妒胜己，不佞谄阴贼，如此乃为有德，受福于天，所作必成，求仙可冀也。"① 什么是有德呢？多行善事，积累功德。推己及人，设身处地为他人着想；怀有仁慈之心，对昆虫动物也要施以仁爱。赈济人于危急，救助人于穷困，手不伤害生灵，口不鼓励为祸，见人之得如己之得，见人之失如己之失。不自以为尊贵，不自我称誉，不嫉妒比自己强的人，不谄媚讨好阴险贼子。这样才算是有德，才能受到上天赐的福，所做的事才可以成功，求仙才可能有望。胡孚琛先生认为："葛洪的主要目的，是把封建社会的伦理纲常引入道教神仙世界，使神仙不仅拥有超出凡人的法术，而且在品德上也是奉行世俗世界伦理纲常的楷模。"②

（一）尊君

葛洪身处魏晋乱世之中，当时一些魏晋玄学之士如阮籍、嵇康等强调超越明教而任自然发展，权臣自立为王，社会秩序混乱。葛洪认为，这些权臣虽然打着顺应自然的口号，实则还是为了自身的利益，是一种扰乱君臣秩序的大逆不道的行为。葛洪从维护君王秩序出发，强调"君道"和"臣节"："君臣之大，次于天地。"③

> 盖闻冲昧既辟，降浊升清。穹隆仰焘，旁泊俯停。乾坤定位，上下以形。远取诸物，则天尊地卑，以著人伦之体。近取诸身，则元首股肱，以表君臣之序。降杀之轨，有自来矣。④

葛洪认为，君臣之道本身就有其存在的合理性，是上天所注定的。君尊臣卑，是君臣应有的秩序。在《抱朴子外篇》中，我们可以看到多处葛洪维护君臣秩序的阐述。他反对废立之事（《良规》），对鲍敬言所提出的君臣之道的危害予以强烈抨击（《诘鲍》），进而提出了君臣之道的范式：

---

① 王明：《抱朴子内篇校释》，第126页。
② 胡孚琛：《魏晋神仙道教——抱朴子内篇研究》，人民出版社，1989，第153页。
③ 杨明照：《抱朴子外篇校笺》，第409页。
④ 杨明照：《抱朴子外篇校笺》，第511页。

立朝则以砥矢为操，居己则以羔羊为节……出不辞劳，入不数
功，归勋引过，让以先下。诚专祗栗，恒若天威之在颜也；宵凤虔
竦，有如汤镬之在侧也。①

君人者，必修诸己，以先四海。去偏党以平王道，遣私情以标
至公，拟宇宙以笼万殊。真伪既明于外物矣，而兼之以自见；听受
既聪于接来矣，而加之以自闻。②

君臣休戚与共，身为一国之君以身作则，不肆意猜忌贤臣，赏罚分
明；君主要树立权威，统治一国，震慑臣民。作为臣子要谨遵君王意旨，
兢兢业业，忠诚不贰；若君王有不对之处，不应废立君王，擅自夺权。
葛洪从传统的儒学立场出发，对于魏晋以来社会上流行的不合礼教、放
任自流的风气予以批判。葛洪在《诘鲍》《君道》等篇中详细论述君臣
之道，他将原始社会以来君臣之道的发展演变加以概括，强调重视君臣
关系的合理性，若君臣之道不能很好地执行，那么国将涣散动荡，难以
长治久安。

（二）崇礼

面对世人崇尚虚无、空谈阔论的思潮，葛洪希望以儒家礼制来约束。
儒家的礼乐教化自古以来就在社会上占主导地位，葛洪试图以儒家思想
教化世人，以此维护社会秩序。"安上治民，莫善于礼"，③ 遵循礼法制
度，重视礼乐文明对人心灵的教化；礼义法度的施行可以防止人民随意
争斗，维护社会的统治秩序。

当然，葛洪崇尚的礼不是烦冗的形式，而是从内心深处遵循礼，是
一种感情上的重视。

安定国家，治理人民，"用礼"是最好的办法。葛洪有感于魏晋黑
暗的现实，提出"礼"的前提是发展生产，只有百姓的日常起居问题得
以解决，才可实施礼治。崇礼是为了建立一套维护国家统治的尊卑等级

---

① 杨明照：《抱朴子外篇校笺》，第 249 页。
② 杨明照：《抱朴子外篇校笺》，第 187 页。
③ 杨明照：《抱朴子外篇校笺》，第 80 页。

制度，人人当崇礼而行。葛洪提出具体实施礼治的举措：抑制情欲，不放纵自身的不端欲望；勤勉谦虚，反对狂妄自大；以忠事君，匡正社会习俗等。葛洪写道："安上之民，莫善于礼。弥纶人理，成为曲备。然冠昏饮射，何烦碎之甚邪？人伦虽以有礼为贵，但当另足以叙等威而表情敬，何在乎升降揖让之繁重，拜起俯伏之无已邪？"① 在这里他看到了儒家纲常伦理所存在的礼节烦冗等一些问题，对于礼法制度要去除其烦琐的细枝末节，真正领略礼法制度的要义。

（三）刑仁并用

古往今来，世人虽崇仁，但只靠仁不能治理社会上的奸邪淫恶；世人都讨厌刑罚，一味用刑会激起民愤，不得安宁。刑和仁应当有针对性地使用。葛洪生活在动乱的时代，他认为仅靠仁无法达到好的治理效果。在乱世中应予以严厉的方式，重视刑的作用，这样才能更好地维护仁。葛洪认为，"刑之为物，国之神器"（《抱朴子外篇·用刑》）。刑罚尤其在乱世中起着不可替代的作用。在《用刑》篇中，葛洪将德教和用刑予以对比，认为德教是用来粉饰门面、抚慰人心的，而刑罚则是治理国家必不可少的手段。用刑的重点在于"诛贵"，"诛贵所以立威"（《抱朴子外篇·广譬》）。晋武帝在位时常常纵容大官罚小官，诛死刘友而不问罪山涛，不去听取他人对此事的意见，最终导致上层士族肆无忌惮，晋武帝的权力名存实亡。葛洪吸取晋武帝时的经验教训，纵观历史，认为瓦解政权内部的直接动力通常是上层贵族，平民百姓由于身份卑微往往不能迅速推翻国家统治。

用刑的同时，还要以仁来辅助。葛洪认为仁与刑各有其不同的作用，应当妥善使用。刑仁并用，才能达到良好的治理效果，社会才能更加安定。

四　葛洪内神仙外儒术关系探析

（一）儒道关系：道本儒末

自董仲舒独尊儒术以来，儒家学说在中国一直占据着主流地位。道

---

① 杨明照：《抱朴子外篇校笺》，第 80 页。

教作为宗教教义，必须和官方主流意识相结合，才可以在社会上流传，更好地立足于传统社会。葛洪在建构自己内神仙外儒术思想主张的同时，面临对儒道关系的反思。总的来说，葛洪认为儒道关系是道本儒末的关系，这一点在《抱朴子内篇》中有鲜明体现：

> 道者，儒之本也。儒者，道之末也……今苟知推崇儒术而不知成之者由道。道也者，所以陶冶百民，范铸两仪，胞胎万类，酝酿彝伦者也……由此观之，儒道之先后，可得定矣。①

葛洪认为，道家是儒家的根本，儒家是道家的枝末。他总结了其他各家的优缺点进行比较，强调儒家的学说虽博众但要点少，只有道家的教化能使人精神专一，动合无形，集儒家墨家的优点于一体，包含名家法家的要旨，随时势而演变，应事物之变化，意旨简单而又清晰明了，务在保全事物的本原淳朴，持守真正的源头。葛洪吸取了道家的一部分思想并将之神化，在宗教的视域下对其进行改造。

（二）儒道探析：道本儒末是否矛盾

从总体上看，葛洪的思想主要体现为神仙与儒术思想相结合，儒道两家思想兼治。葛洪创立的道教教义中吸取了儒家的伦理纲常，那么他的内神仙外儒术思想与他所倡导的道本儒末是否矛盾呢？葛兆光在《中国思想史》中说道："道教需要不断调整自己对于社会的位置，确立自己对人间的作用，凸显自己对于信仰者的意义，所以还有一个明显的俗世化趋向，这个趋向则是为了确认道教在世俗生活中的价值。"② 葛洪的神仙道教确乎是从统治阶级角度考虑，具有鲜明的士族观念。他主张的神仙道教与儒家观念有相通的地方，都主张惩恶扬善，维护社会统治秩序。葛洪的道本儒末，并非对儒家的轻视，而是强调道和儒分别是内外两个方面，"由道儒的这种本末始终关系，终于使抱朴子内外篇分治儒道的矛盾获得精神上的调和与态度上的统一。……夫道者内以治身，外以

---

① 王明：《抱朴子内篇校释》，第 184 页。
② 葛兆光：《中国思想史》第 1 卷，复旦大学出版社，1998，第 366 页。

为国。……比起尧舜周礼仅为国而不治身者强，故而治道就已兼治了儒"。① 葛洪以"道"作为其神仙理论的基础，但当他处理世俗问题如君道、臣节时用的又是儒家思想。这些都与他所处的时代和出身相关，因此他所提出的道本儒末思想并不矛盾。

（三）内外兼治：内神仙外儒术思想能否兼容并存

葛洪将儒家伦理观与道教教义相结合。道教徒在修炼期间往往遁迹山林，远离人世，与社会伦理规范如尽孝道、报效国家等产生冲突。那么内神仙外儒术思想所体现的儒道两家思想能否兼容并存呢？葛洪列举了修道与社会伦理并不冲突的例子，他认同"身体发肤，受之父母，不敢毁伤，孝之始也"（《孝经·开宗明义章》）中的观点，认为修道就是为了长生，长生不仅是道教的基本教义，而且还符合儒家伦理中的孝道原则。他认为修道并不是与世间完全隔绝，从此不问世事，而是"今之学仙者，自可皆有子弟，以承祭祀，祭祀之事，何缘便绝"。② 学仙之事与传统伦理之间并不冲突，道士可以拥有家庭、享受人伦。葛洪认为修道的目的最终是羽化成仙，长生不死，若抛弃家庭不守孝道、独自幽居不问世事，则是对社会的不尽责任，是无法修炼成仙的。综上所述，葛洪将儒家伦理观和道教教义进行调和，内神仙外儒术思想成为其思想内外兼治的两个方面，两者并行不悖。

五　葛洪内神仙外儒术评价

葛洪的内神仙外儒术思想，一方面是维护自身生命的存在，另一方面是为了迎合统治阶级的需要。对于葛洪思想的评价历来褒贬不一，与各个时期的政治背景相关。侯外庐等著《中国思想通史》，将其评价为"道教在理论上奠立基础的一个反动人物"，③ 对葛洪的思想持全面的批判、否定态度。这与当时单一的意识形态领域的评价体系相关，侯外庐

---

① 林丽雪：《抱朴子内外篇思想析论》，台湾学生书局，1980，第 31 页。
② 王明：《抱朴子内篇校释》，第 52 页。
③ 侯外庐等：《中国思想通史》第 3 卷，第 263—325 页。

等人之所以称葛洪为"进退两可的机会主义者"，[①] 与葛洪参加过镇压石冰农民起义有密切联系。葛洪的《抱朴子》在一定程度上也是为统治阶级服务，因此侯外庐等人的观点也是时代的印记。

对于葛洪的评价，应放在葛洪当时所处的时代背景中，与葛洪个人的品格相联系。葛洪所提出的长生不死观念，是一种不切实际的幻想，是其当时处于黑暗社会中在心灵上寻求的一种解脱，因而这种观点是违背科学规律的，也是无法实现的。葛洪炼制丹药对人的身体有害，但是葛洪对养生方面的探索，也不失为对人生命的一种积极的探索，客观上促进了古代化学与自然科学的发展。葛洪的仙道思想与早期民间道教的符水治病等不可相提并论，后者是一种愚昧的巫术邪教，是对人生命的践踏。葛洪引用的《龟甲文》"我命由我不由天"，体现了强烈的贵生观念，为了追求长生，不断地对个体生命进行尝试。

葛洪身处乱世之中，面对黑暗的现实，仅凭儒家的说理或道家的思想已无法挽救时人的观念，在残酷的事实面前，他通过虚幻的宗教学说来回避对不公正现象的思考，抚慰时人。下层民众需要这样的精神慰藉，同样，上层统治者也寄希望于这样的思想。但是，葛洪的道教思想作为时人的精神寄托，更侧重于导人向善、修身养性的目的，同时，道教兼容并蓄，集诸子学说、神仙信仰、医学养生等于一体，这也是道教作为宗教能在中国本土文化上占有重要地位的原因。

葛洪的内神仙外儒术思想，在当时以及后世都产生了深远影响。宗教的信仰力量，在一定程度上可以抚慰人心，使人找到心灵的寄托。道教将伦理道德与信仰结合起来，其伦理法则在社会中起到了约束作用。道教作为传承中国本土文化的重要纽带，在哲学、化学、中医学等方面都有贡献。虽然葛洪的思想有其自身的局限性，存在迷信、保守的一面，但这些与他当时所处的时代科学发展落后紧密相关。葛洪在道教理论以及炼丹实践、中医养生等方面均有成就，《抱朴子内篇》系统论述道教的教义宗旨，为神仙道教提供哲学理论依据。与原始巫术不同，葛洪创建的以金丹为主的道教追求长生不老，是对生命的积极探索和挑战。《抱朴子外篇》将伦理纲常引入道教教义，主张修道之人也应秉持忠孝、仁

---

① 侯外庐等：《中国思想通史》第 3 卷，第 278 页。

义等道德规范，不仅缓解了儒道冲突，而且在一定程度上发挥了安定人心、维持社会秩序的作用。葛洪思想的影响，也正是如此。

结　语

两晋时局动荡，文人名士少有全者。身处特殊的社会矛盾背景下，目睹世道陵夷的现状，葛洪笃信仙道而又愤世嫉俗，一生出处两得。魏晋时期的时代背景为葛洪思想提供了客观条件，生命的苦短易逝促使葛洪追求长生之道；道教只有适应统治阶级的需要才可以长足发展，葛洪的师承、家传以及个人经历都促使他重新思考儒家伦理规范。葛洪将神仙和儒术思想相结合，形成了独具一格的思想体系。

葛洪的神仙思想所包含的尊道不同于老庄和早期道教思想，是一种追求长生不死、得道成仙的炼丹之道，葛洪认为神仙真实存在，常人也可通过自身努力得道成仙。葛洪的儒术思想蕴含的崇儒体现在尊君、崇礼、刑仁并用上，修道之人也需遵循伦理法度，这样才能积德行善，更好地修炼道行。葛洪在探讨儒道关系时认为道本儒末，儒道思想并行不悖，可以兼容并存。

作为神仙道教的代表人物，其对黑暗现实进行强烈批判，对长生之道孜孜探求，虽然长生求仙是一种违背科学规律的幻想，但是葛洪身上所体现的积极有为的探索对化学等方面做出了独到的贡献。葛洪选择炼丹长生的道路，但仍愤世嫉俗，怀揣经国济世的追求。几次出仕经历都体现了他内心儒道抉择的矛盾。葛洪对长生的追求以及对时风的批判并非唱独角戏，而是魏晋时期士人在动荡时局中企求保全自身和挽救时风而进行反思与实践的集中反映。回顾葛洪一生，不论是其神仙思想还是儒术思想，都体现着他独特的士人品格，也彰显了特殊历史时期士人的双重诉求。葛洪坚守士人讲究纲常名教和正义直行的观念传统，不与乱世同流合污，强调修道成仙以忠孝为本，他的内外兼治的人生态度，是对神仙道教治身治国兼修的人生追求的鲜明写照。

大众文化消费视角下中国古代戏剧
经典的重构路径探索[*]

——以《西厢记》为例

王丽霞　张　敏[**]

摘　要　20世纪90年代以来，重构古代文学经典满足大众文化消费
需求成为一种重要的大众文化生产方式。《西游记》《水浒
传》等文学经典被一再重构。与此形成鲜明对比的是，《西
厢记》等古代戏剧经典的重构作品却较为罕见。基于这一
现实，本文以《西厢记》为例，在梳理《西厢记》发展演
变历史脉络的基础上，对《西厢记》在当下社会文化语境
中重构的意义与可能进行分析，进而从大众文化消费视角
在文本内容、表达形式和跨界融合三个层面探讨《西厢记》
的重构路径，以期推动中国古代戏剧经典的创造性转化和
创新性发展。

关键词　《西厢记》　古代戏剧经典　大众文化消费

* 基金项目：山东省社会科学规划研究重点项目"文化产业开发视野中古典文学名著的重
构研究"（项目编号：20BZWJ02）的阶段性成果。

** 作者简介：王丽霞，山东财经大学文学与新闻传播学院副教授、副院长。主要研究领域：
中华优秀传统文化的传承发展。张敏，山东财经大学文学与新闻传播学院硕士研究生。
主要研究领域：文化产业管理。

20 世纪 90 年代以来，大众文化消费深刻地影响着各种社会经济文化活动和人们的文化价值观念。大众文化"主要是指随着现代大众社会的兴起而形成的、与当代大工业生产密切相连，以大众传媒为主要传播手段、进行大批量文化生产的当代文化形态"。① 从生产者偏好向消费者偏好转换的位移，是当下大众文化生产的重要特征，"……文学消费者成为了出版、流通的支配性力量，甚至影响到了文学的创作取向和审美品位"。② 文学经典是大众文化生产的重要资源。不过，受制于大众的文化消费需求，"今天的文化生产是在挪用或改写而不是遵从经典"。③ 在传统的观念中，经典往往带有神圣、严肃的意味，只可远观而不可亵玩。而大众文化往往以解构经典为生产方式，在重构经典时会有意无意地迎合大众的文化趣味和消费偏好，以颠覆性的想象重构新的文化产品。无厘头的大话经典甚至成了风靡一时的大众文化典型产品类型。尽管有不少学者批评这种解构型大众文化是对经典的破坏和瓦解，但从大众文化消费的角度来看，这种解构不仅使文学经典呈现出新的风貌，让经典以另类方式再次回归大众，而且满足并进一步激发了大众的文化消费需求。

20 世纪 80 年代以来，《西游记》《水浒传》《三国演义》《聊斋志异》等古代文学经典被一再重构，转化为深受大众欢迎的文化产品。与此形成鲜明对比的是，同为古代文学经典的《西厢记》等戏剧类作品却极少受到文化生产领域和大众的关注。事实上，在大众文化消费需求旺盛、文化产业蓬勃发展、高新科技不断涌现的今天，若能深度契合大众文化消费需求，《西厢记》等久被忽视的古代戏剧经典经过重构依然可以展现其文化魅力，实现其社会、文化和审美价值。本文即以《西厢记》为例，从大众文化消费视角探讨一些被忽略的中国古代戏剧经典在当下社会文化语境中的重构路径。

一 《西厢记》的历史流变：不断被重构的经典

《西厢记》的流变和传播过程是一个在不断重构中丰富发展的过程。

---

① 陶东风主编《大众文化教程》，广西师范大学出版社，2008，第 17—18 页。
② 金春平：《大众文化语境与新世纪的文学重构》，《当代作家评论》2010 年第 3 期。
③ 童庆炳、陶东风主编《文学经典的建构、解构和重构》，北京大学出版社，2007，第 12 页。

《西厢记》故事源于唐代诗人元稹的传奇小说《莺莺传》。金代董解元在《莺莺传》的故事基础上创作了《西厢记诸宫调》，将西厢故事转化为娱乐性较强的说唱作品。西厢故事发展到元代得到了进一步丰富完善，王实甫在"董西厢"的基础上进行再次创作，把"董西厢"的说唱文改编创作为富有表演性和观赏性的杂剧，从此将西厢故事正式搬上了戏剧舞台。《西厢记》在久远广泛的传播中逐渐奠定了其经典地位。

进入现代社会，电影技术的发展为古代文学经典提供了新的艺术表现形式。1927 年侯曜和黎民伟导演的默片电影《西厢记》作为首部西厢影视改编作品成功上映，也成为最初被西方电影行业引进的作品之一。该影片除了形式创新，在内容上也有所创新，即巧妙地利用电影特点演绎张生梦中骑笔一扫敌军、英雄救美的情节。不过，这部影片未完全颠覆戏曲形式，表演与武戏部分仍然保留了戏曲程式。除典型的电影改编之外，1970 年以后也涌现出一批电视剧作品，其风格各异，语言多元，百家争鸣，在内容上既有黄梅戏、越剧等经典戏剧，亦有现代白话版电视剧。

除了影视剧，话剧和戏曲也是《西厢记》重构作品的主要呈现形式。宋之的在 1950 年发表了《西厢记》的话剧改译本，剧情未作大幅改动，保留了其重要场次，只是将语言通俗化，以现代话剧的艺术形式开启了"西厢舞台"的新时代。苏雪安在宋之的《西厢记》话剧本的基础上编写了《西厢记》越剧本，该剧成为上海越剧院的代表作之一。此后，越来越多曲种的改编本涌现出来。其中田汉改编的《西厢记》京剧本在首演后产生了巨大轰动，这一版本受《西厢记》俄国诗剧改编本《倾杯记》的影响，在内容上做了大胆尝试，着力突出了主角反封建的主动性和斗争性。总体来看，此阶段西厢改编本的主要创新仍停留在演绎形式层面，在内容上依旧承袭宋之的《西厢记》话剧本。

从整体上看，对于今天的受众而言，现有《西厢记》重构作品从故事内容、思想内涵到艺术形式都缺乏足够的创新性和较大的吸引力，难以满足当下的大众文化消费需求。

二 大众文化消费视角下《西厢记》的重构意义及可能

时代在发展，科技在进步，大众的审美趣味、文化的呈现形态和传播方式等都在不断发生变化。在中华优秀传统文化的创造性转化和创新性发展成为国家战略的新时代，结合时代语境和大众的文化消费需求，从故事内容、主题思想到呈现形式对《西厢记》进行创造性重构，具有重要的现实意义。

结合大众的文化消费需求，利用各种新兴技术重构古代戏剧经典，有助于推动经典在当代社会的广泛传播与传承，坚定大众的民族文化自信。绝大多数《西厢记》重构作品都年代久远，且以戏曲、话剧为主，与当今大众的思想观念、文化消费偏好和审美趣味相去较远，很难引起大众的兴趣，不利于"西厢记文化"在当代的传播传承。因此，从当下大众的文化审美趣味出发，对《西厢记》进行通俗化、现代化重构，使其呈现出为当代大众喜闻乐见的新颖风貌，一方面能够赋予其新的生机与活力，让"西厢记文化"重新融入当代社会，促进其在当下的广泛传播；另一方面，能够多方面展现中国古代文学经典历久弥新的艺术魅力，让大众由衷地热爱民族文化，培养其民族文化自信。

在社会文化心理层面，重构《西厢记》能够充分挖掘和实现其社会文化价值，满足大众的各种精神文化需求。例如，满足大众对古典爱情的想象与渴望。《西厢记》讲述的爱情故事，是与当下恋爱风尚截然相反的古典爱情。其中矢志不渝的誓言、欲拒还迎的朦胧、终成佳话的结局，都成为当下稀缺的情感观照。因此，对《西厢记》进行重构显然能够为大众提供情感慰藉。

重构古代戏剧经典还有助于培育新的大众消费群体，推动文化产业发展。中国古代戏剧经典传播久远，具有广泛的受众基础和较高的知名度。古代戏剧经典的现代重构不仅会进一步扩大戏剧经典的受众范围，而且能够培育潜在受众，在多元文化产品的开发中进一步推动细分市场的形成。当"西厢记文化"进入大众文化生产领域后，为满足细分市场的多样化需求，其产业化的运作必然与前后相关产业链相连接，催生出更多优秀的、新颖的衍生产品和衍生文化。这样也会培育新的大众文化消费群体，带动文化和关联产业的融合发展。

古代戏剧经典的开放性、解读的多元化以及现代媒介技术的发展，都让古代戏剧经典拥有了巨大的阐释空间和重构可能。

德里达认为任何言语或文字等语言符号一经表述便是一种不在场的事

物，从这个视角出发，"语言一旦以'分延'为基础，则符号就变成'痕迹'"，① 这种"痕迹"是不在场对在场表述的痕迹。这一概念的出现，消解了语言符号本身的结构，即任何符号因其不在场的本质属性，都呈现出一个非封闭的状态。因此，以语言符号为载体的文学经典具有开放性，是"可以重组的，有多重选择的作品"，② 能够被反复解构和重构。同时，不同历史时期的政治、经济和文化需求对经典有着不同的诉求。经典需要根据社会历史文化语境的变化而不断衍生出不同的版本、不同的表现形式。

细分市场亦为中国古代戏剧经典的重构提供了多元指向，让经典的多元化重构成为可能。古代戏剧经典在形式上是封闭的、已完成的，但是对经典的解读却不是确定的、一成不变的。不同的受众群体具有不同的价值观、审美趣味和文化消费偏好，因此对同一戏剧经典的解读也具有个体化差异。当某一古代戏剧经典呈现在受众眼前时，就已不再仅仅是作者的故事，而是属于读者视角的故事。我们阅读文学经典的过程，即对经典的解构和重构过程。每位受众都从各自不同的角度对经典进行理解和阐释。就此而言，"有一千个读者就有一千个哈姆雷特"，亦可理解为"有一千位读者就有一千种对哈姆雷特的建构"。因此，细分市场的差异性就让《西厢记》故事的重构具有了丰富的可能性。

此外，当下科技手段和媒介技术的迭代更新为古代戏剧经典的转化创新提供了必要和有力的技术支撑。随着科技的发展，文化生产日益向技术化、多元化发展。如将中华传统文化与 AR、VR 技术深度结合，不仅能够创新传统文化的表达方式与呈现形式，而且能够突破文字和二维图像的观感壁垒，给大众深刻的沉浸式文化体验。这种文化与科技的创造性融合，无疑是全新形式的解构与建构。遵循这种模式，《西厢记》的阐释与呈现都将为大众带来全新的故事体验。

三 大众文化消费视角下《西厢记》的重构路径

（一）内容重构

"内容为王"是文化生产的重要原则。在各媒介努力争夺大众注意

---

① 路易：《德里达的解构主义》，《国外社会科学》1992 年第 11 期。
② 〔意〕安伯托·艾柯：《开放的作品》，刘儒庭译，新星出版社，2005，第 6 页。

力的当下，优秀的故事内容尤为重要。《西厢记》原著的故事和人物形象历经几百年的流传已经让大众耳熟能详，很难带给大众新鲜的文化体验，也很难吸引年轻的受众。

内容的创新首先是对《西厢记》的故事情节进行创造性甚至颠覆性重构。这种解构"正是设法把结构拆开，并对它进行再描述——但这并不是要毁灭它，而是要赋予它一个不同的结构和作用"。① 唯有将原有框架进行全面解构，打破原有故事对读者阅读思维的限制，在核心故事的基础上重新构建全新内容，才能使经典的价值在解构后被重新赋值。这是延续经典的重要一环。

"重要的是讲述神话的年代，而不是神话所讲述的年代。"② 布里恩·汉德森的这一观点显然也适用于文学经典的重构。因此，《西厢记》故事的重构要充分考虑今天的社会时代语境和大众的文化消费偏好。大众文化不强调文化产品对人的生命与灵魂的深刻探幽与洞察，而是将价值的天平向精神层面的抚慰和娱乐倾斜。大众文化往往对传统精英文化进行祛魅与世俗化，使经典向大众回归。因此，文化生产者可以用通俗易懂的现代白话，以及当代年轻受众喜闻乐见的，甚至是戏谑风格的大话模式，对《西厢记》这一严肃、文雅、充满传统文人审美心理的故事进行重新讲述，使其贴合当今大众的审美喜好。例如，打破《西厢记》原有的"才子佳人一见钟情、私订终身、遭遇阻力、喜结良缘终得团圆"的情节模式，在故事的每一环节进行再创造，更新原有情节的内容，带给受众新鲜的消费体验。

从大众消费心理看，大众对文化消费的偏好既是守旧的又是趋新的，既求群体性共鸣又要个体性求异。由于这种特殊心理，在大众对文化产品进行选择时，往往出现偶然性与必然性共存的社会现象，也使大众文化产品的生产既有蜂拥而至风向性的现象，也有冷门偏好的异军突起。在这种文化背景下，对《西厢记》的故事情节进行重构，实则如在一棵年岁久远的老树上嫁接新枝，观者更在意的是新枝上能开出什么花，而非老树还保留了几分。

---

① 〔美〕乔纳森·卡勒：《文学理论》，李平译，牛津大学出版社，2016，第157页。
② 转引自戴锦华《〈红旗谱〉：一座意识形态的浮桥》，《当代电影》1990年第3期。

对人物角色进行全新塑造也是重要的重构手段。重构《西厢记》原有人物关系和角色性格，并赋予重构作品新的、为当代人所共有的情感矛盾。这样，重构文本既能保有故事原本背景下的古典之美，又能利用白话通俗易懂的优点使大众产生共情，满足其精神需求。

重塑人物角色的方式主要有三条路径：主角视角的更替，即从配角视角解读故事；颠覆角色的固有特征，营造反差感；对角色关系的重新洗牌。

主角与配角视角的转换，能够给创作者提供广阔的二次创作空间。原著中的故事细节甚至事件都可能因不同角色的视角而发生天翻地覆的改变，因而引发牵一发而动全身的连锁反应，令重构作品呈现出与原著极其显著的差异性，使受众的新鲜感与熟悉感并存。如李碧华改编自《白蛇传》的《青蛇》，故事以原著中的配角青蛇为主角，在原著基础上增加了新的故事叙述视角。同样，在《西厢记》的重构中，我们亦可把目光转向未曾引起重视却又与故事进展息息相关的次要角色，如红娘、崔母等人，从他们的视角重新讲述西厢故事。这样不仅能够让古老的、大众所熟悉的故事文本具有新意和深度，而且能够带给大众新的价值、意义和情感体验，有效提升故事对大众的吸引力。

颠覆角色的固有特征，甚至将正与邪这种极端的特征进行颠倒性置换，在观感上形成与原有刻板认知的强烈对比，也是一种非常重要的内容重构。这种形式的重构会给读者带来颠覆认知的刺激，激发大众对自我认知固化的内省。这种蕴含哲思的颠覆性重构，在当下语境中极受推崇，如追光动画制作的新封神榜系列动画电影，无论是《姜子牙》还是《杨戬》，都将原本正义凛然的天人圣者重塑成了假借天理正道之名贪名图利的反面角色，而原本臭名昭著的邪恶角色却成功"洗白"。《西厢记》的重构亦可遵循这一思路。从《莺莺传》到《西厢记》，张生的形象已经发生过从文人浪子到痴情书生的颠覆性转换，并改变了故事的结局。考虑当下语境，不仅张生的角色可以再次转换为文人浪子，崔莺莺亦可从一贯的痴情闺秀转换为具有独立意识的女子。这种性格特征的全面转换，能够在原著基础上创建颠覆性的故事结构。

如果用"点线面"的关系来分析故事，那么，故事中的人物角色是"点"，人物关系是"线"，故事就是"面"。对于原有角色关系的重新设置，在很大程度上也会撼动"面"的重构。一个故事的全新人物关系往往能够引起人本能的好奇。在《西厢记》中，张生与崔莺莺及其他人物的关系相对单一，重构时可以对人物关系进行改写或重组，增加故事的人性色彩和伦理深度，让故事的情节和结局具有更多演绎的可能性。

（二）主题思想创新

无论是对《西厢记》故事情节的改写还是对人物角色的重塑，归根到底都是为故事的主题思想服务。"董西厢"在重构唐代元稹《会真记》时，就打破了原有封建思想的局限性，将张生假借礼教思想的"始乱终弃"改写成带有反封建思想的自由恋爱故事。这一主题思想在当时的历史背景下具有进步性，但在当下社会语境中已不再具有突破性。这就要求在重构时充分考虑现实因素，从西厢故事中发掘、提炼与当下大众主流价值观念相契合的思想内核。网络小说《悟空传》作为《西游记》的典型重构作品，为《西厢记》的主题思想创新提供了范例。网络作家今何在将原著历经磨难求取西经的故事改编为一场阴谋，把当代人内心对解放天性的追求放到孙悟空身上，不仅使故事具有专属于当代的价值内涵，而且容易引发大众的精神共鸣，让人们在现实中难以实现的解放自由天性的渴望有了寄托之所。这是《悟空传》在当代大受欢迎的重要原因之一。鉴于此，在重构《西厢记》时，应充分考虑大众的精神需求和消费偏好，将主题思想的现代性作为各种重构方式的重要基础和首要前提。在中国古代文学经典包括戏剧经典中，女性的自我意识、独立意识是缺席的。在《西厢记》原著及现有重构作品中，女性角色的独立意识都未得到应有的重视和表现。尽管崔莺莺摆脱了封建社会婚姻中对父母之命的卑微顺从，但归根结底仍要依附他人，其姻缘是否美满取决于张生是否忠贞。文化生产者立足当下的文化语境重新讲述西厢故事时，应当提炼并传达具有现代性内涵的新主题，如表现女性在爱情中的独立和自强意识，以及具有时代色彩的婚恋观等，以此实现《西厢记》的现代性重构。

（三）表现形式重构

在当下语境中，科技和艺术的发展让西厢故事的表达方式更加新颖和多元。保留西厢故事内核，尝试新颖独特、丰富多样的表现形式，也是吸引大众的重要重构方式。最为常见的是各地方戏曲对《西厢记》的改编，无论是舞台布景的创新还是唱词的白话改编，都已经形成了成熟的演出模式。但是，随着影视对人们生活的渗透，戏曲已经成为小众艺术，因而在此主要探讨戏曲形式以外的重构路径。

目前最常见的文学经典重构路径是影视化改编。在读图时代，相较于文字阅读，影视作品能够带给大众更强烈的视觉冲击和丰富的观感体验。显然，经典的影视重构作品更能满足大众的文化消费需要。2013 年改编的同名电视剧《西厢记》，由知名演员扮演，在内容上迎合了当下大众对古代爱情剧的风格偏好，是《西厢记》影视化重构的全新尝试。除此之外，动画电影也越发受到年轻受众的喜爱。2015 年动画电影《大圣归来》的上映掀起了国漫崛起的潮流，也为《西厢记》的动漫化重构孕育了良好的市场环境，培养了一批潜在的受众群体。根据细分市场的需求，《西厢记》可以改编成不同主题与审美风格的动漫。

近年来，现代舞台剧有由小众文化走进大众视野的趋势。这种新的舞台表演形式为古代戏剧经典的重构提供了新的思路。青年戏剧导演丁一滕在 2017 年率先尝试将《窦娥》的故事搬上现代话剧舞台，又于 2020 年末创作了《新西厢》，将其搬上舞台。《新西厢》在保留原著中主要角色的基础上，对故事情节大胆创新，不仅"张童"（张生）与"若莺"（崔莺莺）终成眷属，"若红"（红娘）也勇敢追寻自己的爱情，与"郑确"（白马将军）两情相悦。导演以新的艺术形式重新演绎西厢故事，不失为一种富有启发意义的开拓。

传统文学经典与杂技融合也能成为令人耳目一新的大众文化产品。广州市杂技艺术剧院相继打造出一系列以文学经典故事为内核的杂技剧，如《西游记》《化蝶》。即使这些故事人尽皆知，这种全新的演绎方式，仍给观众带来新鲜独特的观看体验。《西厢记》也可借鉴这种重构方式，将原有故事与杂技等各种新颖的表达方式融合创新，生成全新的文化艺术产品。

跨界融合也是中国古代文学经典的重要重构方式。例如，一些公司以《三国演义》《水浒传》《西游记》等为基础开发了很多网络游戏。这种跨界融合重构的文化产品往往将文学作品中的情节和场景还原至游戏的世界观中，并以原著中的故事脉络贯穿游戏。这种重构方式不仅为游戏产业增添了丰富的历史文化内涵，而且极大地增强了原著故事的趣味性，为文学经典提供了一种新的呈现形式和传播渠道，扩展了文学作品的受众范围。我们也可尝试将《西厢记》与网络游戏融合，打造游戏版的西厢故事，利用游戏的特征为《西厢记》注入新鲜的内容和形式要素，使之呈现出新的时代风貌。

此外，打造主题乐园，让受众置身于故事中的世界，沉浸式地感受故事情境和角色的喜怒哀乐，也是目前主流的大众娱乐方式和文学作品重构的重要路径。我国目前现有的文学经典主题乐园多缺乏丰富多元的互动娱乐内容，很难为受众带来沉浸式体验。《西厢记》故事单一，内容不足以支撑起整个主题乐园，因此在打造主题乐园时，应加强内容的集聚效应，将多个古代文学经典分区建构，打造出独具中国古典浪漫风格的主题乐园。同时，设置丰富多元的互动体验活动，为受众提供丰富的身心体验。

旺盛的大众文化消费需求和文化产业的运作机制能够给中国古代戏剧经典提供广阔的重构空间。《西厢记》的重构方式并不局限于影视、舞台剧和主题公园。我们可以把《西厢记》作为文化 IP，从大众文化消费需求出发，通过多元化、多向度的重构以及环环跟进的衍生，形成庞大的重构产品体系甚至文化产业体系，从而推动《西厢记》在当下的创新发展与广泛传播，全方位实现其当代价值。

作为电影神话的《少林寺》：合拍机制、武侠叙事和共同体意识[*]

张 春 蔡嘉洋[**]

摘 要 电影《少林寺》公映已有四十年，作为开创电影传播神话的作品，它的横空出世具有划时代的意义。多地多公司的合拍机制其实由来已久，但《少林寺》充分发挥我国内地、香港地区在制作、发行与放映等方面的区位优势，推动了合作共赢的中国电影生态的形成。与此同时，相较于传统的武侠电影，《少林寺》的武侠叙事更注重展现匡扶天下的侠义精神，凸显了新派武侠的正向价值。此外，《少林寺》还体现了时代使命担当，表达了中国人民对中华优秀传统文化的坚定认同。《少林寺》的制作和公映，开启了改革开放背景下文化贸易交流加速和中国武侠电影新时期。

关键词 电影《少林寺》 合拍机制 武侠叙事 共同体意识

作为中华优秀传统文化的代表，侠士形象及其侠义精神是"一种民

---

* 基金项目：湖南省教育厅科学研究重点项目"党的十八大以来中国电影改革发展成就和经验研究"（项目编号：22A0420）。

** 作者简介：张春，湖南工业大学艺术学院副教授、博士、硕士研究生导师，中国传媒大学高级访问学者。主要研究领域：影视艺术。蔡嘉洋，湖南工业大学电影学院硕士研究生。主要研究领域：影视艺术。

族文化的理想人格，及一种时代特征的理想精神"。① 武侠电影能够弘扬源远流长的中华武侠精神，展现尚武重义的民族风貌。中国历来拥有拍摄武侠电影、宣扬武侠文化的优良传统，早在中国首部电影《定军山》中就包含着武打元素，融合着武侠的文化基因。1928 年上映的系列电影《火烧红莲寺》则首次在国内引领武侠电影拍摄风潮，创造了当时的票房奇迹。武侠题材电影也为百姓喜闻乐见，形成了坚实的群众基础。百年中国武侠电影史，是一个不断推陈出新、革故鼎新的发展过程，《少林寺》更是中国武侠电影实践探索历程中的璀璨明珠。

少林寺是中国传统文化的标志性符号，被誉为"天下第一名刹"，在 2010 年 8 月被列入世界文化遗产，承载着悠久独特的历史文化价值。同时，它也是中国功夫的发源地之一，形成了以武术为表现形式的传统文化体系。1982 年上映的《少林寺》共取得 1.6 亿元票房，观影人次超过 5 亿，被誉为改革开放初期的电影传播奇观，更是一代人的集体记忆。作为具有划时代意义的经典电影，《少林寺》的拍摄过程是我国内地、香港地区合拍机制的一次成功实践，为后续中国合拍电影积累了宝贵的经验。影片的新派武侠叙事，展现了改革开放初期电影工作者的宏大视野，阐释了扶危济困的东方美学价值。影片所展现的家国一体的共同体意识，其内涵与意义跨越时空，在新时代的语境下依然熠熠生辉，构建起海内外中华儿女的文化认同、身份认同。回望《少林寺》诞生的时代场域，深入探索其拍摄播映的成功经验，揭橥合拍机制的建构历程，展望新时代中国电影高质量发展的未来前景，对坚持以人民为中心的创作导向，深化共同体美学的话语表达，构建中国电影理论学派，具有十分重要的意义。

一 合拍机制：区位优势的珠联璧合

在合作制片的历史进程中，电影工作者一直致力于实现文艺事业上的交流互通、取长补短。在 20 世纪五六十年代，我国内地就有了与香港地区左派电影公司小规模合作拍片的初步尝试，这为后续推动合拍机制

---

① 陈墨：《刀光侠影蒙太奇——中国武侠电影论》，中国电影出版社，1996，第 52 页。

的正式形成提供了镜鉴。在政策导向上，改革开放时期的电影政策为合拍片的发展兴盛保驾护航。随着 1978 年党的十一届三中全会的召开，中国开启了社会主义现代化建设的征程。全国电影发行放映系统得到重建，"中影公司于 1978 年恢复了对全国上映的节目管理和拷贝供应计划，重建全国统一的财务统计制度，恢复了业务计划四项指标的制订工作"。①1979 年，中国电影合作制片公司成立，负责管理、协调和服务中外合作摄制电影片，标志着中国对外合作拍片事业的起步。1981 年，文化部、海关总署发布的《进口影片管理办法》中规定："除香港长城、凤凰、新联三公司回内地拍片，由国务院港澳办公室同有关地区和有关单位直接联系外，凡属中外或我与港澳地区及台湾省的合制业务，统由中国电影合作制片公司管理。" 1982 年，中国电影合作制片公司颁布了《加强对外合作拍片事业领导与管理的几项规定》，进一步对合拍片管理的原则及内容进行强调。国内合拍机制的相关政策法规的出台与完善，使合拍片在官方导向上拥有发展起航的基础，也为电影《少林寺》的横空出世提供了政策保障。

《少林寺》电影的拍摄与公映掀起了改革开放以来合拍片的浪潮，为中国合作制片事业的发展繁荣奠定了基础。它源于改革开放的新时期新风尚，也源于观众对娱乐性影片的期待与渴望。这一时期，我国积极与世界各地展开交流互通，电影文化沟通也在其中，"电影工作者再一次把中国电影纳入世界电影的坐标系里看待"。② 彼时的国内制片单位，对于商业电影的制作尚处于摸索阶段，亟须与条件成熟的拍摄单位展开合作，积累制片经验。创办于 20 世纪 50 年代初期的长城、新联、凤凰电影制片公司，以进步的姿态，拍摄了一批促进民族团结的爱国电影。他们继承和发展香港爱国进步电影的优良传统，"对港澳同胞及海外广大的华侨社会产生过较积极的作用和较深远影响"。③ 20 世纪 70 年代，"长凤新"电影公司遭遇挫折，生产创作陷入瓶颈。1979 年，全国人大常委会副委员长、国务院侨务办公室和港澳事务办公室主任的廖承志，在会见

---

① 刘阳：《新时期中国电影体制研究（1976—1993）——基于政策分析的视角》，《当代电影》2015 年第 1 期。

② 李少白主编《中国电影史》，高等教育出版社，2006，第 216 页。

③ 廖一原、冯凌霄、周落霞、吴吴：《香港爱国进步电影的发展及其影响》，《当代电影》1997 年第 3 期。

"长凤新"代表时提出了各项发展意见，帮助其走向重振辉煌的复兴之路，其中就包括拍摄《少林寺》的建议。可以说，我国内地与香港地区合作拍摄《少林寺》，是双方合作共赢的难得机遇，是时代背景下水到渠成的必然结果。

刚刚改革开放的中国，需要通过一部具有影响力的作品，向全世界展示中华民族的崭新形象。在合作拍片的过程中，大家各尽其能，将自身的影视行业基础以及区位优势发挥得淋漓尽致。在拍摄选景方面，中国的锦绣风光拥有天然的优越性。此前，各大电影公司也拍摄过不少少林题材的电影，但电影《少林寺》是首次在嵩山少林寺进行实景拍摄的影片，还原了人杰地灵的嵩山景象。剧组为拍摄《少林寺》，细致考察了国内各地的场景，力求做到选景大气磅礴、气势恢宏。在影片中，祖国的壮美河山令观众心驰神往，与往日香港武侠片的影棚式拍摄形成了鲜明的对比。影片开篇的序幕旁白中，介绍了孕育少林寺的中岳嵩山以及少林寺所处的五乳峰下的松竹林，进而通过画面与台词介绍了少林寺内的达摩洞、千佛殿、白衣殿等建筑遗址，阐述了少林武学文化的发源与成长。影片的取景地既有河南登封少林寺，又有杭州的岳王庙、竹林、灵隐寺、西湖"花港观鱼"景观，还有天台县国清寺大殿、"石梁飞瀑"景点等，更借助黄河这一中华文明的发源地的雄奇景象，充分展示了我国大好河山的壮丽风光。

在演员培养方面，《少林寺》创造性地选择武术运动员担任演员。乒乓球与武术都是中国对外交流的重要媒介，体育运动的形式超越了语言的表达，在世界各国的交流互通中形成了广泛的影响力。少林武术是中华武学的代表，1974年中国武术代表团访问美国与墨西哥做了多场表演，展示了中华武术文化的独特魅力。20世纪80年代，武术同样处于传承发展的曲折阶段，"1980前后，武术比赛一时不作为全国运动会的正式比赛项目，使一些武术运动基础比较薄弱的省、区、市对是否保留武术运动队产生了怀疑"。[1] 1980年4月，北京召开全国武术工作座谈会，会议重申了对中华武术推广的意义。在此情况下，国家体委武术处

---

① 施扬平：《电影与少林》，载2020年中国金鸡百花电影节郑州市执委会主编《郑州与中国电影》，中国电影出版社，2020，第267页。

鼎力支持《少林寺》的拍摄，不但推荐借调了优秀的武术演员，而且考虑到了拍摄时可能需要的配套人员。在借调演员的过程中，剧组通过港澳办联系到了国家体委开具介绍信，并推荐当时蝉联全能冠军的李连杰担任男主角。随后，各省的体委主任都热情接待剧组，推荐不少武术运动员，从而做到了优中选优，挑选出最适合出演的武术运动员。影片获得了全国各地政府领导、体委、武术队的鼎力支持，完成了真功夫、硬碰硬的实拍动作镜头，是中华武学精髓的极致展示与阳刚精神的体现。

李连杰、于海、于承惠、计春华等武术功底深厚的演员，在影片中完美呈现了中华武学。影片中的武术动作流畅明快、拳拳到肉，符合动作影片的观影需求，令观众血脉偾张。女主角白无瑕的饰演者丁岚出生于河南郑州，是豫剧刀马旦出身，饰演方丈的张建文与饰演住持的阎涤华均为河南省戏曲剧团的资深演员，他们用精湛的演技和深厚的曲艺功底成就了时代经典。剧组成员的敬业精神同样是《少林寺》成为精品的关键，在拍摄之前，演员集体住进部队营房，体验军事化生活，进行认真细致的准备与训练，练习武打动作，学习马术等技艺。严苛的训练既展现着国内武术运动员吃苦耐劳的优良品格，又体现出剧组同甘共苦的精神。在拍摄过程中，为了呈现最完美的动作状态，每个镜头都由武戏演员不辞辛劳反复尝试，只为捕捉到最具冲击力的影像瞬间。影片中扮演士兵的群众演员，皆由部队军人组成，马匹也来自部队，人民子弟兵的坚毅精神在影片拍摄过程中得到了充分体现。在黄河边的戏份中，拍摄时间处于 -5℃ 的寒冬，演员身上结满了冰，但他们依然凭借着坚定的意志以及敬业精神，坚持完成了武戏的拍摄。经过此次拍摄的锤炼，许多演员成为优秀的武术指导，将宝贵的拍摄经验传承给一代代电影人，为中国动作电影的后续发展做出突出贡献。

在影片后期的制作中，上海电影译制厂所完成的普通话配音，以及作曲家王立平所完成的配乐，皆成为影片的闪光点。配音员们凭借过硬的语言艺术素养，使影片的普通话配音具有乡土、质朴的味道，给予观众更加亲切自然的体验。传统香港电影的配乐多使用在市场上购买的版权音乐，而《少林寺》的音乐由王立平专为影片创作，再由乐队演奏完成配乐。作为歌唱性的镜头语言，活泼雄壮的《少林，少林》以男声重唱的方式烘托着影片的雄奇氛围，展现着少林子弟的英雄气概。柔情似水的《牧羊曲》运用元曲的创作方式，兼具韵律美与意境美。《少林寺》的几首电影音乐都成了被广为传唱多年的经典歌曲，成为具有社会意义的文化传播符号。

合拍事业的另一重要组成部分——香港，同样充分发挥其在影视行业的优势与潜力。20 世纪 80 年代的香港地区，电影业发展兴盛，具有雄厚的经济基础，有"东方好莱坞"之称，且在地缘性与文化认同方面都具有联系合作的适配性，因此成为合作拍摄的第一选择。合拍片是两种制片体系的冲突融合，香港电影业的优势在于其拍摄模式与工业运作都形成了成熟的体系。因此，在合作拍片的流程中，创作班底往往由香港一方主导，包括剧务人员都主要由香港工作人员组成。影片的内景拍摄充分利用了香港地区的影棚优势，在香港清水湾电影制片厂搭建布景，由专业布景师结合演员自身的武打构思进行设计，拍摄了"觉远四季练武""王仁则官邸内大战"等重要片段。彼时的后期制作尚未完全普及计算机剪辑，需要在剪辑室内进行"半手工"处理，过程也较为烦琐。《少林寺》后期工作主要在香港完成，依托于当地更加牢靠的电影工业基础，打造高品质的视听精品。为了拍摄《少林寺》，剧组根据当时的国际环境以及影片发行放映的实际需要，专门注册了"中原电影制片公司"这一新招牌，有力地打入了东南亚乃至世界各国市场，令《少林寺》的影视市场更为广阔，并推进了中华民族文化在世界范围内的传播。

此后，伴随着香港电影工业发展进入鼎盛阶段，中国内地电影体制的变革成果初显，合拍电影的发展愈发兴盛。1982 年，长城、凤凰、新联三家电影公司合并为银都机构，成为境外唯一的大型国有电影企业，发挥着其联系两地合作、提供摄制资金、输送影视人才的作用，为拍摄进步电影、发行放映国产影片做出重大贡献。1985 年，电影局颁布《关于加强对外合作拍摄电影片、电视片管理的若干规定》，明晰了合作拍片的各项管理职能。1989 年，电影局草拟了《关于调整中外合作摄制电影管理体制的意见》，进一步扩大了制片厂拍摄的权限，促进了合拍事业的沟通交流。《少林寺》掀起了中国武侠电影的创作浪潮，此后李翰祥所执导的《火烧圆明园》《垂帘听政》，在口碑与市场方面都取得了较好的成绩，再次体现了两地通力合作的显著效果。在《少林寺》的影响下，后来又诞生了《新方世玉》《少林俗家弟子》等合拍武侠影片，丰富了华语武侠电影的创作理念与拍摄实践。"对于大陆电影原有的'教化'模式则产生了第一波有力的冲击，为大陆观众开拓了娱乐性的休闲空间。"①

总而言之，我国内地、香港地区合拍事业的探索，是双方优势亮点的珠联璧合，更有政策观照为影片创作提供保障。影片的创作风格既体现着香港影片工业体系的娱乐性，又保持着本土文艺创作的现实主义原则，兼具商业价值与艺术品质。《少林寺》也逐渐发掘了电影市场的经济价值，带动各大制片单位跟随合拍电影发展的浪潮，拍摄带有新时期气质的文艺作品，推动改革开放进程。两地经过拍片实践实现共赢，极大地加深了两地人民的深情厚谊，为 1997 年香港回归祖国奠定了重要的文化基础。我国改革开放政策进一步落实，电影制作流程与工业基础也得到了逐步完善和提升，内地在合拍片中扮演的角色也愈发重要，逐渐把控电影制片的主动权，以厚积薄发的姿态，为我国电影事业的发展兴盛积蓄力量。在《少林寺》上映四十年后的今天，我国以从容自信的精神面貌、海纳百川的大国智慧，与各大国家在电影文化上求同存异，在电影事业上合作共赢构建电影工业美学的同时，也逐渐在世界影坛上站稳脚跟。

二　武侠叙事：武侠精神的新派阐释

回顾电影《少林寺》在市场上取得巨大成功的同时，其蕴含的武侠文化价值也值得后来者品味探究。武侠文化在中国有着悠久的历史渊源，是中华传统文化的重要组成部分。侠客所追求的武侠精神，不是好勇斗狠的私人恩怨，而是义薄云天、肝胆相照的家国大义。司马迁在《史记·游侠列传》中就曾赞颂游侠："其言必信，其行必果，已诺必诚，不爱其躯，赴士之厄困。"② 在历史长河中，尤其是冷兵器时代，武侠精神由中华传统文化的土壤培育而成。它是对中国民间文化伦理秩序的诠释，是民族精神与品格道义的写照，武者的侠肝义胆往往令世人钦佩不已。作为具有中国特色的电影种类，武侠电影凭借其视听生动性及艺术

---

① 黄式宪：《文化胸襟与文化磨合——来自中国合拍电影风景线的报告》（上篇），《电影通讯》2000 年第 5 期。

② 《史记》卷一百二十四，中华书局，1963，第 3181 页。

生命力，拥有坚实的民众基础，在国内乃至全世界都有着广泛的影响力，承担着传播中华武侠文化的责任，为广大人民群众引导崇侠尚义的价值取向。始建于北魏时期的少林寺已有1500余年的历史，是中国重要的武侠文化资源。在民间传说、文学作品中，少林寺都以武林正宗发源地以及德高望重的武林名门的形象出现，素有"天下武功出少林"之称。并且，少林武术自明代起就走出国门，与各国进行广泛的文化交流与技艺切磋，经过长时间的积累与沉淀，在海内外皆享有盛誉。对于少林英雄的塑造和少林故事的演绎，也成了武侠电影叙事的重中之重，在中国武侠电影史上占据重要一席。

在中国电影早期的神怪武侠片中，就饱含丰富的少林寺元素。例如《火烧红莲寺》取材于少林寺传说，主角包括身怀绝技的少林弟子。但彼时武侠电影更注重故事的"传奇性"，影片中少林寺与少林武功被视为一个符号化的武侠元素，其自身所蕴含的丰富的禅宗文化却缺乏呈现。20世纪20年代末至30年代初，武侠神怪片的热潮吸引着众多影视公司参与制作，武侠类型电影也形成了基本的创作模式，但是商业价值成为拍摄此类影片的最大动因，电影制作更多的是对民间传奇故事的戏仿与拼贴，滋生了大量粗制滥造的跟风之作。"早期武打片基本上是戏剧程式化的打斗加杂技性表演，比较虚假"，[1] 一味地以匪夷所思的故事和令人眼花缭乱的视觉奇观吸引受众的眼球。同时，传统武侠影片的"叙事模式往往遵循着善与恶的二元对立原则"，[2] 此类电影的叙事重点在于派系争斗、江湖内讧，充斥着好勇斗狠的草莽气息，叙事空间格局有限，缺乏对于救亡图存的家国大义的深切表达，这也成为早期神怪武侠片的局限之处。

电影制作水平随着时代发展不断提升，而电影的内容生产同样反映着时代的风貌。20世纪80年代，中国处于改革开放初期，拥有广阔的发展前景，人民的自信心大幅提升。影视作品需要在全新视域下重新解读武侠精神，体现中国走向变革的新机遇、新潮流。随着电影生产秩序的恢复，文化部颁布了《电影剧本、影片审查试行办法》，对于电影审

---

① 许南明、富澜、崔君衍主编《电影艺术词典》，中国电影出版社，2005，第69页。
② 张丽：《香港与内地的古装合拍片研究（1979—2012）》，硕士学位论文，南京师范大学，2014，第7页。

查规则有了更为明确的解释，形成层次分明的审查体系。条理清晰的电影审查机制也为这一时期武侠电影的选题创作、叙事模式提纲挈领，以更加开放的视野对作品进行创作与打磨，剧组团队在电影创作的过程中也更能够激发思维碰撞的火花。所以，在改革开放的时代场域中，功夫电影在中国内地的真正意义上的亮相，如何以新派武侠精神阐释中华民族的尚武文化，体现中国人民的全新面貌，是电影创作者亟待解决的问题。

电影《少林寺》所打造的新派武侠美学，注重的不是奇诡的影像奇观，而是尽显大家风范的武学传承。影片质感返璞归真，大量运用长镜头拍摄，在平地中辗转腾挪，真刀实枪地进行搏击，武打动作的设计独具匠心，展现出实打实的真功夫，兼顾了武侠片的"动感"特质。影片大胆提出了由演员自己设计武打招式的拍摄模式，由每位演员展示自己的独门绝技，根据个人武学特长结合具体情境、场地进行策划。在影片觉远练武一节中，随着季节风景的变换，分别展示了拳法、枪法、三节棍法、刀法等不同兵器的招式套路。在黄河大战一节中，觉远的醉棍与王仁则的醉剑之间的巅峰对决精彩绝伦。因此，影片引发了中国人学习武艺、强身健体的热潮，推动了全民健身运动，并大力促成了中华武术的普及与推广，令武术运动员获得了更高的曝光度。中华民族的尚武精神也得到了弘扬与展示，为中华民族的伟大复兴提供诸多的动力源泉。

武侠叙事中，武打镜头是其外在的形态，背后蕴含的深邃思想是侠文化的内在灵魂。《少林寺》电影创作的成功，与导演张鑫炎独特的武侠创作理念息息相关，他注重在武侠叙事中融入独到的文化想象以及历史感悟。张鑫炎曾经参与香港国语武侠电影的"创世纪"工程，为掀起香港武侠电影新浪潮立下汗马功劳。早在 20 世纪 60 年代，他就凭借影片《云海玉弓缘》崭露头角，该片也成为中国武打片史上的重要作品。他始终怀着一颗赤子之心，以真诚的态度对待眼中的武侠世界。在电影《少林寺》的创作过程中，剧组主创始终以认真细致的态度把握叙事线索，将历史事实与民间传奇融为一体。影片的故事主线《十三棍僧救唐王》源于少林寺白衣殿内的壁画，寺内的石碑也记载了这一典故。为了创作少林寺剧本，新联公司的编剧一丝不苟地组织工作，包括搜集考证史实文物、与寺内高僧访问交流、与武术团体及宗教团体进行座谈等，体现出了精益求精的匠心，使整部影片展现出质朴的特性与诗意的质感。

"自古以来，少林寺就以正信正气、为国为民作为其入世道德和人格理想。"① 张鑫炎导演在影片中重视阐述"达则兼济天下"的儒家精神，表现改革开放时期，武侠电影全新的精神走向，与中华儿女积极向上的入世精神。在史实中，少林寺武僧就胸怀匡扶天下的豪情壮志，《明史·兵志》记载着少林寺武僧驱除倭寇的壮举。"电影是一种最具群众性的艺术样式，人民群众既是其最基本的观众群，也是其最主要的艺术表现对象。"② 影片中的反派王仁则在出场时就对劳工施虐，残杀无辜百姓，是一个站在人民对立面的影视形象。而作为被拯救者的秦王李世民，是历史上的一代明君，缔造了贞观之治，让百姓过上了幸福的生活。因此，少林十三棍僧的英雄气质更在于其除暴安良、惩恶扬善的高尚品质，是人民朴素的正义观的真实写照，他们拯救明主、匡扶正义的举动，体现着中华民族的高尚武德。佛家的慈悲为怀与儒家的"修身、齐家、治国、平天下"的济世精神实现了有机融合。影片中，王仁则下令活活烧死少林寺方丈的片段，不仅是对历史上多部以"火烧少林"桥段为主要情节的武侠系列电影的呼应，映射着1928年军阀石友三将少林寺烧毁殆尽的史实。更重要的是，这一片段歌颂了少林寺僧人舍生取义的奉献精神。这既是对禅理中"我不入地狱，谁入地狱？"的舍己为人品质的阐释，又是对中华民族社会中，为了拯救朗朗乾坤而甘愿献身的先行者的致敬。正如影片结尾觉远的台词所言："杀心可息，匡扶正义之心不可息。"充分表达了行侠仗义的武侠精神，体现着影片站稳人民立场的思想观念。

往日，无论是好莱坞功夫片，还是香港功夫片，其故事内核都深刻凸显了东西方的对立。香港功夫片塑造了黄飞鸿、霍元甲、叶问等在民间广为流传的武者形象，常常令他们与外国武术高手展开对决，以民族矛盾作为二元对立的叙事结构，通过中华武者的胜利强化民族自信心。这一塑造形式，是民族主义情感的真挚体现，凸显着民族意识的觉醒。20世纪70年代，"李小龙电影"风靡一时，在利用武侠叙事进行民族情感抒发的同时，逐渐注重结合博大精深的中华文化进行宣扬。但是，好莱坞"功夫梦"电影热衷于从"他者"的视角俯视东方，以西方视角阐释

---

① 宋辰：《中国电影"少林寺现象"的历史文化阐释》，硕士学位论文，西南大学，2012，第4页。
② 周斌：《国产影片创作不能忽略人文精神的传承》，《河南社会科学》2015年第4期。

古老神秘的东方，并以拯救者的姿态介入武侠叙事。而东方武者的形象或为引导者的"师父形象"，或为经过"符号去势"的模范少数族裔，带有十足的刻板印象。例如好莱坞功夫片中李小龙主演的角色，常常只注重于拳脚功夫展示，而忽视其人格完整性的塑造，展现出"无性化"的趋向。

　　电影《少林寺》的武侠叙事，显示的是坚定的民族文化自信，讲述的是反映中国历史、具有中国特色的武侠故事。当面对强大的对手与险恶的环境时，故事主人公并不依赖于外在力量成为"拯救者"，而是坚定不移地选择勤学苦练、自强不息。主角的武术技艺也不像传奇武侠故事中描述的那样，通过奇遇或是武学秘籍，在夙夜之中突飞猛进，而是潜心修炼、耐心打磨，诠释着"日久见功夫"的武学真谛。影片对中华武僧群体形象的塑造，体现了中国武侠叙事话语体系中对于角色人性的发掘与情感的注重。男主角觉远在影片开头为初出茅庐的愣头小子，经过一路上的披荆斩棘，到影片结尾成为深谙禅理的武学大师，他的成长历程生动地体现着影片角色的人物弧光。并且，影片的情感叙事并不生硬，它用浪漫的笔调描写了男主角觉远与牧羊女白无瑕的真挚情感，在一路征途中，他们假扮小夫妻，心意相通，令观众充分感受到彼此之间的情真意切，从而为他们的浪漫爱情会心一笑，形成情感认同。影片中的少林寺十三棍僧形象各异，并不墨守成规，而是勇于打破陈旧观念，灵活处置变乱，展示了改革开放时代背景下观念的革新。此外，《少林寺》还创新性地汲取了喜剧因素，营造了风趣幽默的喜剧氛围。这一举措为观影者所喜闻乐见，使他们带着轻松愉悦的心情欣赏影片。功夫喜剧的创作风格，在后续的《少林小子》《京都球侠》等影片中都有着鲜明的体现，丰富了内地武侠片的创作经验。

　　总而言之，在《少林寺》的宣扬与感召下，国内形成了正统武侠片的创作范式，"侠文化"深入人心。电影《少林寺》所体现的武侠叙事承袭了中华文化悠久的历史传统，又在时代场域下生发出崭新的价值理念。张鑫炎后续所导演的作品，如《黄河大侠》《少林豪侠传》等，仍然坚持着"侠道"理念，"绝对不会作任何有损于侠义精神的戏说，并不随意跟风赶潮……在价值观念和电影形态上，他也在不断深化和创新"。① 《少林

---

① 陈墨：《中国武侠电影史》，中国电影出版社，2005，第 223 页。

寺》之后，国内相继拍摄出了一系列武侠佳作，如《武林志》《武当》《双旗镇刀客》等，既反映出浓郁的民族特色，又表达着深厚的民族情感，也彰显着《少林寺》这一开山之作的带动作用，续写了国内武侠电影的时代新篇。直到如今，武侠电影依然层出不穷，且随着电影工业制作的完善与革新，影片的创作也不断深化创新，在视听体验上更上一个台阶，其关于侠义精神内核的展现，也一直延续并传承下来，随着时代沿革焕发出全新的生命力。

三 时代使命担当

武侠片具有强烈的大众性，武侠电影创作者践行着"文以载道"的理念。作为一部引发万人空巷的现象级电影，《少林寺》不光在国内大受欢迎，还被翻译成多国语言，在国际上有着广泛的影响力。因此，影片也成为人民形象与国家形象的传播名片，提升着中华优秀传统文化的话语力量。本尼迪克特·安德森认为："'民族'本质上是一种现代的想象形式——它源于人类意识在步入现代性过程当中的一次深刻变化。"①电影是观众进行文化消费的媒介，是民族想象完成重现的重要技术手段，在意识形态领域起到建构价值取向的作用。时至今日，回望并审视《少林寺》这部影片，我们需要聚焦于影片所体现的时代意识。在影片故事主线中，王世充及其侄子王仁则的暴虐统治是触发主角完成保国安民使命的动因。"国是最小国，家是千万家"，在影视叙事中，《少林寺》做到了以家喻国，展现了从小家至大家的价值延伸，从以血缘关系维系的家庭恩怨，经过一步步成长，上升至保卫阶级意义上的国家。在影片结尾"护寺"一节中，少林武僧为了保卫少林寺各显神通，此时在家国同构的心理范式下，保卫少林寺的文化内涵由保卫家园升华至护国安邦，表达出浓厚的爱国主义情感。

《少林寺》展现了悲天悯人的济世情怀以及强大的凝聚力，生发了武侠电影所承载的深厚的民族认同感。《少林寺》所诞生的文化场域同

---

① 〔美〕本尼迪克特·安德森：《想象的共同体 民族主义的起源与散布》（增订版），吴叡人译，上海人民出版社，2011，第 8 页。

样值得重视。《少林寺》导演张鑫炎受儒家思想影响较深，"家天下"也是中国传统文化中具有深厚积淀的思想内涵。"少林寺文化处于嵩山文化、中原文化的文化圈场中，中原文化在中华民族的民族意识的构成中都有重要的作用。"① 少林寺的悠久历史，在民族记忆中举足轻重，无论是宗教信仰还是文化内涵，都是博大精深的中华文化的重要组成部分。在民族接受层面，观众乐于在影片中汲取中华文化的精华，从中获得精神文明的滋养与礼仪道德品格的升华。在建构民族想象的过程中，展示具有民族特色的文化尤为重要，作为一部武侠故事片，影片的序幕花大篇幅介绍了少林寺的文化概况，更贴近于纪录片，这也体现了影片文化传播的使命。为了拍摄"觉远受戒"与"李世民封赐"一头一尾两大重头戏，《少林寺》剧组专门邀请寺院住持讲授佛教礼仪，并要求少林十三棍僧的扮演者在拍摄前每天穿戴整齐参加寺内早课。种种细节上的精益求精都表现出《少林寺》致力于还原中华历史记忆，将中华民族的人文精神发扬光大的使命与担当。

《少林寺》导演张鑫炎在访谈中曾说道："一个时代有一个时代的社会风情；一个时代有一个时代的观赏趣味。"② 《少林寺》萌发于改革开放浪潮的时代场域，距今已 40 多年。从宏观时空脉络来看，改革开放初期的中国电影依然深刻受到"人民电影"的影响，始终坚持人民导向，反映人民生活。因此，《少林寺》也承袭了对"人民性"的追求，影片中充分展现了对人民所受苦难的同情，对人民奋起反抗阶级压迫的支持。而具体至 20 世纪 80 年代的时空场域，中华民族饱含家国情怀，形成了勇于开拓创新、探索实践的改革开放精神。《少林寺》聚焦小虎这样一个平凡的小人物，背后书写映照的是整个大时代。开启合拍片与真功夫武侠片风潮的《少林寺》，同样为彼时的中国电影注入了敢为人先的新力量，超越了大众娱乐的功能，赋予整个中华民族自强自信的话语表达。如今，《少林寺》电影本身都已然成为时代符号，刻录进中国人民的集体记忆当中。

影片《少林寺》这一文化符号的推广，也在文艺领域为我国的宗教

① 宋辰：《中国电影"少林寺现象"的历史文化阐释》，硕士学位论文，西南大学，2012，第 1 页。

② 贾磊磊：《〈少林寺〉导演张鑫炎谈武侠片》，《电影艺术》2000 年第 6 期。

事业做出了贡献。少林寺自身就是佛教中国化的代表，影视文本更赋予其匡扶天下的使命。电影《少林寺》掀起了"少林功夫热"，少林寺的知名度也在海内外获得了大幅度提升，每年都有大量的访客进行参观。伴随着改革开放的进程，少林寺也以坚定的家国情怀以及社会责任感，实现了其现代性的转化。我国实行独立自主的宗教政策，少林寺坚定不移地继承发扬引人向善、服务国家内政外交的优良传统，为社会主义事业的建设做出了贡献，让少林精神在世界范围内得到赞誉。

"电影还是一种公共艺术和大众艺术，电影突出的公共性和大众性必然要求其认真考虑公共诉求和共通情感。"① 《少林寺》所展现的中华儿女对中华优秀武侠文化的认同感，是共同的精神世界建构。全体文艺工作者为弘扬中华武侠精神的共同理想而通力合作，展现出中华民族的集体归属感。武侠电影的民族性也逐步被大众所重视，从大众娱乐延伸为民族文化的话语表达，观众在刀光剑影的武侠世界中感受到匡扶天下的价值取向，在侠义精神的内核下完成了民族的共同想象。我们可以把影片中的侠客看作中华民族的符号象征，他们的高深武艺是中华民族强身健体的尚武精神代表；他们坚韧不屈的曲折经历，象征着近代以来中国人民饱经风霜却又百折不挠；他们联手共抗强敌的团结协作精神，更是中华民族众志成城精神品质的生动写照。正是这种由个人形象到民族想象的延伸，以镜像的形式进行呼应，承载着整个民族的心理期待，完成了中华民族共同体的心理建构，使武侠精神成为全球华人高尚品格的缩影。

文化是民族的血脉，在影视作品中抒发乡土情结，弘扬民族文化，需要站稳人民至上的根本立场。海内外爱国人士对于祖国统一、民族团结的呼唤始终不曾改变，他们期待着在中华历史文化传统中实现民族自我身份的认同，增进民族自信心，挺起一代代人的文化脊梁。在富有深刻人文内涵的场域下，对乡土空间的还原与呈现，能够在最大限度上与观众达成共情，《少林寺》通过实景拍摄的方式建构还原祖国风貌的地域空间，打造古色古香、亲切自然的民族景观。从视觉文化上呈现的名

① 张经武：《电影共同体美学的要义及其与中国文化传统的联系》，《当代电影》2021 年第 6 期。

山古刹、气韵风华，为中华民族的共同想象提供了共通的景物媒介。从影视传播的角度而言，《少林寺》为中华儿女的形象增添了一抹亮色，随着其进入海外市场并取得成功，许多海外华人也被《少林寺》所感动，从中领悟到了开放包容的时代曙光，踏上了归国投身社会主义建设的道路。在社会影响方面，《少林寺》成功增进了文化贸易方面的交流，既为经济增长做出贡献，又极大地促进了民族共同体的交流互通。《少林寺》所聚焦的共同体意识，对于推动祖国团结统一、社会繁荣发展起到了重要作用，为后续的香港、澳门回归奠定了群众基础。

《少林寺》开启了中国武侠电影的新时期，为中国电影高质量发展的滥觞。此后的中国武侠电影进入大片时代，皆运用《少林寺》的新派武侠叙事，坚持讲好中国故事，站稳中华民族的文化立场，树立共同体意识的价值判断。此类影片对于"天下观"的阐释，对家国情怀的深切表达，无不彰显着武侠电影创作的宏大格局。《新龙门客栈》的主题是救助忠良之后，在历史故事的叙述中彰显着国家、民族情感认同以及身份归属的文化隐喻。《英雄》更是摒弃了武侠世界的私人恩怨，把视野聚焦到了天下大同、止戈为武的和平观念。一代代人的家国观念传承至今，由个人的侠义精神上升至家国的民族大义，"润物细无声"地塑造着民族的品格，将其内化为对人民的责任心，对乡土的热爱。电影艺术为中华民族共同体的塑造与建构添砖加瓦，持续不断地帮助中国人民更好地认识历史、把握当下，实现民族想象的有机统一。

随着时代发展，武侠叙事发生了诸多嬗变，但是其背后的民族优秀文化内核始终不变。在经济全球化的时代背景下，世界的联系更加紧密，合作共赢的电影生态更加深入人心，电影的文化传播功能也进一步增强。如今，中国电影的文化建设更加重视将主流意识形态与消费文化语境有机融合。新时代，中国武侠动作片保持与时俱进的前进姿态，顺应和平发展的大势，在李仁港导演的动作片《天将雄师》中，叙述了汉朝与西域各国团结一致，共同筑造城池，保卫古丝绸之路的故事，是对诠释民族团结与和平共处主题的呼应。新主流电影《战狼》系列，虽然叙事背景已经步入新时代，但是主人公冷锋依然拥有古代侠士扶危济困、坚韧不拔的精神气质，影片也保持着《少林寺》所开启的动作片简单利落、行云流水的武术设计。《战狼 2》的事迹原型是也门撤侨事件，致敬中国军方为了维护世界和平与民族安全所做出的努力，体现出中国爱好和平、保护侨胞的大国风范。今后，随着产业集聚效应以及文化认同的进一步提升，民族的共同体想象或许可以通过更加智能的媒介手段，延伸至整个人类社会。届时，共处地球的全人类将以兼容并蓄的思想团结协作、互帮互助。中国电影事业所建构的民族想象，不仅是当下和平发展的必由之路，更为子孙后代的繁荣发展提供了思想观照，具有深远的时空意义。

自古以来，英雄的故事口耳相传，激励着一代代中华儿女自强不息。今天的武侠片，虽然拥有更先进的电影制作技术，能够带给观众更加震撼的视听体验，但依然有用高科技幻象消解民族文化内核的风险，面临技术与叙事失衡、文化焦虑等困境。温故而知新，几十年前的经典影片对当下的电影创作同样具有丰富的镜鉴价值。《少林寺》带给我们的，是电影合拍事业的起步经验，是武侠文化的新派诠释，更是中华民族共同体意识的切实表达。影片拍摄的经验记忆，值得电影工作者反复咀嚼，从而内化为适应新时代的电影创作理念。影片所反映的家国情怀与正义必胜的信念，更镌刻在一代代中国人心中。在文化强国战略的大背景下，带有丰富中华文化底蕴的武侠电影更需要寻找到适合自身的发展道路。在全面建设现代化国家的新时代，"中国电影学派"的体系建构逐步成形。总结回顾《少林寺》的合拍机制、武侠叙事与时代意识，有助于我们进一步坚持以人民为中心的创作导向，推动中国电影实现高质量发展。

"新文科"视域下高校传统文化
教育改革刍议[*]

张　然　闫春宇[**]

摘　要　"新文科"建设作为新时代哲学社会科学发展的新要求，始终把有助于传统文化的创新与发展作为重要目的之一。传统文化能否在这一建设中达成实质性的创造性转化和创新性发展，对新文科建设能否取得成功至关重要。从现有高校教学情况来看，传统文化教育存在重视程度不足、教学内容不适合、教学方法少创新等突出问题。新文科视域下的传统文化教育应该从内涵和表现形式上，进行具有实际意义的"改造升级"。面对传统文化教育的教学改革在新文科建设中相对迟滞的现状，高校教师应在扩展传统文化教学内容，以及创新表现形式等方面有所改革，通过增强传统文化教育与当下社会的联系，进一步提升大学生对传统文化的学习兴趣。

关键词　新文科　传统文化教育　教学改革

---

　*　基金项目：山东省高等学校青创科技计划"乡村文化传播创新团队"、山东青年政治学院博士科研启动项目"'两创'理念与中国古代文论现代转换的融合式研究"（项目编号：XXPY20059）的阶段性成果。

　**　作者简介：张然，文学博士，山东青年政治学院副教授。主要研究领域：传统文化教育。闫春宇，文学博士，山东青年政治学院副教授。主要研究领域：传统文化教育。

2020 年 11 月 3 日，由教育部新文科建设工作组主办的新文科建设工作会议在山东大学召开。教育部高教司司长吴岩在题为《积势蓄势谋势 识变应变求变 全面推进新文科建设》的报告中指出：要通过新文科建设让光耀时代、光耀世界的中华文化、中国文化焕发出时代光芒。可以说，高校传统文化教育已经迎来了"改造升级"的最好契机。根据报告提出的新文科建设三部曲——绘好"施工图"、抓好"关键点"、打好"全局战"，传统文化教育研究者们也要设定改革的三部曲——把准问题所在、借鉴社会经验、改革内容形式。

一 传统文化教育十分重要且急需改变

中华文明作为世界古文明中唯一没有断裂的文明，能做到千百年福泽后世，一定有其原因所在。传统文化对高等教育的重要意义、价值不言而喻，并一直都是文科教学中不可或缺的部分。山东大学原校长、教育部新文科建设工作组组长樊丽明教授把着眼实现传统文化的创造性转化与创新性发展的新任务，作为建设新文科的核心要义之一。[①] 可见，传统文化能否得到创造性转化和创新性发展对新文科建设至关重要。

同时，我国高等教育强调立德树人，文科所具备的育人功能显而易见，它不仅能帮助学生树立正确的世界观、人生观、价值观，同时还能陶冶情怀、提升人文素养、增强社会责任感等。但其育人功能是否能在世界多极化、经济全球化、社会信息化、文化多样化深入发展的情势下，与时代和社会需求充分地贴合，是值得高校教育工作者思考的问题，也是新文科建设的应有之义。尤其在我们都深知优秀的传统文化对高等教育的重要性，但实际上其教学又不充分的现状下，新文科建设就成为扭转局面的一个千载难逢的契机。

高校传统文化教育并不充分的原因，主要有三点。第一，常年的应试教育让教、学双方都更重视理论知识的学习，而有助于塑造学生优良人文、道德品质的传统文化教育，在这种大环境下易被忽视。第二，高

---

① 樊丽明：《"新文科"：时代需求与建设重点》，《中国大学教学》2020 年第 5 期。

校人文教育在经济浪潮的裹挟下已然被边缘化，传统文化教育亦然。第三，西方文化对我国传统文化的冲击。成长在西方文化不断涌入的时代中，认同西方文化的大学生越来越多，有人甚至认为中国的传统文化不值一提。

基于上述原因，传统文化教育在高等教育中主要出现了如下几个问题。

第一，开课率低，重视程度不够。由于传统文化课程并不是国家要求的必修课程，有关课程基本是各院校自己安排。目前，本科层次开设传统文化课程的较多，但主要以大学语文、国学类课程为载体，单独以传统文化为课程名的还很少。同时大学语文、国学之类课程所传授的内容与传统文化之间也有差异，这反映出本科院校对传统文化课程建设的重视的欠缺。而高职层次中连开设大学语文的院校的数量都呈下降趋势，更遑论重视传统文化教育。

第二，学习内容不合适。部分高校教育工作者在选择传统文化教育内容时，没有秉承循序渐进的原则，并未有效地提取优秀的、有价值的内容。在编排上更未根据学生的认知规律和教育的基本规律，重新整合教学资源，从而导致传统文化课中有大量佶屈聱牙、死记硬背的内容，部分学生反映课程枯燥、死板、与现实生活距离较远。

第三，教、学方法创新少。传统文化所包括的内容十分广泛，传统思想、传统风俗、传统艺术和传统建筑等领域均有相关资源。但由于传统文化教育本身是一门全新的学科，几乎没有可资借鉴的教学经验，相关的师资其实并不齐备，相当数量的传统文化教师和课程其实都来自汉语言文学专业。教、学方法也多因循汉语言文学专业，这直接影响了学生对传统文化认知的深度和广度。同时，少有专门、固定讲授传统文化课程的教师，导致教师队伍存在不稳定性和流动性强的特点。这种教学梯队建设势必会降低教师在创新教学方法、更新教学内容方面的动力和热情，也间接导致课程质量不能保证高水准，学生对课程缺乏兴趣。

二 传统文化教学内容改革要与社会紧密联系

2014 年，教育部印发了《完善中华优秀传统文化教育指导纲要》，强调弘扬爱国主义精神是传统文化教育的核心，家国情怀教育、社会关爱教育、人格修养教育是重点。现如今，大多传统文化教师的讲授内容都围绕这几方面来组织，但由于师资主要来自汉语言文学专业，实际的课堂教学易出现以文章讲解为主的教学模式。无疑，这种模式是不恰当的。

若想在新文科建设中"盘活"传统文化教育，无异于从教学思想到教学内容、教学方式等多方面，都要进行一次深入且有力度的教学改革。目前，新文科建设中已有专业进行了类似的改革。南京审计大学校长刘洪旺教授基于本校的建设实践，在《光明日报》上撰文《新文科背景下财经类专业改造升级》。该文通过"构建立体化思政教育体系""推动财经专业信息化改造""回归国际化办学逻辑""提升财经类专业国家贡献度"四个维度，详谈了南京审计大学以财经类专业为对象，按照新文科建设要求对人才培养模式所做的"改造升级"。① 其实不只是南京审计大学财经类专业，南开大学旅游专业、华东师范大学俄语专业、西南大学教育学专业、中央戏剧学院艺术学等学校的本科专业，也在按照新文科建设的要求做"改造升级"。甚至有些研究生教育，如中国社会科学院大学社会工作专业也同样在做新文科视域下的"改造升级"。但遗憾的是，少有院校对新文科建设中的传统文化课程做改革探索。

新文科建设指导下，已然有许多专业开始进行深入的"改造升级"，传统文化的创造性转化与创新性发展作为新文科建设中的核心要义之一，其教学改革必须要加快步伐。要对传统文化的内涵做创新性的发展，首先应认清传统文化教育承载着以学生实际状态为出发点的探求生命价值及意义的任务。这便要求教师对课程内容的改革要与社会实际密切结合，笔者试从传统文化教育的三个重点——家国情怀教育、社会关爱教育、人格修养教育，结合教学经验谈一谈传统文化的内涵发展如何与社会实际密切结合。

对于家国情怀的传统文化教学内容选取，常见的教学模式是从岳飞、文天祥、戚继光等历史名人事迹入手，配合杜甫《春望》《闻官军收河南河北》，陆游《示儿》，王昌龄《出塞二首》，杜牧《泊秦淮》等经典

---

① 刘洪旺：《新文科背景下财经类专业改造升级》，《光明日报》2020年9月29日，第15版。

诗词，但这种授课模式显然只是老师的一言堂。笔者认为，应该把有关家国情怀的传统文化与当下的社会需要相结合，如可以联系入伍当兵进行讲授。请退伍入学的学生、国防生、学生国旗班的同学来谈一谈他们对军队、士兵、保家卫国等的认识与感受，从身边人、身边事出发，从细微处切入，融合社会需求，既展现了传统文化在家国情怀方面的丰富内涵，又让学生从平凡人也有大情怀的教学思路中，进一步感知国家需要、投笔从戎的重要意义，更好地理解"天下兴亡，匹夫有责"，培养学生"当今之世，如欲平治天下，舍我其谁"的社会责任感。以笔者的课堂经历为例，笔者在讲授过程中曾邀请一位校园国旗班的同学现身说法。该同学用课件向大家展示了她从第一次加入国旗班至今每次参与特训的自拍照，作为一个女生，丝毫没有在乎皮肤被晒黑，她直言，这种变化让她心甘情愿，引以为豪。她还播放了自己参与升旗的视频，视频结束后，她以标准的军礼再次向国旗表示了诚挚的敬意。无疑这个场面对在场的每个人都很有教育意义，教室虽然安静但积蓄着青年的力量。

对于社会关爱这一传统文化教学的内容，我们可以联系社会主义核心价值观"友善"，从"我与他人"的角度入手，改革课程内容。传统文化中有众多有关友善的教学资源，根据笔者多年的教学经验，考虑到学生在校的主要交际对象是舍友、同学，故不妨将关爱教育的落脚点，落在生生关系上。鉴于此，可在传统文化资源中选取互敬互谅的相关内容。如清康熙年间，文华殿大学士兼礼部尚书张英的老家人与邻居为了宅基地的事情发生了争执，为此还打了官司。县官碍于双方都是有头有脸的人家，迟迟断不了案。张英家人修书一封送至京城，让他出面解决。张英阅毕，只回了四句："千里来书只为墙，让他三尺又何妨？万里长城今犹在，不见当年秦始皇。"张家人明白张英是在要求家人与人友善，不要斤斤计较，于是主动让出三尺空地。而邻居也在张家人行为的感召下，让出三尺空地。两家人的善举最终为后人留下了一条百余米的"六尺巷"，至今，这条巷子还在向人们传达着礼让的传统美德。当代大学生多为独生子女，在家中基本都被父母捧在手心，让他们迅速转换角色，与多个陌生人一同居住在狭小的空间里，难免会有诸多不便与不适应，其实这些都在情理之中。教师在课堂中不妨以"六尺巷"所传达出的传统美德，结合各院系常设项目"最美宿舍""团结班级"等活动，邀请身边和谐宿舍的代表，上台分享同学之间和谐相处的点滴故事、相处心得等。这种典型模范的树立有助于隐性教育的实现，应该成为教师优化教学内容时放心选取的方式方法。

对于人格修养的传统文化教学内容选取，一定要使教学内容与学生个体密切相关。根据教学经验，笔者将诚实守信作为人格修养教育方面的重中之重。自媒体时代，人人都可以成为信息传播的推手，随意传播不实信息者大有人在。因缺乏社会阅历，青年人常常成为传播谣言的主要群体，其中不乏大学生。教师可以先用古代典型事例对求真、尚实的内涵做形象化的介绍，中国的史传文化中就有不少类似的事例。春秋时，晋灵公与赵盾产生了尖锐的矛盾，赵盾为免迫害，离开都城，但还未出国境，便得知了晋灵公被赵穿杀害的消息。赵盾返回都城后，太史董狐冒着被杀的风险写下"赵盾弑其君"。孔子对此赞叹："董狐，古之良史也，书法不隐。"① 所谓"书法不隐"，指的是史官记事、记言要直录其言，直记其事，孔子所提倡的这一史官原则，为历代史官所信奉。借助史官这种对真实的捍卫，教师可以进一步联系当前的自媒体传播乱象，列举具体的大学生传播谣言的事例，让学生进一步从传统文化中汲取有关诚实守信的正能量。

再如部分学生未能按时按量还清大学时期的助学贷款，不仅给自己的信用造成了不良记录，对国家进一步推进助学贷款政策亦有负面影响。同时，极个别大学生会通过各种渠道贷款，有些不正规渠道的贷款直接导致学生深陷"泥沼"，教师不妨结合这些不良金融信用行为，来谈传统文化中的诚实守信。我国传统文化中有不少关于诚信的经典论说，曾子曰："吾日三省吾身：为人谋而不忠乎？与朋友交而不信乎？传不习乎？"（《论语·学而》）《弟子规》有言："凡出言，信为先；诈与妄，奚可焉。"② 时至今日，我国正积极建立、健全个人信用体系，国家也在大力宣传每个人要珍视自己的信用记录。高校传统文化教育完全可以结合经典的论说与事例，普及个人信用体系的相关知识，间接营造良好的校园诚信环境，提高大学生诚实守信的人格修养。

---

① 杨伯峻编著《春秋左传注》（修订本），中华书局，1990，第633页。
② （宋）王应麟等：《三字经、百家姓、千字文、弟子规》，张宜生译注，江西人民出版社，2016，第310页。

传统文化教学内容改革与社会紧密联系，从社会需求的角度突破原有教学内容，选择全新角度，可以帮助教师摆脱概念化、空心化、空中楼阁式的知识讲授困局，改变学生在课堂上漠然与疏离的学习状态，最终达到改革教学内容的目的。精选学生最需要的传统文化资源，从而使学生可以主动地生发出对传统文化的认知、感悟、辨识以及认同。当然，这需要任课教师深入挖掘传统文化资源，并对资源精选加工，使其具有时代特色，以学生更易接受的面貌传达给学生，笔者相信这种做法亦有益于中华优秀传统文化的创新性发展。

三　传统文化教学形式改革应从"真实"教学场景入手

教学内容的改革，离不开教学形式的改革，笔者认为传统文化教学可大力借鉴社会经验，对表现形式做"改造升级"，这是引发学生学习兴趣、激活传统文化教学生命力的核心所在，也是新文科建设中传统文化教学改革的难点所在。若要突破这个难点，不妨将选择"真实"的教学场景为教学形式改革的突破口。这种"真实"的教学场景，可以分为校内"真实"场景与校外"真实"场景。

对于校内"真实"场景，目前越来越多的高等院校拥有自建的传统文化体验基地或研究基地，就笔者的了解，目前做得比较好的有山东大学中华传统文化研究与体验基地。该基地采用沉浸式教学模式，让学生全程动手参与，从真实的场景与实操中体验传统文化、感悟传统文化。2020 年中秋国庆前，该基地便安排了中国节庆文化主题的体验内容，学生们在老师的引导下，体验赏月吟诗、制作月饼及灯谜等传统习俗。多种多样的真实体验不仅让学生温习了与中秋相关的诗词歌赋，也加深了对家国情怀的理解，更切身感受到传承中华文化的责任所在。现如今，该基地拥有成熟的中华文化体验与传播课，教学内容包括节庆文化、茶艺、剪纸、书法、篆刻、中华成人礼、当代社会文化热点等十余个不同的主题。此课程经过多轮学生的课堂反馈，历经多次改进好评不断，也成功地实现了孵化推广，并被评为首批国家级一流本科课程。

尽管不是每个高校都有这种体验基地，但每个高校都有非常丰富的社团资源，教授传统文化课程的老师完全可以充分利用社团资源，请社团配合课程，共同宣传传统文化。

我国各高校近些年涌现出诸多汉服社，汉服社举办了各种活动，中华传统文化无疑通过这些活动得到了宣传与推广。传统文化课程的教师，可以邀请汉服社成员进课堂，尤其可以通过汉服讲解传统礼仪方面的知识。2020年底，"学习强国"平台推出一条约两分钟的视频，内容是由我国48所高校的汉服社的成员着华服合力演绎"中国式打招呼"。据组织者称，举办这一活动、制作这一视频的初衷是结合人与人少接触的疫情防控要求，宣传疫情期间不握手。笔者认为此举非常适合被引入传统文化教学中，以汉服社对真实场景的演绎，让学生在课堂中感受"巍巍中华，泱泱大国，礼仪之邦，礼仁传承"的传统文化魅力。在汉服社成员进行服饰及礼仪展示的时候，教师可以配合说明各种礼仪的源流、作用、意义等，还可以请台下同学一起跟随汉服社的成员们进行各种礼仪的学习，最终做到在真实体验中感知中华传统礼仪文化，更加坚定地提升自身文明有礼的人格素养。

这种"真实"的教学场景也可以在校外进行，如前文提到教师可以把家国情怀与大学生征兵等联系在一起进行教学设计。而具体的讲授场景，完全可以考虑能给学生带来"真实"感的教学地点，如革命遗址、红色文化纪念馆等。将课堂搬到社会，将投影幕布上的图片变成真实的场景呈现，使学生在"真实"的情境中感知那一段不屈不挠、可歌可泣的历史，自发地继承先辈们奋勇抗争、信仰至上的革命精神。

除了这种地点真实的校外教学场景，教师还可以考虑带领学生去拜访非物质文化遗产传承人。传承人自身就具备传统文化基因，彰显着匠人精神。尤其是在国家倡导"工匠精神"的当下，我们可以充分考察学校驻地及附近的相关资源，在条件允许的情况下，带领学生拜访非遗传承人，让学生设身处地地感受匠人匠心之可贵。当然，如果条件不允许，亦可以采用"请进来"的策略，如剪纸非遗传承人，就是较好的选择。所需设施、场地布置比较简单，学生参与难度较低，可以达成教师设定"真实"教学场景的设计目的。通过结合"工匠精神"进行课程设计，提供"真实"教学场景，使学生在学习中提高对自身学习的要求，以匠人精益求精的技艺精神勉励自我、提升自我。

除了上述由教师所提供的"真实"的校内外教学场景外，还有一类教学形式也应被充分利用，这便是科技模拟仿真场景。2017 年美国希拉姆学院首创"新文科"概念，"新文科"之"新"突出体现在传统文科的学科重组，尤其是把新技术融入传统文科的教学中，目的是让学生的能力更综合，视野更多元。

当教师发觉在自身能力范围内已无法为学生提供"真实"的校内外教学场景时，可以借助科技手段来呈现"真实"教学场景。2018 年，腾讯上线两款功能游戏《折扇》和《榫卯》，这两个游戏为用户打造了精致的 3D 模型，用户可进行全角度的观察与拆解。通过具体操作，逐渐了解折扇与榫卯的结构特点、制作技艺甚至是它们的前世与今生。这两款产品得到了用户的一致好评，在此基础上，腾讯顺势而为，在 2019 年春节期间，推出游戏《佳期：团圆》，以团圆作为公益游戏的主题，用"文字大冒险＋过年演习"的形式向青年传播传统年文化，这符合当前青年娱乐的常见方式，赢得了广泛青睐。几乎在同一时间，网易推出手游《绘真·妙笔千山》。此款游戏借助名画《千里江山图》，用中国国画之美吸引玩家，以解谜的方式打造"人在画中游"的真实体验感，并逐渐展开画卷、完成游戏。教师不妨借鉴这种传播方式，将互联网元素引入课程，使更多"真实"场景呈现在学生的眼前。对于手游这种事物，教师不必视为洪水猛兽，在课堂上规定合理、合适的体验时间与途径，应不会妨碍学生的学习效果。

这种以"真实"教学场景为导向的教学形式改革，实际上体现了"以人文本"的教学思路，显示了对鲜活学习个体的充分尊重，形成了教师少控制、学生多主动的课堂新局面。无疑，此改革方向会使学生在课堂内始终能够接收到外部的刺激，帮助学生提升注意力并带来认知创新。

四　传统文化教学考核改革应以社会实践为主

最后，笔者还想略谈一下传统文化教学考核方面的改革。一般情况下，该类课程的考核多为常见的卷面考试，或者是课程论文之类。但笔者认为，"新文科"视域下的传统文化教学应强调学生能力目标的达成，应突破传统文科的局限思维，坚持能力导向。不妨让学生发挥自觉能动性，自己组成团队，以团队协作的方式进行社会实践，在实践中传承传统文化有关爱国、爱家、友善、诚信等的优秀文化。这或对改善校园文化氛围，优化学校在驻地的对外形象有积极作用。

就笔者的教学经验和对其他院校相关课程考核方式的学习，学校可以引导、建议学生寻找合适时机前往福利院、敬老院等公益机构献爱心，用实际行动关怀他人；在校内食堂做志愿者，宣传文明用餐与勤俭节约；或组成小分队，寻找校园好人好事，以文字、图片、视频等方式展现校园榜样，宣传身边正能量；也可以利用校园宣传栏，按一定频率推出各种宣传传统文化的海报，以具有导向性的文字、图片增加学生耳濡目染接触传统文化的机会；还可以结合地域特色，挖掘地域文化，宣传地域文化特色，这既可以强化本地学生对家乡的感情与认知，又可以拉近外地学生对学校驻地的认知与认同。

笔者在其他高校调研时，了解到有的教师会依托传统文化节日设置考核项目。如清明节、端午节、中秋节是学生在校期间普遍会遇到的三个重要的传统节日，此外还有冬至，也是广受欢迎的重要节气。有教师利用这四个日子要求学生了解其由来、历史传承情况、不同地域的习俗情况，并在此基础上开展各种活动。如端午节制作五彩绳，同学之间互赠，中秋节在校园广场诵读名家诗作，丰富校园文化活动等。这类实践活动的举办不仅有助于课程目标的达成，同时也有助于实现高校文化教育目标。

当然，教师也可以鼓励学生以情景剧的形式展现礼仪。前些年，曾有一组学生在笔者课堂上还原了《鸿门宴》的场景，以此展现我国礼仪文化中重要的座次文化。学生自述，大学是他们进入社会前的最后一个教育场所，座次文化不失为一个好选题。笔者也认为根据这一场景中的座次安排，结合当代社会会议、宴席等座次排序知识，可让同学们在仿真型模拟场景中了解座次知识，提前感受社会工作氛围，增强文明有礼的职业素养。

此外，恰当的考核方式及要求也会与课堂讲授相互配合形成一个双渠道系统。课堂教学是主渠道，它负责向学生输入成体系的传统文化知识、观念等，并在循序渐进的课程中，通过老师的教学技巧，将各部分内容做合理的前后勾连，使整个教学内容体系能够首尾相合、有机交融，以提高教学效果，强化教学目标。课堂考核则是次渠道，它负责推进学生将传统文化的知识、观念等付诸实践。这种强调实践的考核会促使学生不断吸纳知识，思考自我与文化之间的关系，并做出相应的行动。实践的过程就是一个不断验证理论与观点，加深认知与理解的过程，所以精心设计考核方式及要求对促进教学目标的达成具有重要的作用。主、次两种渠道互相配合，也会提升教师的教学效果，使学生给予正向反馈。

结　语

大学是学生进入社会之前的"最后一站"，培养学生理论与实践相结合的能力，帮助学生具有解决问题、直面困境的认知与观念是十分必要的事情。传统文化教育在促使学生追求良好德行、树立远大理想目标方面可以起到积极的作用，并会在学校思想教育工作以及教导学生扣好人生的"第一粒扣子"等重要德育工作中起到正向的辅助作用。此外，传承中华优秀文化，创新文化传播，促进全民族树立文化自信是新时代文科建设的重要使命，"新文科"建设在这种历史节点上应运而生。传统文化教育若能抓住"新文科"建设这一千载难逢的契机，在课程体系重建等方面朝着更适应当代现状、更适应未来发展的方向不断进行教学改革，一定能有助于大学生树立文化自信，并为实现中华民族的伟大复兴做出贡献。

一部具有坚实文献基础与集大成性质的
《诗经》学术著作[*]

——评孔德凌《郑玄〈诗经〉学研究》

韩宏韬^{**}

孔德凌教授的《郑玄〈诗经〉学研究》，于 2021 年由人民文学出版社出版。该书具有重要的学术价值和现实意义。《诗》云："它山之石，可以攻玉。"① 笔者不揣简陋，谈谈几点浅见。

一 文献基础坚实

孔德凌教授是我所熟知的稳健的学者之一，该书是她倾十数年之力，潜心打造出来的学术成果，具有坚实的文献基础。

首先，该书得益于她在博士期间的点校训练与基础写作。孔德凌教授在山东大学攻读博士学位期间，受业于著名文献学家郑杰文先生。时值国家社科规划重点项目、教育部重大攻关项目"《儒藏》精华编"启动，作为郑先生的高徒，孔德凌得以与郑先生合作，一起承担《诗经》类《毛诗正义》的校点工作。在校点过程中，经过郑先生的悉心指导，孔德凌选择以《郑玄〈诗经〉学研究》作为博士学位论文题目。郑玄的

---

* 基金项目：本文系国家社科基金项目"唐代诗经学的诗化研究"（项目编号：20BZW048）的阶段性成果。

** 作者简介：韩宏韬，历史学博士后，河南科技大学教授、硕士研究生导师。主要研究领域：汉唐经学与文学。

① （唐）孔颖达等正义《毛诗正义》卷十之一，上海古籍出版社，1997，第 433 页。

《诗经》学文本基本上依靠《毛诗正义》得以保存，所以这项点校工作为她打下了坚实的文献基础。

其次，该书得益于国家社科类专家的指导。2012 年，孔教授在对其博士学位论文作大幅度修改与补充之后，申报国家社科基金后期资助项目，并获得立项。评审专家指出该课题在后期研究中努力的方向，并就其需要整改的问题，提出五点意见：第一，郑玄笺《诗》之特点有待深入研究；第二，郑玄解《诗》之不足及其成因需要重新总结；第三，西汉三家《诗》兴盛的原因有待深入分析；第四，两汉经学史需要继续探索；第五，该成果在语言表达方面需要进一步修改。从完成情况来看，以上问题落实得很好，成为支撑该书的核心。

最后，该书也得益于作者长期的学术积累。自就读文学博士踏上学术道路起，近 20 年来，孔教授一直默默地耕耘在以《诗经》学为核心的经学与中国古代学术史领域。先后主持完成教育部人文社科项目、山东省社科优势学科项目等课题多项，出版《隋唐五代经学学术编年》《孔子集语集校》《严粲〈诗经〉学研究》等专著多部，所有这些积淀为撰写本书打下了坚实的基础。如该书第一章"郑玄《诗经》学研究史"，因为有了以上研究成果的支撑，其论俯仰千载、举重若轻，精彩允当的论述一开始便把读者带入历史现场。

二　集大成追求

郑玄一生遍注群经，"凡玄所注《周易》、《尚书》、《毛诗》、《仪礼》、《礼记》、《论语》、《孝经》、《尚书大传》、《中候》、《乾象历》，又著《天文七政论》、《鲁礼禘祫义》、《六艺论》、《毛诗谱》、《驳许慎五经异义》、《答临孝存周礼难》，凡百余万言"，[1] 被誉为"经神"，成为经学极盛时代的集大成者，后世遂有"欲治'汉学'，舍郑莫由"[2] 之叹。对于中国古代经学史中第一位影响深远的集大成者，要如何才能充分展示其《诗经》学的巨大成就呢？该书采取了点、线、面三位一体的结构模式。

---

① 《后汉书》卷三十五，中华书局，1965，第 1212 页。
② （清）皮锡瑞：《经学历史》，中华书局，2004，第 118 页。

（一）贯通古今的《诗经》学术史梳理

该书第一章为"郑玄《诗经》学研究史"。按照惯常的逻辑，应该从郑玄之后写起。而该书却另辟蹊径，从郑玄之前开始，追溯到《诗经》生成结集时，之后才历述魏晋一直到现当代，独立设置一节"郑玄之前的《诗经》研究概况"，在此章 70 页的篇幅中，占了近 30 页、1/4 的比重。看似无关，实则非常必要。一方面郑玄《诗经》学即先秦两汉《诗经》学历史演变的成果；另一方面，作者把中国古今 3000 多年《诗经》学的发展脉络前后勾连起来，给读者以完整的印象，借此可以探寻郑玄《诗经》学研究的历史进程及其发展演变规律。这一部分史的线索的梳理，要言不烦，剪裁得体，论述精当。不仅有益于初学者入门，而且对于本领域的资深学者也大有裨益。

（二）《诗经》学背景与影响的横向展开

《诗经》学只是郑玄经学谱系的一部分，孔教授不仅要在该书中展示其《诗经》学一角，而且还要把水下的巨大冰山投射给读者看。根据这一思路，作者设置了第二章"郑玄治《诗》的学术基础"与第十章"郑玄《诗经》学的影响"。第二章从郑玄孜孜以求转益多师的求学过程、遍注群经中扎实严谨的注经实践、博引书籍中体现出来的广博精深的学术修养以及博采众家、深厚宽广的经学积累四个方面考察郑玄治《诗》的学术基础，探索郑玄治《诗》的学术渊源。该书尤其注重分析由西汉经学到东汉经学的演变规律，探寻汉代三家《诗》与《毛诗》由对立到统一、由分裂到融合的发展轨迹，从而总结郑玄《诗》学深厚宽广的研究背景。

第十章"郑玄《诗经》学的影响"，分别写郑玄《诗经》学对门下弟子与后世的影响。作者着力描绘郑玄学术对同时代人的影响：郑玄不仅遍注群经，还授徒讲学、传播经学。郑玄学识渊博，门徒遍布天下，"客耕东莱，学徒相随已数百千人"，①"时年六十，弟子河内赵商等自远

---

① 《后汉书》卷三十五，第 1207 页。

方至者数千"。① 郑玄之《诗经》学有赖于其弟子传播天下，最终使《毛诗》超过三家《诗》，从而获得绝对的发展优势，故汉末魏初郑学大盛。最后论述对后世的影响：唐宋以来的《诗》学重要著作，包含朱熹《诗集传》、欧阳修《诗本义》等疑古学派在内，考证历史地理、名物制度、诗歌主旨、字词义训时均对郑说多所采纳，由此可见郑玄《诗经》学不可废矣。宋代至清代《诗经》地理学的发展，明清时期名物之学的提倡，清代乾嘉学派的兴起等，在一定程度上皆受郑玄影响。经由作者的点染，我们清晰地看到郑玄《诗经》学非凡价值的传播如何在广袤时空中实现跨越。

（三）《诗经》学内涵与价值的深层解读

《诗经》学研究是该书的核心部分，前面所述纵横两个方面就是以此为基点而展开的。据《后汉书》记载，郑玄一生遍注群经，除《毛诗传笺》与《三礼注》完整保存下来，大部分已经亡佚。《毛诗谱》单行本早在宋代就已亡佚，目前仅有数种辑佚本可资参考。该书就是作者在现存文献的基础上，以《毛诗谱》《毛诗传笺》为中心所展开的系统、全面的研究。第三章"《三礼注》与郑玄《诗经》学"，主要分析郑玄《三礼注》引《诗》、解《诗》以三家《诗》为主、兼采《毛诗》的特点，总结出郑玄《诗经》学初步融合今古文《诗经》学的规律。第四章"《毛诗谱》研究"，梳理《毛诗谱》版本流传的具体过程，考察《毛诗谱》的命名由来及主要内容，论述《毛诗谱》与《毛诗序》的关系，总结《毛诗谱》辨章学术的学术价值与纲举目张、上下贯通的论《诗》方式。第五、第六、第七章"《郑笺》研究"（上中下），主要从文献研究、训诂研究、价值研究三个角度切入。文献研究，考察《毛诗传笺》流传的版本形式，总结《郑笺》与《毛诗序》、《毛传》、三家《诗》之间的关系；训诂研究，探索《郑笺》中的文字训诂、文字注音、语法观念、修辞观念，考察《郑笺》对《诗经》章句的研究成果；价值研究，侧重考察《郑笺》校勘文本的价值、文字训诂的价值、内容考实的价值、考定《诗》旨的意义。第八、第九、第十一章归纳了郑玄解《诗》自成体

---

① 《后汉书》卷三十五，第 1208 页。

系、宏通博大、简约精当、实事求是、经世致用的学术特点，解析郑玄以史解《诗》、以礼解《诗》、以地理民情风俗解《诗》的学术方法，总结郑玄《诗经》学的不足之处，从而对郑玄《诗经》学进行系统、全面的总结。

作者集大成的学术追求值得提及的另外一个方面就是对古代、近代，尤其是现当代相关学术成果文献的广泛征引，粗略统计，达 318 种之多。文献的坚实、历史的积淀、前沿的援引，增加了该书的厚重感和学术的可信度。

三　价值多元

为展示研究对象的集大成性质所采取的集大成研究方式，使该书兼具多元价值，主要表现在知识性、启示性和参考性三个方面。

（一）知识性

郑玄是东汉末年的文化巨人，是集大成的经学大师，他的著述中承载了此前中国传统的知识谱系。郑玄不仅在今古文之间架起了一座桥梁，也将上古两大文化系统，即重淫祀的山川守文化与重人事、尚事功的社稷守文化，在阐释学中熔为一炉，[①] 而孔教授所撰《郑玄〈诗经〉学研究》很好地反映了这一集大成性。从这个角度看，该书对于初学者深入了解、研究郑玄经学成就，研究中国经学史具有重要的学术价值。另外，鉴于《毛诗笺》在中国经学史上的重要地位，自魏晋以来对其进行整理、研究者层出不穷，但以往的著作多着眼于《毛诗笺》在训诂学或文献学层面的地位、价值，而甚少从学术源流的角度对其加以观照。因此，该书对郑玄《诗经》学深厚宽广的学术、文化背景及其在中国学术流变历程中的地位做了深入、系统的探讨，便于学者对其形成系统而深入的认识。

（二）启示性

作者以坚实的文献基础和深厚的理论功底，不仅用多种方法力求客

[①]　郑杰文：《序》，孔德凌：《郑玄〈诗经〉学研究》，人民文学出版社，2021，第 2 页。

观呈现郑玄在《诗经》学方面一生的成就，而且对研究对象和问题的叙述方式以及剪裁评判也寄寓着自己的理想与精神，从而使该书颇具启示性意义。笔者在此仅举两例。

其一，转益多师。该书第二章第一节"转益多师的求学生涯"，作者从师承角度极力发掘郑玄获取巨大《诗经》学成就的原因，最后总结道："郑玄《诗》学成就与其师承密不可分，因此从其师承上可以考察出郑玄治《诗》的学术基础。在二十年的求学过程中，郑玄孜孜以求，转益多师，不仅在太学系统掌握了官方学术体系，而且受到诸多民间经师的指点，遂遍通群经，成为通儒，……郑玄治《诗》不专主一家，与其不专主一师紧密相关。"① 郑玄这种打破家法，不专主一家，兼顾官方与民间，不抱任何成见，广泛系统学习知识的开放式、圆融式态度和方法，对我们每一位学者都具有启示性意义。

其二，同情之了解。该书第二章第三节"广博精深的学术修养"共分为以经典证《诗》、以史籍证《诗》、以谶纬证《诗》三个部分。在材料剪裁上，第三方面所占篇幅比前两部分的两倍还要多。之所以如此，不仅在于学者对于谶纬比较陌生，更重要的是历代学者大多对其抱有成见。郑玄为后人所诟病的地方也主要是基于此点。孔教授在此表达了不同的见解："郑玄受时俗浸润而以谶纬证经，只是未能免俗而已，后人不应过分苛责古人。"② 谶纬是一种非常复杂的现象，鉴于篇幅，作者要言不烦，论述精当，使读者对其概念、渊源和特征有了一个大致的了解。在此基础上，作者引导读者达成这样的认识：不了解谶纬，不足以了解东汉的政治和文化；不了解谶纬，不足以了解中国帝王政治合法性之生成。也正是有了这样的了解，读者才能真正了解郑玄以谶纬证《诗》的著述方式。由此可见作者之客观与圆融。这对于我们治学也颇具重要的启示性。

（三）参考性

作为一部具有坚实文献基础的学术史著作，该书不仅为后人了解郑

---

① 孔德凌：《郑玄〈诗经〉学研究》，第 72 页。
② 孔德凌：《郑玄〈诗经〉学研究》，第 85 页。

玄《诗经》学成就提供了便利，对汉代经学史、学术史、文学史等其他领域的研究也极具参考价值。著作出版前后，被学界频繁下载、多次征引，并获得广泛好评。兹举几例，以见其大略。

该书在博士学位论文基础上撰成，该博士学位论文频频被引用。该书第六章第一节"《郑笺》中的文字训诂"曾以《〈毛诗传笺〉中的文字训诂》为题发表在《兰州学刊》2007 年第 9 期，被引用 1 次。① 该论文被评价三次。其一，傅炜莉《郑玄〈诗〉学研究》评曰："孔德凌系统、全面地研究郑玄治《诗》的学术基础和学术背景、学术特点、学术方法及其影响和不足，做到了历史线索与逻辑线索交错使用。"② 其二，杨允《郑玄诗乐思想研究》评曰："孔德凌的博士论文《郑玄〈诗经〉学研究》立足于文献学、训诂学及经学阐释，详细论述了《诗谱》、《郑笺》的版本流传及辑佚情况，对先秦以来的《诗经》研究史进行了回顾，并对《郑笺》中的文字训诂、语法、修辞手段、章句研究进行了分析，……比较全面地揭示了郑玄治《诗》的学术渊源、学术特点、学术方法及其影响与不足等。"③ 其三，余微《郑玄〈毛诗笺〉文学探究》评曰："孔德凌在《郑玄〈诗经〉学研究》中亦有涉及郑玄《毛诗笺》对《诗经》情感内容的关注。"④

该书出版后很快受到关注，吴寒《郑玄〈诗谱〉构建历史谱系的方法与理路》指出该书对《诗谱》的研究有所发明："近年来，《诗谱》研究产生了不少有价值的成果。……针对其反映的《诗》学思想，郭树芹、黄若舜、孔德凌等学者亦有所发明。"⑤ 除了学界从多角度称许价值，该书还于 2022 年 12 月被济宁市第三十二次社会科学优秀成果奖评为一等奖，得到了社会的认可。

最后，对于该书在第一章述评魏晋时期《诗经》学史时关于郑玄之争的问题所展示的一段材料，笔者感觉颇有意味。这段材料是这样说的："周予同先生亦曰：'王肃如果当时反对郑学，以他的混乱今古文家法为

---

① 李沁杰：《〈诗经·国风〉阐释研究》，硕士学位论文，哈尔滨师范大学，2015，绪论第 2 页。

② 傅炜莉：《郑玄〈诗〉学研究》，硕士学位论文，青岛大学，2008，第 10 页。

③ 杨允：《郑玄诗乐思想研究》，博士学位论文，辽宁大学，2009，第 7 页。

④ 余微：《郑玄〈毛诗笺〉文学探究》，硕士学位论文，四川师范大学，2017，第 6 页。

⑤ 吴寒：《郑玄〈诗谱〉构建历史谱系的方法与理路》，《文学遗产》2022 年第 2 期。

焦点，或者可以得到胜利，而且还能使今古文的家法复活。不料，王肃和郑玄陷于同一毛病。'刘兆祐先生《历代诗经学概说》总结说：'王肃如果想要超越郑康成，以今天眼光，客观的说，应该把今古文予以详细分开，因为郑康成注解群经之后，很多人不满，认为是破坏家法，今文学家古文学家，对经文字义的解释不一样，郑康成却将他们混杂一起，经义不明，扰乱了家法。而王肃仍然走的是今古文合一的路线，永远胜不过郑康成。'"① 周予同、刘兆祐两位先生认为之所以在郑、王之争中王肃不能战胜郑玄，原因在于王肃和郑玄一样，也犯了混乱今古文家法的"毛病"。笔者认为，"毛病"不在郑、王，而是我们今人看问题的角度和情感倾向有问题。如果能从争论中脱身，拷问：王、郑为何都混乱了家法？难道以王肃之聪慧，竟然不知道郑玄问题的症结？那么，王肃为何又重蹈郑玄之覆辙呢？实则为"大势"所趋，即在当时魏晋南北朝政治的分合中有一种统一的趋势在主导，这种统一的趋势也潜藏于学术领域，使人自觉或不自觉地走到这条路上来，这也能很好地说明为什么郑学在魏晋南北朝一直占据着主导地位。就此而言，该书选择郑玄这位打破学术壁垒成为集大成代表的经学家来研究，除了学术价值外，也无疑具有重要的现实意义。

---

① 孔德凌：《郑玄〈诗经〉学研究》，第 31 页。

礼乐文明视野下周代司徒述论的新思考[*]

——读张磊《周代司徒与早期文明》

刘泽琳　张梦莎^{**}

司徒作为"三有司"（司徒、司马、司空）之首，是周王朝的重要职官之一，具有管理民众的职责，不仅在周代的政治、经济和礼乐文化发展中发挥着重要的作用，并且对周代以来的职官设置也产生了深远的影响。因此，对周代司徒一职的渊源、发展、变革进行研究与思考有着显而易见的必要性。山东师范大学齐鲁文化研究院张磊教授从事先秦史研究工作近 20 年，成就斐然。其新著《周代司徒与早期文明》，由商务印书馆于 2022 年出版，是教育部人文社会科学重点研究基地"齐鲁文化与中华文明文库"丛书的一部，围绕周代司徒展开了全面深入的研究。

在篇章结构上，《周代司徒与早期文明》由"绪论""司徒渊源""司徒与西周社会的发展和变动""司徒与春秋战国社会的变革和转折""周代司徒与《周礼·地官》"等五部分构成。绪论提纲挈领，论述了周代司徒研究的重要意义，强调对周代司徒的研究，不但可以深化对周代官制的认识，而且还能深入探讨周代社会变迁，进而深刻理解早期文明与社会变迁视野下的周代历史文化与礼乐文明。该书主体部分分别考察了周代司徒的职掌和地位演变，论述了周代司徒与社会政治、经济、军事、文化等方面的关系，分析了春秋战国时期鲁国大司徒的地位、职掌

　*　基金项目：国家社科基金项目"出土竹简与大小戴《礼记》综合整理研究"（项目编号：18BZS028），泰山学者工程专项经费资助课题（项目编号：tsqn201812037）。

　**　作者简介：刘泽琳，山东师范大学齐鲁文化研究院博士研究生。主要研究领域：中国古典文献学。张梦莎，山东师范大学齐鲁文化研究院硕士研究生。主要研究领域：中国史。

和特点，考证了《周礼·地官》中关于司徒记载的可靠程度。全书行文条理清晰，逻辑严密，是先秦史研究方面不可多得的研究专著，其优点和价值主要表现在以下三个方面。

一　立足前沿，主线清晰明确

作为当代第一部研究周代司徒的专著，该书立足前沿问题，顺应了学术研究与现实价值的需求。一方面，自 20 世纪 80 年代以来，学者们在前人研究的基础之上，对周代官制的研究更加细化，将出土文献与传世文献中所载的周代职官进行了彻底的梳理，初步揭示了西周官制的基本面貌。以上努力为周代司徒研究奠定了坚实的基础，但仍然还有很多有关司徒的重要问题没有解决。因此，一部紧扣周代司徒研究的学术专著实属必要。另一方面，以春秋战国时期社会的变革和转折为背景，对周代司徒的类别、职能和地位的变化进行研究，也是研究周代社会和早期文明的一个重要视角。从这一视角入手，既可以展现周代重视礼乐教化的鲜明特色，又可以为孔子的教化思想找到历史依据，对在早期文明视野下考察周代社会的政治、经济和文化变迁有着重要的现实价值。该书依据以上问题与需求，对周代司徒"陈其渊源""探其职掌""述其演变"，为我们提供了一个透视周代社会和早期文明的重要视角。

作者认为：从司徒一职的职能出发，对周代司徒问题进行梳理归纳，可以全面分析司徒与西周社会政治、经济、文化的关系，并借以透视西周社会结构和观念的变迁；从鲁国大司徒的地位、职掌和特点出发，可以反映出春秋战国时期鲁国社会的巨大变迁；将周代司徒与《周礼·地官》中的有关记载相结合，可以分析出《周礼·地官》中所蕴含的民本思想和教化思想。全书通过对司徒的渊源、职掌和地位等的探讨，由点到面，兼及周代相关的政治、经济制度和社会结构、观念的变动，在早期文明视野下考察周代的政治、经济和文化的变迁。通读该书可知，作者主要对周代司徒地位、类别和职掌，春秋战国时期鲁国大司徒的地位、职掌和特点进行分析，并窥探此时期社会的巨大变迁，证明司徒之官在周代发挥了重大作用。

《周代司徒与早期文明》全书分为了"周代司徒"和"早期文明"

两条主线，在此基础上全面系统地梳理了周代司徒。由于司徒研究范围较广，而东周王朝司徒又少见于文献记载，于是作者将研究重点主要集中于司徒与春秋战国社会的变迁和转折上。相较而言，鲁国司徒较为典型且材料丰富，以鲁国司徒与社会的发展作为重点，将鲁国大司徒的发展看作春秋战国时期社会变迁的缩影，是该书的一大创新点。由此来看，该书有着明确的研究思路，对周代司徒进行了全面系统的梳理，这是该书非常突出的价值和优点。

二　追根溯源，梳理周代司徒历史演变

《周代司徒与早期文明》的另一大创新点就是在充分把握出土文献的基础上，对司徒一职的职掌和历史演变等问题进行了深入、细致的考察和探讨。对于这些问题，作者援引众家之说，追根溯源，梳理了司徒一职的历史演变，提出了自己的见解。

首先，关于司徒一职的历史渊源问题，作者重点关注了"绝地天通"这一在文明起源时期具有重大意义的历史事件，并认为司徒的出现大致与此有关。通过卜辞和史书记载的分析，作者将司徒这一官职的起源上溯至"绝地天通"事件，并创造性地提出"司徒一职实际上是来自于掌管祭祀的神职'后（司）土'"的观点。进而认为司徒作为主要的民职官员，它的产生和设置，来源于神职与民职分离，包括司徒在内的职官的产生，对早期文明的发展产生了深远影响，为早期国家的出现做了组织上的准备。笔者完全同意这一观点，而且相信随着周代司徒研究的深入，一定会有更多的学者就早期文明发展中司徒一职的地位进行更加深入的研究。

其次，关于司徒一职的历史演变问题，作者利用卜辞、传说、史书记载和学界现有的研究成果，认为周代司徒在职掌上逐渐由简单趋向复杂，在地位上也有逐渐提高的趋势。作者用发展的眼光来看待司徒一职，着重研究了司徒与西周社会的发展和变动，将周代司徒大致分为王室司徒、诸侯国司徒，以及军队中的司徒，又认为司徒的职掌有神职、礼职、民职、军职等，其中又以民职为主。随后吸纳史书与金文的记载，运用二重证据法，从《詥嗣徒逘簋》阐述了司徒的产生与我国先民对土地长

久地进行神圣的崇拜和隆重的祭祀有关，并论述了司徒与周代分封的重民观念；从《戬簋》看司徒对籍田的掌管，认为随着籍田礼的逐渐废弃和籍田制的瓦解，司徒礼职和神职色彩逐渐消退，但管理和教化民众的指责反而得到加强；依据《免簠》和传世文献的记载，论述司徒属官与山林泽牧的管理。通过以上材料，可以集中反映出周代司徒执掌范围的扩大，政治地位的提高，表明民众逐渐成为司徒管理的直接主体，体现了此时西周社会发展的变动。以上每一部分都是围绕周代司徒和早期文明研究这一中心展开的，分析由点到面，兼及周代相关的政治、经济制度、社会结构和观念的变动，以此透视周代社会的政治、经济和文化的变迁。

三　见解新颖，深入探寻周代社会转折与变迁

该书借鲁国大司徒这一官职，考察了鲁国乃至春秋战国时期社会的变迁。司徒这一官职与政治、经济、文化和社会紧密相连，是集中映照鲁国乃至春秋战国时期社会变动的一面清晰明亮的镜子。因此，选择鲁国大司徒入手，有三点价值：首先，鲁国大司徒地位尊崇，掌控鲁国内政、经济和邦交、军事，具有非常鲜明的特点；其次，鲁国大司徒任用孔子及其弟子为官，以儒治国，也表明了司徒在治理国家方面与儒家学派的互动；最后，在季氏家族世袭鲁国大司徒并任冢卿的过程中，可以体现春秋战国时期鲁国社会政治、经济、军事和礼乐文明的变迁。而随着战国时期司徒职权范围的缩小、地位的弱化，研究鲁国大司徒一职也为我们认识周代司徒的职权变化提供了参照。作者最终认为：司徒担任着管理民众和社会教化的职责，教育和带领民众实行礼乐制度，大力推动了周代社会的发展和早期文明的演进。

作者在对周代司徒相关问题完成基本的考察之后，还在附录中附有若干篇目。针对早期出土文献不足的问题，《关于西周司徒的金文》一篇介绍了与西周司徒有关的重要铜器，并对其进行断代，还对与诸侯国司徒有关的重要铜器铭文和关于西周司徒的册命金文和重要人物进行罗列。又附《春秋各国司徒情况表》《卿大夫家司徒情况表》《战国各国司徒情况表》《司徒属官情况表》等附表，依据传世文献，对春秋战国有

关司徒的情况进行整理，以作正文之辅证。

该书对于解决《周礼》真伪及成书年代的问题也颇具启发性。作者结合《周礼·地官》中"司徒"的职能与前文对司徒这一官职进行了比较研究，发现其地位大致与西周后期到春秋初中期地位相符，由此可以印证《周礼·地官》中"司徒"情况的大致可靠，进而认定《周礼》约于周初始撰，至战国定稿。

该书围绕周代司徒展开全面深入研究，汇集了张磊教授近 20 年来在周代司徒研究领域的重要创见，在推动周代司徒研究、开拓研究周代社会和早期文明视角、揭示春秋战国时期社会转折和变革等方面进行了卓有成效的尝试，并对早期文明与社会变迁进行思考。因此，除了学术意义外，此书亦有现实意义，不仅可以帮助读者准确理解周代司徒这一官职，而且对于中华文明的探寻有着重要的参考价值，其史学价值和文化价值不言而喻。

总之，张磊教授的大作《周代司徒与早期文明》一书对于从事先秦史研究的学者和有志于学术研究的学生来说，应是一部必读的书籍。书中富有创新思维的观点和高度凝练的语言，体现了作者深厚的文史功底，加深了我们对于周代司徒的认识，扩宽了学界对于周代社会的研究，为研究先秦史提供了有效的经验借鉴。相信该书的出版，不仅对于周代司徒研究有着重要的学术价值，而且对先秦史研究有着重要的启示。

《中国文化论衡》主编寄语

《中国文化论衡》是山东社会科学院主办的学术集刊，于 2016 年创刊，每年出版两期，主要刊载与中国传统文化和当代文化相关的最新研究论文及其他文章，以研究和弘扬中华文化为使命，旨在倾力打造中国文化研究的高端学术品牌。

《中国文化论衡》创刊于中国崛起、中华文化复兴以及中外文化交流互鉴日益频繁的大背景下，我们借用东汉伟大思想家王充《论衡》一书的书名为之命名，希望围绕中国文化的各种问题展开研究和讨论，"冀悟迷惑之心，使知虚实之分"（《论衡·对作》篇），实现传道解惑的学术志向。正像本刊的"发刊词"中所说，本刊的基本宗旨确定为"合理厘定中国文化优劣得失，协力推进中国文化经世致用"，办刊方针确定为"致力于全球化时代中国文化的理性思考、中国文化的深入发掘和中国文化的实践关怀，以实现中国文化的自觉自主、自立自强"。

作为当代学术期刊丛林中的一棵幼苗，我们在向同行刊物学习的基础上，努力保持自己的个性。在稿件形式上力求丰富多彩，除了专业的学术论文外，我们还设有书评、学术动态、专家访谈等栏目，文章长短不拘，但求言之有物；在研究内容上，力求涵盖面最宽广，对中国传统文化和当代文化做较为全面系统的梳理，既立足中国博大精深的文化资源，也放眼世界，在中外比较中透视、反观中国文化。

自创刊至今，《中国文化论衡》已经出版 13 辑，共发文两百余篇。其中既有"中国文学""中国哲学""中国传统文化""中国文化发展"等常设栏目，也有"社会儒学""文化中国""社会文化"等专业选题。刊载的文章有多篇被"中国人民大学复印报刊资料"转载，在学术界产生了良好的反响。在作者来源上，既有学界宿儒、名校教授，也有高校青椒、在校硕博。一些并不以专业学术研究为谋生之道的"圈外人"，本着对中国文化的热爱、执着和精深研究，也奉献了高质量的研究成果，我们为此深深感动。

自 2022 年起，《中国文化论衡》将主要开设"中华优秀传统文化'两创'研究""中国古代文化研究""中国当代文化研究""文献典籍研究""思想史研究""学术动态""专家访谈"等栏目。我们不因作者身份设限，唯以文章质量为衡，欢迎广大中国文化爱好者和研究者赐稿！

我们希望，在学界同道的大力襄助下，《中国文化论衡》能够办成一份有品位、有品质、有品格的学术集刊，为中国文化研究尽绵薄之力，以不辜负这个伟大的时代。

我们满怀期待，我们充满信心！

张　伟

2023 年 2 月

《中国文化论衡》用稿规范

为了适应期刊规范化和信息化建设的需要，《中国文化论衡》对编排格式做了进一步的规范，请作者投稿和修改稿件时务必遵照以下格式：

1. 文章标题：主标题一般不超过 20 个汉字，必要时可加副标题，用加粗的宋体小 2 号字。

2. 内容摘要：用精练的语言提炼出文章的核心观点和创新之处，不能写成研究背景介绍。一般不超过 400 字，用楷体小 4 号字。

3. 关键词：3—5 个，一般为名词性的词或词组。用楷体小 4 号字。

4. 正文标题：正文标题的层次不宜过多，层次序号为一、（一）、1、（1），层次少时可依次选序号。正文一级标题用加粗的宋体 4 号字，二级以下标题用加粗的宋体小 4 号字。

5. 正文文字：学术论文字数一般控制在 1 万字左右，书评、学术动态等其他类型的文章可酌情增减字数。正文用宋体小 4 号字，1.5 倍行距。

6. 数字用法：凡公元纪年、年代、年、月、日、时刻、各种记数与计量等均采用阿拉伯数字；夏历、清代及其以前纪年、星期几、数字作为语素构成的定型词、词组、惯用语、缩略语、临近两数字并列连用的概略语等用汉字数字。

7. 注释和参考文献：注释主要指释义性注释，是对正文中某一特定内容的进一步解释或补充说明；参考文献是作者撰写论著时所引用的已公开发表的文献书目，是对引文作者、作品、出处、版本、页码等情况的说明。

注释和参考文献采用页下脚注，自动生成编号，每页重新编号，其序号形式为"①②③……"例如：①鲁迅：《鲁迅全集》第 6 卷，人民文学出版社，2005，第 232 页。同一作者的同一文献被多次引用时，应按照注释编号顺序逐一列出，不可多次引用使用同一个编号或使用"同上"字样。所引文献作者为外籍或古代的，应在作者前用"〔〕"标明国籍和朝代。

引用《论语》《孟子》等常见古籍的原文，可以在正文中用"（）"标出。例如：曾子曾经表示："吾日三省吾身。为人谋而不忠乎？与朋友交而不信乎？传不习乎？"（《论语·学而》）

8. 基金项目：获得各级科研项目资助的成果请注明基金项目名称和编号，基金项目名称用引号标识，标注项目一般不超过两项。

9. 作者简介：姓名（出生年—　），性别，学位，现供职单位全称及职称，主要研究领域。

10. 来稿请注明作者电话、E-mail，收刊人及详细地址、邮编。

11. 请使用电子邮件投稿和查询稿件采用情况，本刊邮箱：sdskyzg-whlh@ shandong. cn。

《中国文化论衡》编辑部

2023 年 2 月

图书在版编目（CIP）数据

中国文化论衡. 总第 13 期 / 张伟主编. -- 北京：
社会科学文献出版社，2023.11

ISBN 978 - 7 - 5228 - 2420 - 8

Ⅰ. ①中… Ⅱ. ①张… Ⅲ. ①中华文化 - 研究 Ⅳ.
①K203

中国国家版本馆 CIP 数据核字（2023）第 165145 号

中国文化论衡（总第 13 期）

主　　编 / 张　伟

出 版 人 / 冀祥德
组稿编辑 / 宋月华
责任编辑 / 胡百涛
文稿编辑 / 梅怡萍
责任印制 / 王京美

出　　版 / 社会科学文献出版社·人文分社 （010）59367215
　　　　　　地址：北京市北三环中路甲 29 号院华龙大厦　邮编：100029
　　　　　　网址：www. ssap. com. cn
发　　行 / 社会科学文献出版社 （010）59367028
印　　装 / 三河市龙林印务有限公司

规　　格 / 开　本：787mm × 1092mm　1/16
　　　　　　印　张：17.25　字　数：271 千字
版　　次 / 2023 年 11 月第 1 版　2023 年 11 月第 1 次印刷
书　　号 / ISBN 978 - 7 - 5228 - 2420 - 8
定　　价 / 168.00 元

读者服务电话：4008918866